आर॰ गुप्ता® कृत

वस्तुनिष्ठ
विज्ञान

प्रतियोगी परीक्षाओं हेतु वस्तुनिष्ठ प्रश्नों
का उच्च-स्तरीय संकलन

RPH संपादक मंडल
द्वारा संपादित

रमेश पब्लिशिंग हाउस, नई दिल्ली

प्रकाशक

ओ॰पी॰ गुप्ता, रमेश पब्लिशिंग हाउस

प्रशासनिक कार्यालय

12-H, न्यू दरियागंज रोड, ऑफिसर्स मेस के सामने,
नई दिल्ली-110002 ☏ 23261567, 23275224, 23275124

E-mail: info@rameshpublishinghouse.com
Website: www.rameshpublishinghouse.com

विक्रय केन्द्र

● बालाजी मार्किट, नई सड़क, दिल्ली-6 ☏ 23253720, 23282525
● 4457, नई सड़क, दिल्ली-6, ☏ 23918938

Book Code: R-1015

5th Edition: 1707

ISBN: 978-93-86845-00-9

HSN Code: 49011010

अनुक्रमणिका

सामान्य विज्ञान

1. रासायनिक पदार्थों द्वारा चिकित्सा का अध्ययन किस शाखा में होता है ?
   - A. साइटोलॉजी
   - B. हेलियोथेरेपी
   - C. कीमोथेरेपी
   - D. साइकोथेरेपी
2. क्रोनोलॉजी शाखा में किस विषय का अध्ययन होता है ?
   - A. रसायनिक अभिक्रियाएँ
   - B. गुप्त संकेत लिखना
   - C. डिक्शनरी निर्माण
   - D. कालक्रम का निर्धारण
3. निम्नलिखित किस शाखा में घासों पर अध्ययन किया जाता है ?
   - A. एग्रोलॉजी
   - B. एग्रोनॉमी
   - C. एग्रोस्टोलॉजी
   - D. एग्रोबायलॉजी
4. विज्ञान की किस शाखा में वायु परिवहन विषय पर अध्ययन किया जाता है ?
   - A. अकाउस्टिक्स
   - B. एटियोलॉजी
   - C. एयरोनॉटिक्स
   - D. एस्ट्रोनॉटिक्स
5. जीवाणुओं का अध्ययन विज्ञान की किस शाखा में होता है?
   - A. बायलॉजी
   - B. बैक्टिरियोलॉजी
   - C. फिजियोलॉजी
   - D. साइटोलॉजी
6. विज्ञान की किस शाखा में मधुमक्खी पालन का अध्ययन किया जाता है ?
   - A. सेरीकल्चर
   - B. एपीकल्चर
   - C. आर्बोरीकल्चर
   - D. इनमें से कोई नहीं
7. व्यायाम विज्ञान पर अध्ययन किस शाखा में होता है ?
   - A. कैलिस्थेनिक्स
   - B. क्राइओजेनिक्स
   - C. बायोनिक्स
   - D. सेरेमिक्स
8. खगोलीय पिण्डों की गतियों का अध्ययन विज्ञान की किस शाखा में होता है ?
   - A. एस्ट्रोनॉमी
   - B. एस्ट्रोलॉजी
   - C. एस्ट्रोफिजिक्स
   - D. एस्ट्रोनॉटिक्स
9. टिम्बरयुक्त वृक्षों का अध्ययन किस शाखा में होता है ?
   - A. आर्बोरीकल्चर
   - B. एग्रोनॉमी
   - C. एग्रोलॉजी
   - D. एग्रोस्टोलॉजी
10. किस शाखा में अंतरिक्ष यात्रा क्षेत्र में अध्ययन किया जाता है ?
    - A. एस्ट्रोनॉमी
    - B. एस्ट्रोलॉजी
    - C. एस्ट्रोफिजिक्स
    - D. एस्ट्रोनॉटिक्स
11. त्वचा संबंधी रोगों का अध्ययन किस शाखा में होता है ?
    - A. डर्मेटोलॉजी
    - B. वायोरियोलॉजी
    - C. गायनेकोलॉजी
    - D. एस्ट्रोनॉटिक्स
12. एम्ब्रायोलॉजी शाखा में किस विषय पर अध्ययन होता है ?
    - A. ऊतक
    - B. शारीरिक विकृति
    - C. भ्रूण विकास
    - D. स्तन कैंसर
13. दांत के रोगों का अध्ययन किस शाखा में किया जाता है ?
    - A. ऑप्थलमोलॉजी
    - B. आर्ट्रियोलॉजी
    - C. आर्थोपेडिक्स
    - D. आडोन्टोलॉजी
14. न्यूमिसमेटिक्स शाखा के अन्तर्गत किस विषय का अध्ययन होता है ?
    - A. शिलालेख
    - B. प्राचीन भवन
    - C. सिक्के
    - D. जीवाश्म
15. सुमेलित कीजिए.

सूची-I	सूची-II
(विज्ञान की शाखा)	(संबंधित अध्ययन)
(a) साइटोलॉजी	I. कीट पतंगे
(b) माइक्रोबायलॉजी	II. कवक
(c) एन्टोमोलॉजी	III. कोशिकाएँ
(d) माइकोलॉजी	IV. वायरस

कूट :

	(a)	(b)	(c)	(d)
A.	III	IV	I	II
B.	II	III	I	IV
C.	I	III	II	IV
D.	IV	III	I	II

16. नाप-तोल का अध्ययन किस शाखा में होता है ?
    - A. मेमोग्राफी
    - B. मैटियोरोलॉजी
    - C. मेट्रोलॉजी
    - D. इनमें से कोई नहीं
17. शब्दों का निर्माण किस शाखा में होता है ?
    - A. एन्टोमोलॉजी
    - B. एटिमोलॉजी
    - C. एथियोलॉजी
    - D. हिस्टोलॉजी
18. लैक्सिकोग्राफी शाखा में किसका अध्ययन होता है ?
    - A. डिक्शनरी निर्माण
    - B. शब्द निर्माण
    - C. ऊतक
    - D. स्तन कैंसर

19. एपीग्राफी शाखा में किस विषय पर अध्ययन होता है ?
    A. गुप्त संकेत लिखना   B. डिक्शनरी निर्माण
    C. ऊतक   D. शिलालेख अध्ययन

20. कीट पतंगों के व्यवहार का अध्ययन क्रिस शाखा में करते हैं ?
    A. इन्टोमोलॉजी   B. जेनियोलॉजी
    C. एथियोलॉजी   D. इनमें से कोई नहीं

21. हार्टीकल्चर शाखा में किस विषय पर अध्ययन होता है ?
    A. उद्यान लगाना   B. सब्जी उगाना
    C. सजावटी पौधे लगाना   D. ये सभी

22. पिसीकल्चर का अर्थ है –
    A. रेशम कीट पालन   B. मधुमक्खी पालन
    C. मुर्गीपालन   D. मछली पालन

23. सेरीकल्चर शाखा में किस विषय पर अध्ययन होता है ?
    A. रेशम कीट पालन   B. मधुमक्खी पालन
    C. मुर्गीपालन   D. फल उत्पादन

24. आंख के रोग विज्ञान की किस शाखा के अन्तर्गत आते हैं ?
    A. आपथलमोलॉजी   B. आस्ट्रियोलॉजी
    C. आर्थोपेडिक्स   D. आडोन्टोलॉजी

25. हड्डी जोड़ना विज्ञान की किस शाखा के अंतर्गत आता है ?
    A. आर्थोपेडिक्स   B. आपथलमोलॉजी
    C. आस्ट्रियोलॉजी   D. आडोन्टोलॉजी

26. कैंसर रोग का अध्ययन किस शाखा में होता है ?
    A. एस्ट्रोलॉजी   B. आन्कतोलॉजी
    C. आरनिथोलॉजी   D. ओरोलॉजी

27. सूर्य किरणों द्वारा चिकित्सा विज्ञान की किस शाखा के अंतर्गत आती है ?
    A. हाइड्रोथैरेपी   B. कीमोथैरेपी
    C. हेलियोथैरेपी   D. साइकोथैरेपी

28. घड़ी बनाना विज्ञान की किस शाखा में आता है ?
    A. इथिनोलॉजी   B. हिस्टोलॉजी
    C. होरोलॉजी   D. इनमें से कोई नहीं

29. विज्ञान की क्रिप्टोग्राफी शाखा में किस विषय पर अध्ययन होता है ?
    A. डिक्शनरी निर्माण   B. गुप्त संकेत लिखना
    C. निम्न ताप उत्पादन   D. स्तन कैंसर

30. क्राओजेनिक्स शाखा में किस विषय पर अध्ययन होता है ?
    A. अंगुलियों के निशान पहचानना

B. डिक्शनरी निर्माण
    C. त्वचा के रोग   D. इनमें से कोई नहीं

31. हाइड्रोजॉनिक्स शाखा में किस विषय पर अध्ययन होता है ?
    A. जल द्वारा चिकित्सा   B. जल का विश्लेषा
    C. जल में पौधे उगाना   D. जलचरों का अध्ययन

32. कोशिकाओं का अध्ययन किस शाखा में होता है ?
    A. हिस्टोलॉजी   B. साइटोलॉजी
    C. डर्मेटोलॉजी   D. बायोरियोलॉजी

33. फिलोलॉजी शाखा में किस विषय पर अध्ययन होता है ?
    A. शब्द निर्माण   B. डिक्शनरी निर्माण
    C. भाषाएँ   D. इनमें से कोई नहीं

34. फिलोटेली शाखा में किस विषय पर अध्ययन होता है ?
    A. फल उत्पादन   B. मछली पालन
    C. डाक टिकट संग्रह   D. रेशम कीट पालन

35. गुफाओं का अध्ययन किस शाखा में करते हैं ?
    A. स्पेलियोजी   B. पेडागोजी
    C. पोमोलॉजी   D. फिजियोलॉजी

36. चट्टानों का अध्ययन किस शाखा में करते हैं ?
    A. पेडागोजी   B. पैट्रालॉजी
    C. पोमोलॉजी   D. स्पेलियोजी

37. मिट्टी के गुण-धर्मों का अध्ययन किस शाखा में करते हैं ?
    A. पैडोलॉजी   B. ओरोलॉजी
    C. पैट्रोलॉजी   D. स्पेलियोजी

38. न्यूरोलॉजी शाखा में किस तंत्र का अध्ययन होता है ?
    A. पाचन तंत्र   B. श्वसन तंत्र
    C. परिसंचरण तंत्र   D. तंत्रिका तंत्र

39. पक्षियों के क्रिया–कलापों का अध्ययन किस शाखा में करते हैं ?
    A. आरनिथोलॉजी   B. ओरोलॉजी
    C. फोमोलॉजी   D. फ्रेमोलॉजी

40. जीवाश्मों का अध्ययन किस शाखा में करते हैं ?
    A. आरोलॉजी   B. पोमोलॉजी
    C. पेलिआन्टोलॉजी   D. इनमें से कोई नहीं

41. एण्टोमोलॉजी का संबंध है –
    A. जानवरों से   B. पौधों से
    C. कीड़ों से   D. रसायनों से

42. ओर्नीथोलॉजी है –
    A. गंधों का अध्ययन   B. अस्थियों का अध्ययन
    C. पक्षियों का अध्ययन   D. इनमें से कोई नहीं

43. एपिडीमियोलॉजी अध्ययन है –
    A. महामारियों का
    B. बाह्य त्वचा की बीमारियों का
    C. अन्तर त्वचा की बीमारियों का
    D. इनमें से कोई नहीं

44. इकोलॉजी (Ecology) का संबंध है –
    A. पक्षियों से
    B. जीव और उनके वातावरण के संबंध से
    C. ऊतकों से
    D. इनमें से कोई नहीं

45. Oncology अध्ययन है –
    A. कैंसर का
    B. स्तनपाइयों का
    C. पक्षियों का
    D. मिट्टी का

46. बाह्य अंतरिक्ष में जीवन के अध्ययन का नाम है –
    A. एण्डोबायोलॉजी
    B. ऐक्सोबायोलॉजी
    C. एण्टेरोबायोलॉजी
    D. नीऑबायोलॉजी

47. मेटियोरोलॉजी विज्ञान है –
    A. मौसम का
    B. उल्का पिण्डों का
    C. भूकम्पों का
    D. जन्तुओं का

48. भूकम्पों के अध्ययन के विज्ञान का नाम है –
    A. न्यूमिस्मैटिक्स
    B. सीस्मोलॉजी
    C. इकोलॉजी
    D. इनमें से कोई नहीं

49. ऐनाटोमी विज्ञान की वह शाखा है जिसमें अध्ययन किया जाता है –
    A. सभी जन्तुओं की संरचना का
    B. जन्तु व्यवहार का
    C. कोष तथा ऊतकों का
    D. शरीर के विभिन्न अंगों के कार्यों का

50. यूजेनिक्स अध्ययन है –
    A. जीव के परिवर्तन से नए मानव उत्पन्न करने का
    B. यूरोपीय स्रोत के मनुष्यों का
    C. मनुष्य की विभिन्न प्रजातियों का
    D. पादपों की आनुवंशिकी का

51. सुमेलित कीजिए –

सूची-I	सूची-II
(विज्ञान का शाखा)	(संबंधित अध्ययन)
(a) डर्मेटोलॉजी	I. स्त्री रोग
(b) गायनेकोलॉजी	II. आंख रोग
(c) अन्कोलॉजी	III. चर्म रोग
(d) ओपथमोलॉजी	IV. कैंसर

कूट :

	(a)	(b)	(c)	(d)
A.	III	I	II	IV
B.	II	I	IV	III
C.	I	IV	II	III
D.	IV	I	II	III

52. निम्नलिखित में से कौन–सा कथन सही है ?
    A. किप्टोग्राफी शाखा में अंगुलियों के निशान पहचानने का अध्ययन होता है।
    B. एस्ट्रोनॉमी शाखा में ज्योतिष का अध्ययन होता है।
    C. डेक्टिलोग्राफी में गुप्त संकेत लिखने का अध्ययन होता है।
    D. क्राओजेनिक्स में न्यूनतम उत्पादन का अध्ययन होता है।

53. विज्ञान की किस शाखा में चीनी मिट्टी के बर्तन बनाने संबंधी अध्ययन किया जाता है ?
    A. बायोनिक्स
    B. केलिस्थेनिक्स
    C. सिरेमिक्स
    D. यूजेनिक्स

54. आपेक्षिक आर्द्रता मापने वाले यंत्र का नाम है –
    A. हाइड्रोमीटर
    B. हाइग्रोमीटर
    C. बैरोमीटर
    D. पारा थर्मामीटर

55. भोजन की ऊर्जा को किस मात्रक में मापा जाता है ?
    A. कैलोरी
    B. केल्विन
    C. बुशेल
    D. इनमें से कोई नहीं

56. माइक्रोस्कोप प्रयुक्त किया जाता है –
    A. दूर की वस्तुओं को देखने के लिए
    B. समीप की वस्तुओं को देखने के लिए
    C. छोटी वस्तुओं को स्पष्ट देखने के लिए
    D. छोटी व समीप की वस्तुओं को देखने के लिए

57. ताप का SI मात्रक क्या है ?
    A. केल्विन
    B. सेल्सियस
    C. सेण्टीग्रेड
    D. फारनेहाइट

58. टेलीस्कोप प्रयुक्त किया जाता है –
    A. समीप की वस्तुओं को देखने के लिए
    B. दूर की वस्तुओं को देखने के लिए
    C. छोटी वस्तुओं को देखने के लिए
    D. जीव कोशों को देखने के लिए

59. दूध का घनत्वभापी है –
    A. लेक्टोमीटर
    B. हाइड्रोमीटर

C. बैरोमीटर   D. हाइग्रोमीटर

60. डेसीबल किसका मात्रक है ?
- A. ध्वनि   B. प्रकाश
- C. ऊष्मा   D. विद्युत

61. सुमेलित कीजिए –

सूची-I	**सूची-II**
(a) थर्मोग्राफ	I. विद्युत धारा
(b) ऐनीमोमीटर	II. वायुमण्डलीय दाब
(c) ऐमीटर	III. वायु का वेग
(d) बैरोमीटर	IV. निश्चित अवधि में ताप में परिवर्तन

कूट :

	(a)	(b)	(c)	(d)
A.	IV	III	I	II
B.	II	I	IV	III
C.	III	II	I	IV
D.	I	II	IV	III

62. वायु गति का मात्रक है –
- A. स्पीडोमीटर   B. टैकोमीटर
- C. ऐनीमोमीटर   D. ओडियोमीटर

63. विद्युत धारा मापने का यंत्र है –
- A. इलेक्ट्रोमीटर   B. ऐमीटर
- C. गैल्वेनोमीटर   D. स्पेक्ट्रोमीटर

64. माइक्रोफोन का कार्य है –
- A. ध्वनि तरंगों को विद्युत तरंगों में बदलना
- B. ध्वनि तरंगों को प्रकाश तरंगों में बदलना
- C. विद्युत ऊर्जा को ध्वनि तरंगों में बदलना
- D. ध्वनि तरंगों को चुम्बकीय धाराओं में बदलना

65. कोरोनोग्राफ का प्रयोग किया जाता है –
- A. धमनियों के अध्ययन से
- B. छाती की बीमारियों के निदान से
- C. सूर्य के केरोना को देखने तथा उसका फोटोग्राफ लेने में
- D. मानव–शरीर में रक्त का अध्ययन करने में

66. हाइग्रोमीटर मापता है –
- A. आपेक्षिक आर्द्रता
- B. दूध की शुद्धता
- C. द्रव का आपेक्षिक घनत्व
- D. इनमें से कोई नहीं

67. फैदोमीटर का प्रयोग किस राशि को मापने में किया जाता है ?
- A. भूकम्प तीव्रता   B. वर्षा की मात्रा
- C. समुद्र की गहराई   D. ध्वनि तीव्रता

68. रिक्टर पैमाने (Richter Scale) का उपयोग किस राशि को मापने में किया जाता है ?
- A. द्रव का घनत्व   B. भूकम्प की तीव्रता
- C. वायु का वेग   D. वायु की आर्द्रता

69. पनडुब्बी के अंदर से समुद्र की सतह या भूमि के दृश्य देखने के लिए किस यंत्र का प्रयोग किया जाता है ?
- A. पेरिस्कोप   B. सैक्सटेन्ट
- C. स्टियरोस्कोप   D. टेलिस्कोप

70. आल्टीमीटर किस राशि को मापता है ?
- A. वायुमण्डलीय दाब   B. ऊंचाई
- C. विद्युत धारा   D. ध्वनि तीव्रता

71. दाब मापन के लिए किसका प्रयोग किया जाता है ?
- A. सक्चारिमीटर   B. ऐमीटर
- C. मैनोमीटर   D. लैक्टोमीटर

72. एंग्स्ट्रोम क्या मापता है ?
- A. द्रव का परिमाण   B. प्रकाश तरंगों की लंबाई
- C. किसी तार की लंबाई   D. जलयान की चाल

73. प्रकाश वर्ष का संबंध है –
- A. ऊर्जा से   B. गति से
- C. दूरी से   D. तीव्रता से

74. भूकम्प की तीव्रता मापने का यंत्र है –
- A. बैरोमीटर   B. हाइड्रोमीटर
- C. पॉलीग्राफ   D. सीस्मोग्राफ

75. सुमेलित कीजिए –

सूची-I	**सूची-II**
(a) पाइरोमीटर	I. आपेक्षिक आर्द्रता
(b) ऐनिमोमीटर	II. उच्च ताप
(c) हाइग्रोमीटर	III. नौचालन (Navigation)
(d) क्रोनोमीटर	IV. वायु की दिशा

कूट :

	(a)	(b)	(c)	(d)
A.	II	IV	I	III
B.	II	III	I	IV
C.	III	II	IV	I
D.	III	I	II	IV

76. सेल्सियस तथा फारेनहाइट पैमाने एक ही रीडिंग देते हैं–

   A. – 40° ताप पर   B. – 32° ताप पर

   C. – 273° ताप पर   D. 100° ताप पर

77. विद्युत धारा का मात्रक है –

   A. ओम   B. वाट

   C. एम्पियर   D. KWh

78. MKS पद्धति में ऊर्जा का मात्रक है –

   A. वोल्ट   B. अर्ग

   C. ओम   D. जूल

79. एक जूल में कितने अर्ग होते हैं ?

   A. 10^2 B. 10^4

   C. 10^6 D. 10^7

80. एक ग्राम भार में कितने डाइन होते हैं ?

   A. 900   B. 375

   C. 981   D. 250

81. जूल मात्रक है –

   A. ताप का   B. दाब का

   C. ऊर्जा का   D. उष्मा का

82. वेन्चुरी ट्यूब का प्रयोग किया जाता है –

   A. भूचाल की तीव्रता मापने में

   B. घनत्व ज्ञात करने में

   C. आपेक्षिक घनत्व ज्ञात करने में

   D. द्रव के प्रवाह की दर ज्ञात करने में

83. सुमेलित कीजिए –

सूची-I	सूची-II
(a) एनीमीटर	I. आर्द्रता मापी
(b) ऐनोरोइड बैरोमीटर	II. उच्चतम व निम्नतम तापमापी
(c) सिक्स का थर्मामीटर	III. वायु की गति का मात्रक
(d) आर्द्र तथा शुष्क बल्ब थर्मामीटर	IV. वायु की दिशा ज्ञात करने वाला
	V. वायुमण्डलीय दाबमापी

कूट :

	(a)	(b)	(c)	(d)
A.	III	V	II	I
B.	II	IV	V	I
C.	I	III	IV	V
D.	III	V	I	IV

84. ओडोमीटर का कार्य है –

   A. वायुदाब मापना

   B. ध्वनि का वेग मापना

   C. वाहन द्वारा तय की गई दूरी मापना

   D. ग्रहों के मध्य की दूरी नापना

85. केस्कोग्राफ उपकरण का कार्य है –

   A. हृदय की धड़कनों को दर्शाना

   B. छोटे चित्रों को बड़ा दिखाना

   C. पौधों की वृद्धि मापना

   D. इनमें से कोई नहीं

86. साइक्लोट्रोन का कार्य है –

   A. आवेश मापन

   B. आवेशित कणों का वेग बढ़ाना

   C. विभवांतर मापन

   D. ये सभी

87. सुमेलित कीजिए –

सूची-I	सूची-II
(a) आमीटर	I. ऊष्मा
(b) वोल्टामीटर	II. प्रतिरोध
(c) ओममीटर	III. विभवांतर
(d) कैलोरीमीटर	IV. धारा

कूट :

	(a)	(b)	(c)	(d)
A.	IV	III	II	I
B.	III	II	I	IV
C.	I	III	II	IV
D.	II	III	I	IV

88. विद्युत विभवांतर का मापन किस उपकरण द्वारा होता है ?

   A. वोल्टमीटर   B. विभवमापी

   C. इलैक्ट्रोमीटर   D. ये सभी

89. जल में उपस्थित तेल क्षेत्रों का पता किस उपकरण से लगाते हैं ?

   A. हाइड्रोमीटर   B. हाइग्रोमीटर

   C. ग्रेवीमीटर   D. हिप्सोमीटर

90. डायनेमो का कार्य है –

   A. मीटर का उल्टा   B. ट्रांसफार्मर का उल्टा

   C. जनरेटर का उल्टा D. दो व तीन सही है

91. उड़ते हुए विमान की ऊंचाई किस उपकरण द्वारा मापी

जाती है ?
A. एक्टियोमीटर
B. एयरोमीटर
C. आल्टीमीटर
D. एक्सियलरोमीटर

92. वायु का वेग तथा शक्ति किस उपकरण द्वारा मापी जाती है ?
A. एनिमोमीटर
B. यूडियोमीटर
C. क्रोनोमीटर
D. फेदोमीटर

93. पायरोमीटर किस राशि को मापता है ?
A. ध्वनि की तीव्रता
B. विभवांतर
C. विकिरणों की तीव्रता
D. समुद्रों की गहराई

94. स्पिग्मोस्कोप का कार्य है –
A. नाड़ियों की गति की आवाज सुनना
B. फेंफड़े तथा हृदय की जाँच करना
C. नाड़ियों की गति मापना
D. आकाशीय पिण्डों की ऊँचाई मापना

95. जाइरोस्कोप का कार्य है –
A. जल में उपस्थित तेल क्षेत्रों का पता लगाना
B. छोटे समयान्तराल मापना
C. घूम रही वस्तु की गति को प्रस्तुत करना
D. पानी के भीतर ध्वनि अंकित करना

96. आयरन लंग्स का कार्य है –
A. श्वास गति मापना
B. नाड़ियों की गति मापना
C. कृत्रिम श्वसन
D. उपर्युक्त सभी

97. निम्नलिखित में से कौन–सा जोड़ा सही नहीं है ?
1. वोल्टामीटर – विभवान्तर मापना
2. ट्रांसफार्मर – प्रत्यावर्ती धारा की वोल्टता कम–अधिक करना
3. सैफ्टीलैम्प – खानों में दुर्घटना रोकना
4. एस्ट्रोमीटर – तारों की दूरी मापना
A. केवल 3
B. केवल 4
C. 1 तथा 2 दोनों
D. उपर्युक्त सभी सही हैं

98. सौर ऊर्जा को विद्युत ऊर्जा में बदलने का कार्य किस उपकरण से करते हैं ?
A. फोटो सैल
B. मोटर
C. डायनमो
D. डेनियल सैल

99. पेनिसिलिन का आविष्कारक था–
A. जे.ई. साल्क
B. जी. मेण्डल
C. पी. एहर्लिक
D. ए. फ्लेमिंग

100. ऑक्सीजन का आविष्कारक कौन था ?
A. रदरफोर्ड
B. नील्सबोर
C. विलियम रैम्जे
D. प्रीस्टले

101. इलेक्ट्रॉन की सर्वप्रथम पहचान किसने की थी ?
A. जे.जे. थॉमसन ने
B. जे. केप्लर ने
C. डी. रदरफोर्ड ने
D. जैम्स चैडविक ने

102. असंगत युग्म को छांटिए –
A. रौंजन–एक्स किरण
B. न्यूटन–गुरुत्वाकर्षण नियम
C. फैराडे–गैसों का विसरण
D. पाश्चर–जीवाणु विज्ञान

103. राइट बन्धु निम्नलिखित में से किसके आविष्कारक माने जाते हैं ?
A. बैलून के
B. बाइसिकिल के
C. वायुयान के
D. मोटर साइकिल के

104. ब्लासी पास्कल का संबंध किससे है ?
A. गणना करने वाली मशीन से
B. कम्प्यूटर से
C. सिनेमा से
D. इनमें से कोई नहीं

105. बाल पॉइण्ट पेन का अविष्कारक था –
A. वाटरमैन
B. ऑस्कर
C. विल्सन
D. बीरो ब्रदर्स

106. संगत युग्म को छांटिए –
A. डायनामाइट–डनलप
B. विकासवाद–डार्विन
C. टाइपराइटर–रेमिंग्टन
D. वायुयान–हार्वे

107. सन् 1865 में ऐन्टिसेप्टिक सर्जरी का अग्रणी कौन था ?
A. एडवर्ड जेनर
B. जोसेफ लिस्टर
C. हेनरी विलियम
D. जॉन स्लीमैन

108. निम्नलिखित में से कौन पोलियो की दवा का आविष्कारक था ?
A. जोनास साल्क
B. एल्ब ई. सेबिन
C. सल्मान वाक्समा
D. इनमें से कोई नहीं

109. असंगत युग्म को छांटिए –
A. जे.एल.बेयर्ड–टेलिविजन
B. ए.जी.बेल–टेलीफोन
C. जेम्स वॉट–स्टीम इंजन
D. जे.पार्किन्स–पेनिसिलिन

110. टेलीविजन का आविष्कारक कौन था ?
A. फैराडे B. बेयर्ड
C. एडीसन D. मारकोनी

111. सुमेलित कीजिए.

सूची-I	सूची-II
(a) रेडियोधर्मिता	I. बेकुरल
(b) आवर्त सारणी	II. मेण्डलीफ
(c) क्वाण्टम सिद्धांत	III. प्लांक
(d) एक्स–किरण	IV. रोएण्टजन

कूट :

	(a)	(b)	(c)	(d)
A.	II	I	IV	III
B.	I	II	III	IV
C.	III	II	I	IV
D.	IV	III	II	I

112. निम्नलिखित में से किसने जीवन के रासायनिक विकास को प्रस्तावित किया ?
A. लैमार्क B. डार्विन
C. टैकल D. ओपेरिन

113. संहति और ऊर्जा के मध्य किसने संबंध स्थापित किया था ?
A. प्लांक B. आइन्सटीन
C. डाल्टन D. रदरफोर्ड

114. सुमेलित कीजिए.

सूची-I	सूची-II
(a) मारकोनी	I. रेडियो
(b) डार्विन	II. प्राकृतिक वरण सिद्धान्त
(c) लाइनेक	III. आर्थोजेनिसिस सिद्धान्त
(d) बेयर्ड	IV. स्टेथोस्कोप
	V. टेलीविजन

कूट :

	(a)	(b)	(c)	(d)
A.	I	II	IV	V
B.	II	I	IV	III
C.	I	III	V	II
D.	III	II	I	IV

115. निम्न में से किसने जीवद्रव्य को जीवन का मौलिक आधार बताया था ?
A. टी.एच. हक्सले B. लीविन हॉक
C. रूडोल्फ वर्चोव D. जे.सी.बोस

116. सुमेलित कीजिए.

सूची-I	सूची-II
(a) टाइपराइटर	I. डेवी
(b) एक्स किरणें	II. शोलेस
(c) रेडियो	III. रोएण्टजन
(d) सेफ्टी लैम्प	IV. मारकोनी

कूट :

	(a)	(b)	(c)	(d)
A.	II	III	IV	I
B.	III	I	II	IV
C.	II	IV	III	I
D.	I	III	II	IV

117. सर्वप्रथम किसने कहा कि पृथ्वी सूर्य के चारों ओर घूमती है ?
A. न्यूटन B. डाल्टन
C. कॉपरनिकस D. आइन्सटीन

118. पाश्चुरीकरण (Pasteurization) द्वारा दूध के नष्ट हो जाते हैं–
A. विटामिन्स B. प्रोटीन अंश
C. वसा अंश D. पैथोजेनिक जीवाणु

119. रॉबर्ट कोच द्वारा अनुसंधान किस बीमारी पर किया गया था ?
A. तपेदिक B. हैजा
C. मधुमेह D. मलेरिया

120. यूरेनस के आविष्कारक कौन थे ?
A. हर्शेल B. गैलीलियो
C. कॉपरनिकस D. इनमें से कोई नहीं

121. कम्प्यूटर का आविष्कारक कौन था ?
A. मारकोनी B. मैक्मिलन
C. एडीसन D. बेवेज

122. भाप के इंजन के आविष्कारक कौन थे ?
A. राइट बंधु B. मारकोनी
C. जेम्सवाट D. इनमें से कोई नहीं

123. सुमेलित कीजिए.

सूची-I	सूची-II
A. प्रोटॉन	I. चैडविक
B. न्यूट्रॉन	II. मिलिकन
C. इलेक्ट्रॉन–आवेश	III. गोल्डस्टीन
D. परमाणु के कोश	IV. रदरफोर्ड
	V. मैडम क्यूरी

कूट :

	(a)	(b)	(c)	(d)
A.	III	II	IV	I
B.	II	III	I	IV
C.	II	I	IV	III
D.	III	I	II	IV

124. अल्फ्रेड नोबेल का संबंध है –
   A. कॉस्मिक किरणों से   B. डाइनामाइट से
   C. डायनमों से   D. पेनिसिलिन से

125. मानव शरीर में रक्त संचार की खोज किसने की थी ?
   A. एडवर्ड जेनर   B. जोसेफ लिस्टर
   C. विलियम हार्वे   D. आइजक न्यूटन

126. फंक ने किसकी खोज की थी ?
   A. विटामिनों की   B. हार्मोन्स की
   C. प्रोटीनों की   D. एन्जाइमों की

127. सर्वप्रथम इंग्लैण्ड में छापने (प्रिंटिंग) का प्रयास किसने किया था ?
   A. जैम्स आर्कराइट   B. जेम्स वाट
   C. विलियम काक्सटन D. आइजक न्यूटन

128. प्रकाश की चाल का मापन सर्वप्रथम किसने किया था ?
   A. आइन्सटीन   B. न्यूटन
   C. रोमर   D. गैलीलियो

129. शून्य का आविष्कार किसने किया था ?
   A. मिस्रवासियों ने   B. यूनानियों ने
   C. भारतीयों ने   D. अमरीकियों ने

130. डॉक्टरी थर्मामीटर के आविष्कारक कौन हैं ?
   A. फारनेहाइट   B. गैलीलियो
   C. एडीसन   D. इनमें से कोई नहीं

131. चेचक के टीके का आविष्कारक कौन थे ?
   A. एडवर्ड जैनर   B. रॉबर्ट कौच
   C. रॉबर्ट हुक   D. लुई पाश्चर

132. किसने बताया कि पौधों में जीवन होता है ?
   A. पाल बर्ग   B. रॉबर्ट कोच
   C. जे.सी. बोस   D. इनमें से कोई नहीं

133. गुरुत्वाकर्षण के नियम का प्रतिपादक कौन था ?
   A. फैराडे   B. न्यूटन
   C. गैलीलियो   D. आर्किमिडीज

134. रोनाल्ड रौस ने किसकी खोज की थी ?
   A. हैजा के जर्म्स की
   B. मलेरिया पैरासाइट की
   C. पीलिया के जर्म्स की
   D. इनमें से कोई नहीं

135. लघुगणक सारिणी किसके द्वारा बनाई गई थी ?
   A. जॉन डाओ द्वारा   B. जॉन नेपियर द्वारा
   C. जॉन हैरिसन द्वारा D. जॉन डगलस द्वारा

136. निम्न में से किसका ऊष्मीय मान अधिकतम होता है ?
   A. वसा   B. विटामिन
   C. कार्बोहाइड्रेट   D. प्रोटीन

137. आइन्सटीन को नोबेल पुरस्कार मिला था –
   A. प्रकाश–विद्युत प्रभाव की व्याख्या के लिए
   B. आपेक्षिकता के व्यापक सिद्धान्त के लिए
   C. आपेक्षिकता के विशिष्ट सिद्धान्त के लिए
   D. इनमें से कोई नहीं

138. असंगत युग्म को छांटिए –
   A. साइक्लोड्रॉम–अरनेस्ट आरलैण्डो लारेन्स
   B. विकिरण पर दाब का प्रभाव–मेघनाथ साहा
   C. फोटोग्राफी (फिल्म में)–टालबोर
   D. प्रकाश विद्युत प्रभाव की व्याख्या–अल्बर्ट आइन्सटीन

139. सुमेलित कीजिए–

सूची-I	सूची-II
(a) बारूद	I. गुटन बर्ग
(b) टैंक	II. लुइस ब्रेल
(c) ब्रेल लिपि	III. रौजर बेकन
(d) मुद्रणकला	IV. स्विंगटन

कूट :

	(a)	(b)	(c)	(d)
A.	III	IV	II	I
B.	II	I	III	IV
C.	I	II	IV	III
D.	III	I	II	IV

140. केलकुलेटर के आविष्कारक कौन हैं ?
   A. पास्कल   B. आर.ए.मिलिकन
   C. निकोला टेसला   D. विलियम गैरा कोरीना

141. फाउन्टेन पेन के आविष्कारक कौन हैं ?
   A. रौजर बेकन   B. वाटरमैन
   C. बैंजामिन फ्रेंकलिन D. इनमें से कोई नहीं

142. एयर कण्डीशनर का आविष्कारक है –
   A. फ्रैंक विटिल   B. विल्स हैवीलैण्ड कैरियर
   C. अरनेस्ट आरनेल्डो D. इनमें से कोई नहीं

143. परमाणु भट्टी की खोज किसने की ?
    A. एनरिको फर्मी   B. डेनिस पोलसन
    C. रॉबर्ट मैलेट   D. इनमें से कोई नहीं

144. होलोग्राफी का आविष्कार किसने किया ?
    A. डेनिस पोलसन ने   B. डेनिस गबोर ने
    C. ए.आर.मिलीकन ने   D. हेनरी बेकूलर ने

145. अल्बर्ट आइन्सटीन ने किसका आविष्कार किया ?
    A. प्रकाश उपकरण
    B. तत्वीय आवेशों की खोज
    C. प्रकाश विद्युत प्रभाव के नियम
    D. प्रोटॉन की चुम्बकीय गति

146. इलैक्ट्रॉन की खोज किसने की ?
    A. अल्बर्ट माइकलसन   B. पियरे एवं मैडम क्यूरी
    C. विलियम रोंटजन   D. सर जोसेफ थॉमसन

147. न्यूट्रॉन की खोज किसने की ?
    A. कार्ल एण्डरसन
    B. जेम्स चैडविक
    C. जेम्स फ्रेंक और हर्ट्ज
    D. ई.ओ.एमाटेन्स

148. सुमेलित कीजिए —

सूची-I (आविष्कार)	सूची-II (आविष्कर्ता)
(a) भाप का इंजन	I. स्टीफेन्स
(b) रेल का इंजन	II. डाइमलर
(c) गैस का इंजन	III. जेम्स वाट
(d) रॉकेट का इंजन	IV. गोडार्ड

कूट :

	(a)	(b)	(c)	(d)
A.	III	I	II	IV
B.	II	I	III	IV
C.	I	III	II	IV
D.	III	II	IV	I

149. परमाणु बम सर्वप्रथम किसने बनाया ?
    A. ओटोहान   B. आइन्सटीन
    C. फर्मी   D. उपर्युक्त में से कोई नहीं

150. एयर ब्रेक का आविष्कार किसने किया ?
    A. ई. टोरीसोली   B. जी. बोर्स्टिंग हाउस
    C. डब्ल्यू एच. कैरियर   D. प्रीस्टले

151. सुमेलित कीजिए —

सूची-I (आविष्कार)	सूची-II (आविष्कर्ता)
(a) कार्बन लैम्प	I. हेविट
(b) मर्करी लैम्प	II. एडीसन
(c) इलैक्ट्रिक बल्ब	III. स्वान
(d) सैफ्टी लैम्प	IV. डेवी

कूट :

	(a)	(b)	(c)	(d)
A.	II	I	IV	II
B.	III	I	II	IV
C.	I	III	IV	II
D.	IV	I	II	III

152. विद्युत पंखे का आविष्कार किसने किया ?
    A. स्टरजन   B. व्हीलर
    C. डब्ल्यू एच. कैरियर   D. इनमें से कोई नहीं

153. बैलून का आविष्कार किसने किया ?
    A. मोन्ट गोल्फियर   B. टोरीसोली
    C. राइट ब्रदर्स   D. इनमें से कोई नहीं

154. विद्युत जनरेटर का आविष्कार किसने किया ?
    A. माइकल फैराडे   B. स्टरजन
    C. स्प्रेग   D. इनमें से कोई नहीं

155. हाथ घड़ी का आविष्कार किसने किया ?
    A. सिंग लिंगसान   B. ब्रेगवेट
    C. हाइजेन्स   D. इनमें से कोई नहीं

156. एक समुद्री मील बराबर —
    A. 5020 फीट   B. 6020 फीट
    C. 4020 फीट   D. 7020 फीट

157. हर्ट्ज मात्रक है —
    A. बल का   B. आवेश का
    C. आवृति का   D. विद्युत प्रतिरोध का

158. विद्युत तनाव का मात्रक है —
    A. ओम   B. कूलॉम
    C. वोल्ट   D. ल्यूमेन

159. 1 बार का मान होता है —
    A. 10^5 न्यूटन/मी.^{2} B. 10^{16} मी.^{2}
    C. 10^{10} न्यूटन/सैकेण्ड   D. इनमें से कोई नहीं

160. दूरी की इकाई है —
    A. हेनरी   B. समुद्री मील
    C. गाउस   D. आर्स्टेड

161. समुद्र की गहराई मापने की इकाई है –
- A. फैदम
- B. कैलोरी
- C. नॉट
- D. इनमें से कोई नहीं

162. बेवर है –
- A. द्रव्यमान की इकाई
- B. चुम्बकीय फ्लक्स घनत्व की इकाई
- C. चुम्बकीय फ्लक्स की इकाई
- D. इनमें से कोई नहीं

163. कार्य के मापन की इकाई है –
- A. जूल
- B. अर्ग
- C. फैराडे
- D. डाइन

164. विद्युत मात्रा की व्यावहारिक इकाई है –
- A. कूलाम्ब
- B. ओम
- C. जूल
- D. अर्ग

165. एम.के.एस. प्रणाली में बल की माप की जाती है –
- A. न्यूटन से
- B. एम्पीयर से
- C. अंगस्ट्राम से
- D. एम्पीयर अवर से

166. एम.के.एस. पद्धति में लम्बाई का मात्रक है –
- A. फुट
- B. मीटर
- C. सेमी.
- D. ये सभी

167. पीले रंग का तरंग दैर्ध्य लगभग होता है –
- A. 5600 अंगस्ट्राम
- B. 6600 अंगस्ट्राम
- C. 4600 अंगस्ट्राम
- D. 5000 अंगस्ट्राम

168. विद्युत प्रतिरोध का मात्रक है –
- A. वोल्ट
- B. जूल
- C. वाट
- D. ओम

169. एक प्रकाश वर्ष का मान होता है –
- A. 10^{12} मीटर
- B. 10^{16} मीटर
- C. 10^9 मीटर
- D. इनमें से कोई नहीं

170. रेडियो ऐक्टिवता का S.I. मात्रक है –
- A. केल्विन
- B. बेकुरल
- C. केन्डिल
- D. इनमें से कोई नहीं

171. एस.आई.पद्धति में केल्विन मात्रक है –
- A. ताप का
- B. प्रदीपन का
- C. दबाव का
- D. इनमें से कोई नहीं

172. एम.के.एस. पद्धति का प्रतिपादन किया –
- A. जियोर्जी ने
- B. पास्कल ने
- C. एम्पीयर ने
- D. ए.जे. अंगस्ट्राम ने

173. एक माइक्रॉन बराबर है –
- A. 1/10 मिलीमीटर
- B. 1/100 मिलीमीटर
- C. 1/1000 मिलीमीटर
- D. 1/10000 मिलीमीटर

174. पारसेक इकाई है –
- A. दूरी की
- B. समय की
- C. प्रकाश की चमक की
- D. चुम्बकीय बल की

175. सापेक्ष आर्द्रता नापी जाती है –
- A. हाइड्रोमीटर से
- B. हाइग्रोमीटर से
- C. लैक्टोमीटर से
- D. पोटेन्शियोमीटर से

176. पाइरोमीटर निम्नांकित के नापने के लिए प्रयोग में लाया जाता है –
- A. वायुदाब
- B. आर्द्रता
- C. उच्च तापमान
- D. भूकम्प की तीव्रता

177. किसी ग्रह या उपग्रह की सूर्य से सबसे निकट की स्थिति को क्या कहते हैं ?
- A. पेरिजी
- B. अपहीलियन
- C. पेरीहीलियन
- D. अपोजी

178. यूरेनस ग्रह की ओर पहुंचने वाला प्रथम यान –
- A. भारतीय इन्सैट–1 बी
- B. अमरीकी वाचेजर–2
- C. उपर्युक्त दोनों
- D. इनमें से कोई नहीं

179. पृथ्वी पर वायुमण्डल बने रहने का कारण है –
- A. वायुमण्डलीय दाब
- B. पृथ्वी की घूर्णन गति
- C. पृथ्वी का चुम्बकीय क्षेत्र
- D. गुरुत्वाकर्षण

180. प्रकाश को सूर्य से पृथ्वी तक पहुंचने में समय लगता है –
- A. 5 सैकण्ड
- B. 50 सैकण्ड
- C. 8 मिनट 18 सैकण्ड
- D. 100 सैकण्ड

181. वह ग्रह जिसके चारों तरफ कुण्डली (वलय) है जो उसके चारों तरफ घूमती हैं –
- A. अरुण
- B. वरुण
- C. बुध
- D. शनि

182. निम्न में से कौन–सा ग्रह **लाल ग्रह** कहलाता है –
- A. बुध
- B. जुपीटर
- C. प्लेटो
- D. मंगल

183. किस ग्रह के सर्वाधिक उपग्रह हैं –
- A. बृहस्पति
- B. यूरेनस
- C. शनि
- D. मंगल

184. सूर्य को छोड़कर पृथ्वी के सर्वाधिक निकटतम तारे से

प्रकाश को पृथ्वी पर आने में लगा समय –
A. 8 मिनट B. 8 वर्ष
C. 4½ वर्ष D. 4½ घण्टे

185. चंद्रमा की कलाओं का आंशिक कारण है –
A. चंद्रमा द्वारा पृथ्वी का परिभ्रमण
B. चंद्रमा के घूमने की गति में परिवर्तन
C. चंद्रमा के गुरुत्व में परिवर्तन
D. चंद्रमा के रूप में परिवर्तन

186. क्षुद्र ग्रह किसके मध्य सूर्य का चक्कर लगाते हैं –
A. पृथ्वी और मंगल B. यूरेनस और नेप्च्यून
C. मंगल और बृहस्पति D. शनि और यूरेनस

187. सूर्य से पृथ्वी की लगभग औसत दूरी क्या है ?
A. 14,95,97,900 कि.मी.
B. 13,95,97,900 कि.मी.
C. 15,95,97,900 कि.मी.
D. 14,95,97,900 कि.मी.

188. चंद्रमा पर दिन और रात में से प्रत्येक कितने समय का होता है ?
A. 12 घण्टे B. दो सप्ताह
C. एक सप्ताह D. 24 घण्टे

189. पृथ्वी के धरातल का कितना भाग जल से घिरा है ?
A. 1/3 भाग B. 2/3 भाग
C. 3/4 भाग D. 1/4 भाग

190. पृथ्वी की घूर्णन गति का सही समय है –
A. 23 घण्टे, 56 मिनट, 4 सैकण्ड
B. 23 घण्टे, 56 मिनट, 12 सैकण्ड
C. 24 घण्टे, 12 मिनट, 4 सैकण्ड
D. 24 घण्टे

191. चंद्रमा पृथ्वी का एक चक्कर लगाता है –
A. 30 दिन में B. 28⅓ दिन में
C. 27⅓ दिन में D. 28¼ दिन में

192. सूर्य की सतह का तापमान होता है –
A. 8000°C B. 12000°C
C. 10000°C D. 6000°C

193. ग्रहों–उपग्रहों समेत सूर्य एक मण्डल बनाता है, उसे कहते हैं –
A. आकाशमण्डल B. पिण्डमण्डल
C. सौरमण्डल D. ऊर्जामण्डल

194. गैसीय पदार्थ और लम्बी पूंछ की व्यवस्था होती है –
A. छोटे ग्रहों में B. उल्काओं में
C. पुच्छल तारों में D. इनमें से कोई नहीं

195. सौर परिवार में ग्रहों की कुल संख्या है –
A. 8 B. 9
C. 11 D. 12

196. सूर्य से सर्वाधिक दूर स्थित ग्रह का नाम है –
A. यूरेनस B. प्लूटो
C. बृहस्पति D. शनि

197. सूर्य के सबसे नजदीक ग्रह है –
A. बुध B. शुक्र
C. पृथ्वी D. मंगल

198. सौरमण्डल का सबसे बड़ा ग्रह है –
A. बृहस्पति B. यूरेनस
C. पृथ्वी D. मंगल

199. बृहस्पति के उपग्रहों की संख्या है –
A. 12 B. 10
C. 16 D. 24

200. सौर परिवार का सबसे चमकीला ग्रह है –
A. मंगल B. शुक्र
C. बृहस्पति D. बुध

201. कौन–सा ग्रह **रात की रानी** कहलाता है ?
A. मंगल B. प्लूटो
C. बृहस्पति D. चंद्रमा

202. कौन–सा ग्रह सौरमण्डल के बाहरी कक्ष में है –
A. मंगल B. बुध
C. प्लूटो D. कोई नहीं

203. हबल अंतरिक्ष टैलिस्कोप ने पहली बार एक दूरस्थ तारे की सतह की छाया भेजी है। तारे का नाम है –
A. विरगो B. 70 वरजिन्स
C. बीटलग्यूस D. बिग डिपर

204. प्रसारण मान विश्व का सिद्धांत सर्वप्रथम किसने प्रतिपादित किया ?
A. माइंसटीन B. न्यूटन
C. गैलीलियो D. हब्बल

205. हैली पुच्छल तारा (Halley Canet) प्रति कितने समय वर्षों बाद दिखाई पड़ता है ?
A. 86 वर्ष B. 76 वर्ष
C. 78 वर्ष D. 79 वर्ष

206. 'हैली बाप' धूमकेतु का उल्लेख किस भारतीय खगोलशास्त्री ने अपने ग्रंथों में कई सौ वर्ष पूर्व कर दिया था ?
A. भास्कराचार्य B. वराहमिहिर

C. गैलीलियो   D. ब्रह्मगुप्त

207. कृष्ण छिद्र सिद्धांत (Black Hole theory) को प्रतिपादित किया था –
A. सी.वी.रमन ने   B. एज.जे.भाभा ने
C. एस. चंद्रशेखर   D. हरगोविन्द खुराना ने

208. यूरोपा किस ग्रह का चंद्रमा है ?
A. बृहस्पति   B. मंगल
C. वरुण   D. शनि

209. हमारे सौरमण्डल का सबसे अधिक चमकीला तारा है –
A. सीरियस   B. विर्गो
C. ल्यू   D. कैंसर

210. ब्लैक होल क्या है ?
A. सघन पिण्ड है
B. पिण्ड नहीं है
C. कम सघन पिण्ड है
D. अनंत रूप से सघन पिण्ड है

211. चंद्र ग्रहण उस समय होता है, जब –
A. सूर्य, चंद्रमा और पृथ्वी एक ही रेखा में नहीं होते।
B. चंद्रमा, सूर्य और पृथ्वी के बीच में आ जाता है।
C. पृथ्वी, सूर्य और चंद्रमा के बीच में आ जाती है।
D. सूर्य, पृथ्वी और चंद्रमा के बीच आ जाता है।

212. सूर्य के चारों तरफ पृथ्वी के परिभ्रमण की चाल –
A. वर्षभर समान रहती है।
B. न्यूनतम होती है जब पृथ्वी सूर्य के निकटतम होती है।
C. अधिकतम होती है जब पृथ्वी सूर्य के समीप होती है।
D. इनमें से कोई नहीं

213. एक तारे की संहति (Mass) सूर्य की संहति से दोगुनी है, वह अन्ततः कैसे समाप्त होगा ?
A. न्यूट्रान स्टार   B. ब्लैक होल
C. व्हाइट डवार्फ   D. रेड जायंट

214. सूर्य के चारों और ग्रहों की गति का पथ होता है ?
A. आयताकार   B. वृत्ताकार
C. दीर्घवृत्ताकार   D. त्रिभुजाकार

215. सूर्य के चारों तरफ गति कर रहे ग्रहों का अधिकतम वेग होता है –
A. उपभू पर
B. अपभू पर
C. वेग समान रहता है
D. सूर्य की अधिकतम दूरी पर

216. सूर्य के चारों ओर गतिशील ग्रह का वेग किस स्थान पर न्यूनतम होता है ?
A. उपभू पर
B. अपभू पर
C. सूर्य से अधिकतम दूरी पर
D. 2 व 3 दोनों सही हैं।

217. बृहस्पति ग्रह के संबंध में क्या असत्य है ?
A. यह सौरमण्डल का सबसे बड़ा ग्रह है।
B. इसके 16 उपग्रह ज्ञात हैं।
C. इसके चारों तरफ रिंगें बनी हुई हैं।
D. इसका परिक्रमण काल 10 घण्टे है।

218. सूर्य के सबसे नजदीकी ग्रह कौन–सा है ?
A. बुध   B. शुक्र
C. यम   D. वरुण

219. बुध ग्रह के उपग्रहों की संख्या है ?
A. शून्य   B. एक
C. तीन   D. चार

220. पृथ्वी का सबसे नजदीकी ग्रह है –
A. मंगल   B. शुक्र
C. बुध   D. चन्द्रमा

221. सूर्य के चारों ओर कौन–सा ग्रह न्यूनतम समय में चक्कर लगाता है ?
A. बुध   B. पृथ्वी
C. वरुण   D. यम

222. सौरमण्डल के किस ग्रह का परिक्रमण काल न्यूनतम है ?
A. पृथ्वी   B. बुध
C. वरुण   D. यम

223. न्यूट्रॉन तारा में घनत्व की कोटि (order) होती है –
A. 10^3 कि.ग्रा. मी$^{-3}$ B. 10^7 कि.ग्रा. मी$^{-3}$
C. 10^{17} कि.ग्रा. मी$^{-3}$ D. 10^{21} कि.ग्रा. मी$^{-3}$

224. किसके अंदर से प्रकाश तरंग भी बाहर क्यों नहीं आ सकती है ?
A. ब्लैक होल (कृष्ण छिद्र)
B. न्यूट्रॉन तारा
C. श्वेत वामन तारा
D. लाल दानव तारा

225. ब्रह्माण्ड के संबंध में कौन–सा कथन सत्य है ?
A. ब्रह्माण्ड का विस्तार हो रहा है।
B. ब्रह्माण्ड संकुचित हो रहा है।

C. ब्रह्माण्ड का आकार स्थिर है।

D. ब्रह्माण्ड के आकार के संबंध में कुछ भी नहीं कहा जा सकता।

226. ब्लैक होल (Black Hole) क्या है ?

A. वायुमण्डल में ओजोन परत में एक छिद्र

B. पृथ्वी के भीतर एक विशाल छिद्र

C. ब्रह्माण्ड में वे सीमित क्षेत्र जिनका घनत्व अत्याधिक है

D. समताप मण्डल में एक छिद्र

227. 'टूटते तारे' (Shooting Star) के बारे में कौन–सा कथन असत्य है –

A. वे उल्काएँ (meteors) हैं

B. वे किसी पुच्छले तारे के भग्नावशेष हैं

C. वायुमण्डल से गुजरते समय वे घर्षण से उत्पन्न ऊष्मा के कारण चमकते हैं

D. वे एक प्रकार के तारे (Stars) हैं

228. अंतरिक्ष यात्री को ब्राह्य आकाश दिखाई देता है –

A. गहरा नीला   B. श्वेत

C. काला   D. गहरा लाल

229. दुग्ध मेखला (Milky Way) है –

A. सौरमण्डल का एक ग्रह

B. एक तारा

C. एक मंदाकिनी

D. एक तारामण्डल

230. जिस मंदाकिनी में हम रहते हैं, उसका आकार है –

A. सर्पिल (Spiral)   B. विषम (Irregular)

C. दीर्घ वृत्तीय   D. गोलाकार

231. वह तारा जो नीला दिखाई देता है –

A. उतना ही गर्म होता है जितना सूर्य

B. सूर्य से कम गर्म होता है

C. अत्यधिक ठण्डा होता है

D. सूर्य से बहुत अधिक गर्म होता है

232. प्रेक्षणीय ब्रह्माण्ड (observable universe) की सीमा है –

A. 2×10^{10} कि.मी.   B. 2×10^{10} प्रकाश वर्ष

C. 3×10^{10} मीटर   D. 4×10^{15} कि.मी.

233. सूर्य से सबसे दूर स्थित ग्रह है –

A. अरुण   B. वरुण

C. शनि   D. यम

234. बाह्य ग्रह का एक उदाहरण है –

A. पृथ्वी   B. मंगल

C. वरुण   D. शुक्र

235. सबसे बड़े क्षुद्र ग्रह का नाम है –

A. सिरस   B. दुग्ध मेखला

C. गुइसेपिक्स   D. एण्ड्रोमिडा

236. एक खगोलीय मात्रक का नाम है –

A. 1.496×10^{10} मीटर   B. 1.496×10^{8} मीटर

C. 1.496×10^{8} कि.मी.   D. 1.496×10^{10} कि.मी.

237. पारसेक मात्रक है –

A. दूरी का   B. समय का

C. ज्योति तीव्रता का   D. द्रव्यमान का

238. किसी तारे का रंग निर्भर करता है, उसके –

A. ताप पर   B. व्यास पर

C. संघटन पर   D. घनत्व पर

239. क्षुद्र ग्रह या ग्रहिकाएं (Asteroids) छोटे चट्टानी टुकड़े होते हैं, जो एक पट्टी (Belt) के रूप में सूर्य की परिक्रमा करते हैं। यह पट्टी किन दो ग्रहों की कक्षाओं के बीच स्थित होती है ?

A. मंगल व बृहस्पति   B. बुध व शुक्र

C. शुक्र व पृथ्वी   D. पृथ्वी व मंगल

240. किस ग्रह के चारों तरफ स्पष्ट वलय (Ring) है ?

A. मंगल   B. शनि

C. बृहस्पति   D. अरुण

241. भू–स्थिर कृत्रिम उपग्रह का आवर्तकाल होता है –

A. 24 घण्टा   B. 12 घण्टा

C. 6 घण्टा   D. 3 घण्टा

242. मंगल के उपग्रह हैं –

A. जिरस   B. फोबोस

C. डिबोस   D. B या C दोनों

243. धूमकेतु की पूंछ इंगित होती है –

A. सूर्य से परे

B. सूर्य की ओर

C. किसी निश्चित में नहीं

D. पृथ्वी की ओर

244. क्वासर्स हैं –

A. समीप की गैलेक्सी

B. टकराती हुई गैलेक्सी

C. सुदूर की रेडियो गैलेक्सी

D. कुछ चमकते हुए तारों का समूह

245. संपूर्ण आकाश में कितने तारामण्डल है ?
A. 5,000   B. 88
C. 888   D. 10^{11}

246. पल्सर होता है एक –
A. ब्लैक होल   B. निहारिका
C. न्यूट्रॉन तारा   D. श्वेत वामन द्वारा

247. सूर्य है एक –
A. तारा   B. उपग्रह
C. ग्रह   D. मंदाकिनी

248. सूर्य का द्रव्यमान है –
A. 1.98×10^{30} कि.ग्रा.   B. 5.98×10^{24} कि.ग्रा.
C. 9.98×10^{16} कि.ग्रा.   D. 1.46×10^{11} कि.ग्रा.

249. सौरमण्डल में किस ग्रह का द्रव्यमान व घनत्व पृथ्वी के समान है ?
A. मंगल   B. शुक्र
C. बुध   D. बृहस्पति

250. सूर्य में ऊर्जा की उत्पत्ति का कारण है –
A. संलयन प्रक्रिया   B. विखण्डन प्रक्रिया
C. कोयले का दहन   D. रसायनिक क्रियाएं

251. समुद्र में ज्वार–भाटा कब आता है ?
A. पूर्णिमा   B. अमावस्या
C. शरद पूर्णिमा   D. इनमें से कोई नहीं

252. निम्नलिखित में से असंगत को छांटिए –
A. दैनिक ज्वार   B. भूमध्यरेखीय ज्वार
C. बैरोमीट्रिक ज्वार   D. उपभू ज्वार

253. यदि पृथ्वी एवं अंतरिक्ष के मध्य से वायुमण्डल को हटा हुआ माना जाए तो आसमान का रंग कैसा होगा ?
A. नीला   B. सफेद
C. काला   D. लाल

254. प्रथमतः सौरमण्डल के संबंध में विश्व के समक्ष जानकारी प्रस्तुत करने का श्रेय निम्न में से किस विद्वान् को है –
A. गैलीलियो को   B. स्ट्रेबो को
C. कॉपरनिक्स को   D. केपलर को

255. वायुमण्डल का सर्वाधिक अस्थायी तत्व निम्नलिखित में से कौन–सा है –
A. नाइट्रोजन   B. ऑक्सीजन
C. कार्बनडाइ–ऑक्साइड   D. जलवाष्प

256. सुमेलित कीजिए –

सूची-I		सूची-II
(a) सापेक्ष आर्द्रता	I.	एनिमोमीटर
(b) वायु वेग	II.	अल्टीमीटर
(c) वायुमण्डलीय दाब	III.	रेनगेज
(d) माध्य समुद्र तल से ऊंचाई	IV.	साइक्रोमीटर
(e) वर्षा	V.	एनीरायड बैरोमीटर

कूट :

	(a)	(b)	(c)	(d)	(e)
A.	IV	I	V	II	III
B.	III	III	I	IV	V
C.	IV	II	I	V	III
D.	III	II	I	IV	V

257. मानचित्र पर दूरियों को मापने के लिए निम्न में से किस यंत्र का प्रयोग किया जाता है –
A. पेन्टोमीटर   B. रोटामीटर
C. ऑसिलेटर   D. टेल्यूटो मीटर

258. सर्वप्रथम पृथ्वी की त्रिज्या मापने वाला विद्वान् निम्न में से कौन था –
A. टौलमी   B. कॉपरनिक्स
C. इरैटास्थनीज   D. गैलीलियो

259. सुमेलित कीजिए –

सूची-I (सतहें)		सूची-II (अल्बिडो का प्रतिशत)
(a) चंद्रमा	I.	76%
(b) बुध ग्रह	II.	73-94%
(c) मंगल व शुक्र ग्रह	III.	7%
(d) बाह्य ग्रह	IV.	6%

कूट :

	(a)	(b)	(c)	(d)
A.	III	I	IV	II
B.	II	I	III	IV
C.	I	II	III	IV
D.	IV	III	II	I

260. 1 मानक गोल (Statue Mite) की दूरी कितने गज के बराबर होते हैं ?
A. 1,060   B. 1,660
C. 1,560   D. 1,760

261. 'सिजिगी' (Syzygy) क्या है ?
   A. सूर्य, पृथ्वी पर चंद्रमा की एक ही सीधी रेखा में स्थिति
   B. सूर्य तथा चंद्रमा के बीच पृथ्वी की स्थिति
   C. पृथ्वी के एक ही ओर सूर्य तथा चंद्रमा की स्थिति
   D. सूर्य, चंद्रमा की समकोणिक स्थिति

262. ब्यूफोर्ट स्केल पर निम्न में से क्या दर्शाया जाता है –
   A. भूकम्पीय तरंगों की गति
   B. बहते हुए जल की गति
   C. पवन की गति
   D. उपर्युक्त सभी

263. ऊपर से नीचे की ओर वायुमण्डल की विभिन्न परतों की सीमाओं (Pauses) का कौन–सा क्रम सही है ?
   A. मैग्नीटोपॉज, मेसोपॉज, स्ट्रैटोपॉज, ट्रोपोपॉज
   B. मेसोपॉज, स्ट्रैटोपॉज, ट्रोपोपॉज, मैग्नीटोपॉज
   C. ट्रोपोपॉज, स्ट्रैटोपॉज, मेसोपॉज, मैग्नीटोपॉज
   D. स्ट्रैटोपॉज, ट्रोपोपॉज, मैग्नीटोपॉज, मेसोपॉज

264. पृथ्वी से दिखने वाली चंद्रमा की सतह उसकी कुल सतह का कितने प्रतिशत है ?
   A. 33 प्रतिशत   B. 45 प्रतिशत
   C. 59 प्रतिशत   D. 70 प्रतिशत

265. वायुमण्डल में सर्वाधिक मात्रा में विद्यमान अक्रिय गैस कौन–सी है ?
   A. आर्गन   B. क्रिप्टॉन
   C. हीलियम   D. नियॉन

266. एरियल, अम्ब्रियल, टिटेनिया, ओबेरान तथा मिराण्डा निम्न में से किस ग्रह के उपग्रह है –
   A. बृहस्पति   B. शनि
   C. अरुण   D. वरुण

267. वायुमण्डल की संरचना में कितने प्रतिशत योगदान नाइट्रोजन का है।
   A. 10 प्रतिशत   B. 50 प्रतिशत
   C. 33 प्रतिशत   D. 78 प्रतिशत

268. सूर्यग्रहण के समय दिखायी देने वाला उसका ब्राह्यतम भाग, जिसे 'सूर्य-मुकुट' भी कहा जाता है, निम्न में से कौन सा है ?
   A. प्रकाशमण्डल या फोटोस्फीयर
   B. क्रोमोस्फीयर
   C. परिमण्डल या कैरोना

D. इनमें से कोई नहीं

269. यम तथा कुबेर (Pluto) ग्रह की खोज सन् 1930 में निम्न में से किस खगोलज्ञ द्वारा की गई थी ?
   A. क्लाइड टाम्बैग   B. जॉन गैले
   C. विलियम हर्शेल   D. जेम्स पी. हब्बल

270. भू–पृष्ठ के 98.59 प्रतिशत भाग के निर्माण में जिन मूल तत्वों का योगदान है उनमें से मात्रा के अनुसार घटते क्रम में प्रथम चार का कौन–सा युग्म सही है ?
   A. ऑक्सीजन, सिलिकन, एल्युमीनियम, लौह तत्व
   B. सिलिकॉन, ऑक्सीजन, लौह तत्व, एल्युमीनियम
   C. लौह तत्व, सिलिकॉन, ऑक्सीजन, एल्युमीनियम
   D. एल्युमीनियम, लौह तत्व, सिलिकॉन, ऑक्सीजन

271. सुमेलित कीजिए –

सूची-I	सूची-II
(a) शेरॉन	I. यम (Pluto)
(b) नेरिड	II. वरुण (Neptune)
(c) मिराण्डा	III. अरुण (Urenus)
(d) टेथीस	IV. शनि (Saturn)
(e) कैलिस्टा	V. बृहस्पति (Jupiter)

कूट :

	(a)	(b)	(c)	(d)	(e)
A.	I	II	III	IV	V
B.	II	III	I	V	IV
C.	III	I	II	IV	V
D.	V	IV	III	I	II

272. पृथ्वी तल के समीप द्वितीय कक्षा में कृत्रिम उपग्रह के परिभ्रमण काल की अवधि लगभग कितनी होती है ?
   A. 50 मिनट   B. 58 मिनट
   C. 78 मिनट   D. 84 मिनट

273. सूर्य की ज्वारीय शक्ति चंद्रमा की शक्ति की तुलना में कितनी कम होती है ?
   A. 1/2   B. 3/4
   C. 4/9   D. 7/10

274. वायुमण्डल में ऊपर की ओर जाने पर न्यूनतम तापमान की सीमा निम्न में से किस नाम से जानी जाती है ?
   A. ट्रोपोपाज   B. स्ट्रैटोपाज
   C. मेसोपाज   D. इनमें से कोई नहीं

275. ब्रह्माण्ड किरणों (Cosmic Rays) का परिलक्षण निम्न में से किस मण्डल में किया जाता है ?
   A. क्षोभमण्डल   B. समताप मण्डल

C. आयन मण्डल   D. आयतन या बर्हिमण्डल

276. सौरमण्डल का कौन–सा ग्रह अपनी कक्षा में घड़ी की सूई की विपरीत दिशा में (Anticlock wise) सूर्य के चारों तरफ परिक्रमा करता है ?

    A. शुक्र   B. अरुण

    C. A तथा B दोनों   D. इनमें से कोई नहीं

277. पृथ्वी को गोलाकार बताने वाला प्रथम विद्वान कौन था ?

    A. अरस्तू   B. कॉपरनिक्स

    C. केपलर   D. पाइथोगोरस

278. सूर्योच्च (Apehlion) के समय पृथ्वी से सूर्य की दूरी कितनी होती है ?

    A. 142 मिलियन कि.मी.   B. 147 मिलियन कि.मी.

    C. 152 मिलियन कि.मी.   D. इनमें से कोई नहीं

279. चंद्रमा का अंधेरा भाग भी निम्न में से किसके कारण आसानी से देखा जाता है ?

    A. विसरित परावर्तन   B. प्रभाव विकिरण

    C. विसरित नीला प्रकाश   D. इनमें से कोई नहीं

280. पृथ्वी एवं चंद्रमा के बीच स्थित अंतरिक्ष को किस नाम से जाना जाता है ?

    A. अन्तः अंतरिक्ष   B. बाह्य अंतरिक्ष

    C. सिसलूनर   D. इनमें से कोई नहीं

281. निम्नलिखित में से कौन–सा ग्रह सर्वाधिक गैसों से घिरा हुआ है ?

    A. यूरेनस   B. जूपिटर

    C. प्लूटो   D. वीनस

282. निम्नलिखित में से कौन–सा ग्रह अक्सर ठण्डे एवं जीवन रहित ग्रह के रूप में माना जाता है ?

    A. शनि   B. बृहस्पति

    C. बुध   D. मंगल

283. भारत का पहला उपग्रह निम्न में से कौन–सा था ?

    A. भास्कर   B. रोहिणी

    C. आर्यभट्ट   D. एप्पल

284. सूर्य से पृथ्वी की निकटतम स्थिति को किस नाम से जाना जाता है ?

    A. उपसौर   B. अपसौर

    C. विषुव   D. इनमें से कोई नहीं

285. सूर्य से पृथ्वी की दूररथ स्थिति को किस नाम से जाना जाता है ?

    A. उपसौर   B. अपसौर

C. विषुव   D. इनमें से कोई नहीं

286. अपसौर व उपसौर की स्थिति क्रमशः कब–कब होती है ?

    A. 4 जनवरी व 3 जुलाई

    B. 3 जुलाई व 4 जनवरी

    C. 21 जून व 22 दिसम्बर

    D. 21 मार्च व 23 सितम्बर

287. निम्नलिखित में से कौन–सी वायुमण्डलीय परत है जिसमें ऊंचाई के साथ तापमान में वृद्धि अंकित की जाती है ?

    A. ट्रोपोस्फीयर   B. स्ट्रेटोस्फीयर

    C. मेसोस्फीयर   D. ये सभी

288. पृथ्वी की भूमध्य रेखीय त्रिज्या लगभग है –

    A. 12,700 कि.मी.   B. 6,900 कि.मी.

    C. 6,400 कि.मी.   D. 11,600 कि.मी.

289. सूर्य के चारों ओर पृथ्वी की कक्षा की आकृति (shape) कैसी है ?

    A. वृत्ताकार   B. अति परवलयाकार

    C. दीर्घ वृत्ताकार   D. परवलयाकार

290. पृथ्वी का ध्रुवीय व्यास उसके भूमध्यरेखीय व्यास से कितना कम होता है ?

    A. 25 कि.मी.   B. 43 कि.मी.

    C. 80 कि.मी.   D. 110 कि.मी.

291. पृथ्वी की तुलना में चंद्रमा की संहति (Mass) है –

    A. 1/4   B. 1/80

    C. 1/100   D. इनमें से कोई नहीं

292. सौरमण्डल का सबसे गर्म ग्रह कौन–सा है ?

    A. शुक्र   B. शनि

    C. मंगल   D. बृहस्पति

293. सांध्य तारे का उदय किस दिशा में होता है ?

    A. दक्षिणी ध्रुव   B. उत्तरी ध्रुव

    C. पश्चिम   D. पूर्व

294. सांध्य का तारा (Evening Star) व भोर का तारा (Morning Star) है –

    A. मंगल   B. बुध

    C. शनि   D. शुक्र

295. सूर्य के चारों ओर यूरेनस का परिक्रमण काल लगभग है –

    A. 76 वर्ष   B. 80 वर्ष

C. 84 वर्ष　　　　D. 80 वर्ष

296. वृहत् ज्वार—भाटा नव चन्द्र व पूर्ण चन्द्र के दिनों में आते हैं, क्योंकि इन दिनों में –
A. चन्द्र व पृथ्वी परस्पर समकोण पर होते हैं।
B. चन्द्र व सूर्य पृथ्वी के अधिक निकट होते हैं।
C. सूर्य, चन्द्र व पृथ्वी एक सीधी रेखा में होते हैं।
D. सूर्य और चन्द्र एक-दूसरे के विपरीत होते हैं।

297. समुद्र में ज्वार—भाटा आने का कारण है –
A. चंद्रमा का आकर्षण
B. पृथ्वी की गोलीय सतह
C. पृथ्वी का गुरुत्वाकर्षण
D. सूर्य व चंद्रमा का गुरुत्वाकर्षण

298. पृथ्वी के घूर्णन (Rotation) की दिशा है –
A. पश्चिम से पूर्व　　　B. पूर्व से पश्चिम
C. उत्तर से दक्षिण　　　D. दक्षिण से उत्तर

299. निम्न में से कौन—सी वायुमण्डलीय परत रेडियो संचार में सहायता करती है ?
A. बहि:मण्डल　　　B. आयन मण्डल
C. क्षोभ मण्डल　　　D. समताप मण्डल

300. निम्नलिखित में से किस स्थान पर सूर्य सिर के ऊपर कभी नहीं चमकेगा ?
A. दिल्ली　　　B. चेन्नई
C. भोपाल　　　D. मुम्बई

301. भारत में इन्स्टीट्यूट ऑफ न्यूक्लियर फिजिक्स की स्थापना किसके प्रयत्नों से हुई ?
A. डॉ. बीरबल साहनी　　B. डॉ. मेघनाथ साहा
C. डॉ. संजय गुप्ता　　　D. डॉ. विक्रम साराभाई

302. 'मेरीकल्चर' (Maryculture) में किसका उत्पादन किया जाता है ?
A. वृक्षों तथा झाड़ियों　　B. फूलों
C. समुद्री जीवों　　　D. मधुमक्खियों

303. व्यापारिक रूप से मत्स्य पालन का व्यवसाय किस नाम से जाना जाता है ?
A. विटीकल्चर　　　B. एपीकल्चर
C. सेरीकल्चर　　　D. पिसीकल्चर

304. मलेरिया की दवा कुनैन निम्नलिखित में से किस वृक्ष से प्राप्त की जाती है ?
A. यूकेलिप्टस　　　B. वालनट
C. सिनकोना　　　D. इनमें से कोई नहीं

305. 'ओक्टास' (Oktas) मापनी का प्रयोग निम्नलिखित में से किसके मापन के लिए किया जाता है ?
A. वायुमण्डलीय आर्द्रता
B. ओस—जमाव का स्तर
C. मेघाच्छादन की मात्रा
D. सौर प्रकाश की मात्रा

306. निम्नलिखित में से असंगत युग्म को छांटिए –
A. इवैपोरीमीटर (Evaporimeter)—जलवाष्प मापन
B. करेण्टमीटर (Current Meter)—जलप्रवाह मापन
C. एटमोमीटर (Atmometer)—दो स्थानों के मध्य दूरी का मापन
D. रोटामीटर (Rotameter)—जलीय आर्द्रता मापन

307. निम्न में से कौन वायुमण्डल में आर्द्रताग्राही नाभिक की भूमिका निभाता है ?
A. धूलि के कण　　　B. समुद्री नमक के कण
C. धुएं के कण　　　D. ये सभी

308. वायुमण्डल की कौन—सी प्रक्रिया ठोस पदार्थों के अभाव में नहीं हो सकती ?
A. संतृप्तीकरण　　　B. आयतन
C. वाष्पीकरण　　　D. संघनन

309. किस भारतीय स्थान को 'अंतरिक्ष नगर' के उपनाम से भी जाना जाता है ?
A. अहमदाबाद　　　B. बंगलौर
C. श्रीहरिकोटा　　　D. श्रीनगर

310. नेफोमीटर (Nephometer) में निम्न में से किसका मापन किया जाता है ?
A. वर्षा की मात्रा
B. बादलों की दिशा एवं गति
C. सागरीय लवणता की मात्रा
D. ये सभी

311. निम्न में से किसको कृषि—क्षेत्र 'हरित क्रांति' का जन्मदाता माना जाता है ?
A. नार्मन ई. बोरलॉग　　B. एम.एस.स्वामीनाथन
C. ए. वाक्समैन　　　D. एस.एन. बिनोग्रेड स्कोर्ट

312. क्रायोजेनिक्स विज्ञान की वह शाखा है जिसमें अध्ययन होता है –
A. आनुवांशिकता का
B. क्रिस्टल संरचना का
C. न्यून तापों व उनके उत्पादन का
D. कालक्रम निर्धारण का

313. सुमेलित कीजिए –

सूची-I	सूची-II
(विज्ञान की शाखा)	*(संबंधित अध्ययन)*
(a) होलोग्राफी	I. वंशानुगत गुणों के प्रेषण से संबंधित
(b) मीट्रियोलोजी	II. त्वचा से संबंधित रोग
(c) डर्मेटोलॉजी	III. मौसम विज्ञान संबंधी
(d) जेनेटिक्स	IV. लेसर की सहायता से त्रिविमीय चित्र निर्माण

कूट :

	(a)	(b)	(c)	(d)
A.	IV	III	II	I
B.	III	I	II	IV
C.	I	III	IV	II
D.	II	IV	III	I

314. सुमेलित कीजिए –

सूची-I	सूची-II
(विज्ञान की शाखा)	*(संबंधित अध्ययन)*
(a) एकॉरिस्टस	I. ध्वनि के गुण, उत्पादन, संचरण संबंधी रोग
(b) एयरोडायनैमिक्स	II. वायु में उड़ने वाली वस्तुओं पर विभिन्न बलों का अध्ययन
(c) एयरोनॉटिक्स	III. वायुयानों के परिवहन, संचालन से संबंधी रोग
(d) एस्ट्रोनौटिक्स	IV. अंतरिक्ष वाहनों व अंतरिक्ष यात्रा से संबंधित विषय

कूट :

	(a)	(b)	(c)	(d)
A.	II	I	IV	III
B.	I	II	III	IV
C.	I	III	IV	II
D.	II	I	III	IV

315. सुमेलित कीजिए –

सूची-I	सूची-II
(विज्ञान की शाखा)	*(संबंधित अध्ययन)*
(a) एस्ट्रोलोजी	I. नक्षत्रों, ग्रहों के आधार पर भविष्य कथन संबंधी
(b) एस्ट्रोनॉमी	II. सौरमण्डल, खगोलीय पिण्डों की गतियों संबंधी क्षेत्र
(c) एस्ट्रोफिजिक्स	III. सौरमण्डल, ब्रह्माण्ड इत्यादि की उत्पत्ति, विकास के सिद्धांतों का अध्ययन
(d) बायोफिजिक्स	IV. सजीव जगत, मानव वस्तुओं, वनस्पति आदि से संबंधित क्षेत्रों में भौतिकीय सिद्धांतों का उपयोग

कूट :

	(a)	(b)	(c)	(d)
A.	II	I	IV	III
B.	I	II	III	IV
C.	I	III	II	IV
D.	II	I	III	IV

316. सुमेलित कीजिए –

सूची-I	सूची-II
(विज्ञान की शाखा)	*(संबंधित अध्ययन)*
(a) क्रोनोलॉजी	I. ऐतिहासिक घटनाओं के कालखण्डों, कालक्रमों का निर्धारण
(b) कॉस्मॉलॉजी	II. अंतरिक्ष एवं ब्रह्माण्ड से संबंधित अध्ययन
(c) कॉस्मोग्राफी	III. ब्रह्माण्ड का मानचित्रण
(d) क्रायोजेनिक्स	IV. बहुत निम्न तापों का उत्पादन एवं प्रयोग

कूट :

	(a)	(b)	(c)	(d)
A.	IV	II	I	III
B.	III	II	I	IV
C.	IV	III	II	I
D.	I	II	III	IV

317. सुमेलित कीजिए –

सूची-I	सूची-II
(विज्ञान की शाखा)	*(संबंधित अध्ययन)*
(a) क्रिस्टलोग्राफी	I. क्रिस्टलीय ठोस पदार्थों की संरचना, गुण, उपयोग का अध्ययन
(b) इलेक्ट्रो–ऑप्टिक्स	II. पदार्थ के विद्युतीय गुणों पर प्रकाश एवं विद्युतीय चुम्बकीय तरंगों के प्रभावों का अध्ययन

(c) जियोलॉजी — III. भूगर्भ, भू–सतह इत्यादि का अध्ययन

(d) जियोफिजिक्स — IV. पृथ्वी की सतह एवं भूगर्भ से संबंधित भौतिकीय घटनाओं का विवेचन

कूट :

	(a)	(b)	(c)	(d)
A.	II	I	IV	III
B.	I	II	III	IV
C.	III	I	IV	II
D.	IV	I	III	II

318. सुमेलित कीजिए –

सूची-I — **सूची-II**

(विज्ञान की शाखा) — **(संबंधित अध्ययन)**

(a) ओशियोनोग्राफी — I. समुद्र एवं महासागर संबंधी अध्ययन

(b) ऑप्टिक्स — II. प्रकाश की प्रकृति, उत्पादन एवं प्रकाशकीय उपकरणों का अध्ययन

(c) रेडियोलॉजी — III. एक्स किरणों, रेडियो सक्रिय विकिरणों इत्यादि के गुण, उपयोग

(d) थर्मोडॉयनेमिक्स — IV. ऊष्मा, ताप व ऊष्मीय इंजनों का अध्ययन

कूट :

	(a)	(b)	(c)	(d)
A.	II	III	IV	I
B.	III	IV	II	I
C.	I	II	IV	III
D.	I	II	III	IV

319. चंद्रमा के प्रकाशहीन एवं समतल भाग को कहा जाता है –
A. चन्द्रतल   B. समचन्द्रतल
C. सागर   D. शांत सागर

320. प्रथम व्यक्ति जिसने चन्द्रतल पर चहलकदमी की –
A. ऐनन शेपर्ड, एंडगर मिशेल
B. नील आर्मस्ट्रांग, एडविन एल्ड्रिन
C. जॉन एल स्टीवर्ट, जेम्स ए–लावेल
D. चार्ल्स कॉनरेड, रिचार्ड गार्डन

321. चंद्रमा का कौन–सा भाग अधिक चमकीला नजर आता है ?
A. पथरीला भाग   B. पर्वतीय भाग
C. समतलीय भाग   D. इनमें से कोई नहीं

322. पृथ्वी पर जिस व्यक्ति का वजन 72 कि.ग्रा. होगा, वह चन्द्रतल पर मात्र होगा –
A. 144 कि.ग्रा.   B. 136 कि.ग्रा.
C. 12 कि.ग्रा.   D. 108 कि.ग्रा.

323. सूर्य में किन गैसों की प्रधानता होती है ?
A. हाइड्रोजन व आर्गन
B. हीलियम व हाइड्रोजन
C. ऑक्सीजन व हीलियम
D. नाइट्रोजन व हीलियम

324. आर्यभट्ट के संबंध में कौन–सा कथन सही है ?
A. वे शून्य के प्रतिपादक थे
B. उन्होंने बीजगणित की स्थापना की
C. खगोलशास्त्र के क्षेत्र में उनका महत्वपूर्ण योगदान है
D. उपर्युक्त सभी

325. वैज्ञानिक और उनके कार्य–क्षेत्र का कौन–सा जोड़ा गलत है ?
A. गैलीलियो–भौतिकी   B. केवेंडिश–रसायनिकी
C. पाइथागोरस–गणित   D. रदरफोर्ड–चिकित्सा

326. किस भारतीय वैज्ञानिक को भौतिकी का नोबेल पुरस्कार प्राप्त हुआ ?
A. हरगोविन्द खुराना   B. जे.बी.नार्लीकर
C. चन्द्रशेखर वेंकटरमन   D. इनमें से कोई नहीं

327. असंगत जोड़े को छांटिए –
(a) मैडम क्यूरी – रेडियम की खोज
(b) एडवर्ड जेनर – कृत्रिम जीन का निर्माण
(c) हम्फ्रे डेवी – सेफटी लैम्प का आविष्कार
(d) क्रिश्चियन बर्नार्ड – शल्य चिकित्सा द्वारा सर्वप्रथम प्रत्यारोपण
A. (a), (b) और (c)   B. (a) और (b)
C. केवल (d)   D. (b) और (d)

328. किस प्राचीन भारतीय वैज्ञानिक का चिकित्सा विज्ञान में उल्लेखनीय योगदान नहीं है ?
A. सुश्रुत   B. वराहमिहिर
C. चरक   D. धन्वन्तरि

329. मनोविज्ञान का पिता किस वैज्ञानिक को कहा जाता है ?
   A. एस. भगवन्तम्   B. हेनरी बेकुरल
   C. आइन्सटीन   D. इनमें से कोई नहीं

330. किस वैज्ञानिक को भौतिकी व रसायन दोनों का नोबेल पुरस्कार प्राप्त हुआ ?
   A. आइन्सटीन   B. मैक्स प्लैंक
   C. मैडम क्यूरी   D. न्यूटन

331. वीरबल साहनी किस विषय के वैज्ञानिक हैं ?
   A. जूलोजी   B. बॉटनी
   C. फिजिक्स   D. कैमिस्ट्री

332. भौतिकी का पहला नोबेल पुरस्कार किसे प्राप्त हुआ ?
   A. रोंटजन   B. हेनरी बेकुरल
   C. आइन्सटीन   D. इनमें से कोई नहीं

333. शून्य का प्रतिपादन किसने किया ?
   A. वराहमिहिर   B. कणाद
   C. भास्कराचार्य   D. आर्यभट्ट

334. सुमेलित कीजिए –

सूची-I	सूची-II
(आविष्कार)	(आविष्कर्ता)
(a) हाइड्रोजन गैस	I. प्रीस्टले
(b) ऑक्सीजन गैस	II. रेम्जे
(c) अनिष्क्रिय गैसें	III. केवेन्डिश
(d) हीलियम	IV. लोकियर

कूट :

	(a)	(b)	(c)	(d)
A.	III	I	II	IV
B.	I	III	II	IV
C.	IV	III	II	I
D.	II	I	III	IV

335. जगदीश चन्द्र बोस का संबंध किससे है ?
   A. पौधों में उत्तेजना
   B. पादप कोशिकाओं की वृद्धि
   C. बोसोन की खोज
   D. आई.एन.ए.

336. आर्किमिडीज ने कौन–सा सिद्धान्त प्रतिपादित किया ?
   A. तैरने का सिद्धांत
   B. आपेक्षिक घनत्व का सिद्धांत
   C. लीवर का सिद्धांत

   D. उपरोक्त सभी

337. सुमेलित कीजिए –

सूची-I	सूची-II
(खोज)	(खोजकर्ता)
(a) क्लोरोक्विन	I. बॉक्समैन
(b) टेरामाइसिन	II. डोंगमेंक
(c) स्ट्रेप्टोमाइसिन	III. रेबी
(d) सल्फा ड्रग्स	IV. फिनले

कूट :

	(a)	(b)	(c)	(d)
A.	III	IV	I	II
B.	II	I	III	IV
C.	I	II	III	IV
D.	IV	I	II	III

338. एस्पिरिन की खोज किसने की
   A. फिसेन ने   B. लिस्टर
   C. फिन्ले   D. डेसर

339. बैक्टीरिया की खोज किसने की ?
   A. ड्रेकर   B. लीडवेन हॉक
   C. लायनेक   D. हैनीमैन

340. सर्वप्रथम हृदय प्रत्यारोपण किसने किया ?
   A. विलियम हार्वे
   B. कार्ल लैंडस्टीनर
   C. क्रिश्चियन बर्नार्ड
   D. इनमें से कोई नहीं

341. डायबिटीज तथा उसकी चिकित्सा की खोज किसने की ?
   A. मुकर   B. बॉक्समैन
   C. रीड   D. बैंटिंग

342. निम्न में से कौन–सा कथन गलत है ?
   A. विटामिन 'ए' की खोज मैकुलन ने की।
   B. विटामिन 'बी' की खोज फंक ने की।
   C. विटामिन 'सी' की खोज होलकर ने की।
   D. विटामिन 'डी' की खोज हॉपकिन्स ने की।

343. इन्सुलिन की खोज किसने की ?
   A. ड्रेकर ने   B. हार्वे ने
   C. बर्नार्ड ने   D. बैंटिंग ने

344. स्टेथेस्कोप का निर्माण किसने किया ?
   A. ड्रेकर   B. लायनेक

C. होक   D. फिन्सेन

345. आर.एन.ए. की खोज किसने की ?
  A. आर्थर बर्ग   B. जेम्स वाटसन
  C. A व B दोनों   D. इनमें से कोई नहीं

346. होम्योपैथी चिकित्सा प्रणाली की खोज किसने की ?
  A. हैनीमेन   B. लिस्टर
  C. फिन्सेन   D. बैंटिंग

347. निम्नांकित में से कौन सा कथन गलत हैं ?
  A. चेचक के टीके की खोज एडवर्ड जेनर ने की।
  B. हैजे के टीके की खोज रॉबर्ट कोच ने की।
  C. पोलियो के टीके की खोज डोंगमेक ने की।
  D. बी.सी.जी. के टीके की खोज कालमेट ने की।

348. रक्त परिसंचरण का सिद्धांत किसने प्रतिपादित किया ?
  A. लैण्डस्टीनर   B. हार्वे
  C. बैंटिंग   D. हॉक

349. इलेक्ट्रॉन की खोज किसने की ?
  A. रदरफोर्ड   B. थॉमसन
  C. चैडविक   D. ग्राहम बैल

350. ग्लाइडर का आविष्कार किसने किया ?
  A. वोल्टा   B. केवले
  C. लोकियर   D. इनमें से कोई नहीं

351. ड्यूटेरियम की खोज किसने की।
  A. प्रीस्टले   B. यूरे
  C. रेम्जे   D. केवेन्डिश

352. पोर्टलैण्ड सीमेण्ट का निर्माण सर्वप्रथम किसने किया ?
  A. हयात   B. ऐस्पडीन
  C. पास्कल   D. इनमें से कोई नहीं

353. सेलेस्टियन ग्लोब का आविष्कार किसने किया ?
  A. स्वान   B. मर्केटर
  C. जिंग्स   D. पास्कल

354. बैकेलाइट का आविष्कार किसने किया ?
  A. बैकलैंड ने   B. कान्टे ने
  C. फुल्टन ने   D. डेमलर ने

355. पहली परमाणु भट्टी किसने बनाई ?
  A. फर्मी   B. आइन्सटीन
  C. रोंटजन   D. क्यूरी

356. ‘मिसाइल मैन ऑफ इण्डिया’ किसे कहा जाता है ?
  A. डॉ. सतीश धवन

B. डॉ. ए.पी.जे. अब्दुल कलाम
C. डॉ. सी.वी. रमण
D. एच.जे. भाभा

357. धन्वन्तरि थे प्रसिद्ध भारतीय –
  A. ज्योतिषी   B. रसायनज्ञ
  C. चिकित्सक   D. गणितज्ञ

358. किस भारतीय मूल के वैज्ञानिक को सर्वोच्च अमेरिकन वैज्ञानिक पुरस्कार ‘नेशनल मैडल ऑफ साइंस’ मिला था ?
  A. डॉ. ई.सी.जी. सुदर्शन
  B. डॉ. एस. चन्द्रशेखर
  C. डॉ. हरगोविन्द खुराना
  D. डॉ. विक्रम साराभाई

359. भारतीय परमाणु ऊर्जा का प्रथम अध्यक्ष कौन था ?
  A. डॉ. राजा रमन्ना   B. डॉ. एम.जी.के. मेनन
  C. डॉ. एच.जे. भाभा   D. डॉ. सतीश धवन

360. सन् 1983 में भारतीय मूल के किस वैज्ञानिक को नोबेल पुरस्कार प्राप्त हुआ था ?
  A. डॉ. हरगोविन्द खुराना
  B. डॉ. सी.वी. रमन
  C. डॉ. ई.सी.जी. सुदर्शन
  D. डॉ. एस. चन्द्रशेखर

361. कल्पना चावला जिस अन्तरिक्ष शटल के द्वारा अंतरिक्ष में गई, वह था—
  A. डेल्टा   B. चैलेन्जर
  C. एरियन   D. कोलम्बिया

362. राष्ट्रीय रसायनिक प्रयोगशाला कहां स्थित हैं ?
  A. नई दिल्ली   B. मुम्बई
  C. कोलकाता   D. पुणे

363. रेनूकूट (उत्तर प्रदेश) में कौन-सा औद्योगिक संस्थान स्थापित है ?
  A. हिन्दुस्तान एल्यूमीनियम कॉर्पोरेशन
  B. इण्डियन ऑयल कॉर्पोरेशन लि.
  C. इण्डियन रेअर अर्थ्स लि.
  D. इंजीनियर्स इंडिया लि.

364. इण्डियन लाख रिचर्स इन्स्टीट्यूट कहां स्थित है ?
  A. नई दिल्ली   B. कटक

C. रांची   D. भावनगर

365. सुमेलित कीजिए –

सूची-I	सूची-II
(अनुसंधान केन्द्र व प्रयोगशालाएं)	(स्थिति)
(a) ऑयल एण्ड नेचुरल गैस कमीशन	I. देहरादून
(b) नेशनल शुगर रिसर्च इन्स्टीट्यूट	II. कानपुर
(c) नेशनल डेयरी रिसर्च इन्स्टीट्यूट	III. करनाल
(d) सीसमिक रिसर्च सेन्टर	IV. बंगलौर

कूट :

	(a)	(b)	(c)	(d)
A.	II	I	IV	III
B.	I	II	III	IV
C.	III	I	IV	II
D.	IV	I	III	II

366. सुमेलित कीजिए –

सूची-I	सूची-II
(अनुसंधान केन्द्र व प्रयोगशालाएं)	(स्थिति)
(a) सेण्ट्रल माइनिंग रिसर्च स्टेशन	I. धनबाद
(b) सेण्ट्रल पब्लिक हैल्थ इंजीनियरिंग रिसर्च इन्स्टीट्यूट	II. नागपुर
(c) सेण्ट्रल साल्ट रिसर्च इन्स्टीट्यूट	III. भावनगर
(d) सेण्ट्रल एरिड जोन रिसर्च इन्स्टीट्यूट	IV. जोधपुर

कूट :

	(a)	(b)	(c)	(d)
A.	III	I	IV	III
B.	I	II	IV	III
C.	I	II	III	IV
D.	IV	I	II	III

367. सुमेलित कीजिए –

सूची-I	सूची-II
(अनुसंधान केन्द्र व प्रयोगशालाएं)	(स्थिति)
(a) सेन्ट्रल मैरीन रिसर्च स्टेशन	I. चैन्नई
(b) सेन्ट्रल राइस रिसर्च इन्स्टीट्यूट	II. कटक
(c) सेण्ट्रल पोटेटो रिसर्च इन्स्टीट्यूट	III. शिमला
(d) सेन्ट्रल टोबेको रिसर्च स्टेशन	IV. राजमुंदरी

कूट :

	(a)	(b)	(c)	(d)
A.	I	III	IV	II
B.	II	I	III	IV
C.	I	II	III	IV
D.	IV	III	II	I

368. सुमेलित कीजिए.

सूची-I	सूची-II
(अनुसंधान केन्द्र व प्रयोगशालाएं)	(स्थिति)
(a) नेशनल फिजिकल लेबोरेटरी	I. नई दिल्ली
(b) नेशनल मेटलर्जीकल लेबोरेटरी	II. जमशेदपुर
(c) नेशनल इन्स्टीट्यूट ऑफ ओसनोग्राफी	III. पणजी
(d) नेशनल जीयोफिजिकल रिसर्च इन्स्टीट्यूट	IV. हैदराबाद

कूट :

	(a)	(b)	(c)	(d)
A.	I	II	III	IV
B.	II	I	IV	III
C.	IV	II	I	III
D.	III	II	IV	I

369. सुमेलित कीजिए.

सूची-I	सूची-II
(अनुसंधान केन्द्र व प्रयोगशालाएं)	(स्थिति)

(a) नेशनल एनवायरनमेण्ट इंजीनियरिंग रिसर्च इन्स्टीट्यूट — I. नागपुर

(b) नेशनल केमिकल लेबोरेटरी — II. पुणे

(c) नेशनल बॉटनीकल रिसर्च इन्स्टीट्यूट — III. लखनऊ

(d) नेशनल एयरोनॉटिकल लेबोरेटरी — IV. बंगलौर (बेंगलुरु)

कूट :

	(a)	(b)	(c)	(d)
A.	I	III	IV	II
B.	I	II	III	IV
C.	IV	III	II	I
D.	III	I	II	IV

370. सुमेलित कीजिए —

सूची-I	सूची-II
(अनुसंधान केन्द्र व प्रयोगशालाएं)	(स्थिति)

(a) इण्डियन टेक्नीकल रिसर्च सेण्टर — I. लखनऊ

(b) फॉरेस्ट रिसर्च इन्स्टीट्यूट — II. देहरादून

(c) सेण्ट्रल स्टेट फार्म — III. सूरतगढ़

(d) सेण्ट्रल रिसर्च लेबोरेटरी — IV. चेन्नई

कूट :

	(a)	(b)	(c)	(d)
A.	I	IV	II	III
B.	IV	III	II	I
C.	II	I	IV	III
D.	I	II	III	IV

371. असंगत युग्म को छांटिए —

A. सेण्ट्रल लैदर इन्स्टीट्यूट — चेन्नई

B. सेण्ट्रल जूट टेक्नोलॉजी रिसर्च इन्स्टीट्यूट — कोलकाता

C. सेण्ट्रल साइन्टिफिक इन्स्ट्रुमेण्ट्स — चण्डीगढ़

D. सेण्ट्रल मैकेनिकल इंजीनियरिंग रिसर्च — चेन्नई

372. असंगत युग्म को छांटिए —

A. बिड़ला इण्डस्ट्रियल एण्ड टेक्नोलॉजिकल म्यूजियम — कोलकाता

B. वीरबल साहनी इन्स्टीट्यूट ऑफ पैलियोबॉटनी — लखनऊ

C. बोस रिसर्च इन्स्टीट्यूट — कोलकाता

D. सेण्ट्रल बिल्डिंग रिसर्च इन्स्टीट्यूट — मुम्बई

373. असंगत युग्म को छांटिए —

A. सेण्ट्रल बिल्डिंग रिसर्च इन्स्टीट्यूट — रुड़की

B. सेण्ट्रल ड्रग रिसर्च इन्स्टीट्यूट — लखनऊ

C. सेण्ट्रल इलेक्ट्रानिक्स इंजीनियरिंग रिसर्च इन्स्टीट्यूट — पिलानी

D. सेण्ट्रल फूड टेक्नोलॉजिकल रिसर्च इन्स्टीट्यूट — जादवपुर

374. असंगत युग्म को छांटिए —

A. सेण्ट्रल ग्लास एण्ड सिरेमिक रिसर्च इन्स्टीट्यूट — जादवपुर

B. सेण्ट्रल फ्यूअल रिसर्च इन्स्टीट्यूट — जलगोडा

C. सेण्ट्रल फूड टेक्नोलॉजिकल रिसर्च इन्स्टीट्यूट — मैसूर

D. हाई ऑल्टीट्यूट रिसर्च लेबोरेटरी — शिमला

375. सही (संगत) युग्म को छांटिए —

A. सेण्ट्रल इन्स्टीट्यूट ऑफ फिशरीज टेक्नोलॉजी — अर्नाकुलम

B. सेण्ट्रल साल्ट रिसर्च इन्स्टीट्यूट — मुम्बई

C. सेण्ट्रल मैरीन रिसर्च स्टेशन — पुणे

D. इण्डियन लाख रिसर्च इन्स्टीट्यूट — धनबाद

376. असंगत युग्म को छांटिए —

A. काउन्सिल ऑफ साइण्टिफिक एण्ड इण्डस्ट्रियल रिसर्च — नई दिल्ली

B. इण्डियन इन्स्टीट्यूट ऑफ एक्सपेरिमेण्टल मेडिसन — कोलकाता

C. इण्डियन एग्रीकल्चर रिसर्च इन्स्टीट्यूट — नई दिल्ली

D. सेण्ट्रल रोड रिसर्च इन्स्टीट्यूट — मुम्बई

377. सुमेलित कीजिए –

सूची-I	सूची-II
(शोध संस्थान)	(स्थिति)
(a) फल शोध संस्थान	I. लखनऊ
(b) हिन्दुस्तान ऐण्टिबायोटिक्स	II. कटक
(c) केन्द्रीय चावल शोध संस्थान	III. ऋषिकेश
(d) केन्द्रीय गन्ना शोध संस्थान	IV. सावोर

कूट :

	(a)	(b)	(c)	(d)
A.	I	III	II	IV
B.	IV	III	I	II
C.	IV	III	II	I
D.	II	I	IV	III

378. असंगत युग्म को छांटिए –

A. राष्ट्रीय धातु विज्ञान प्रयोगशाला – जमशेदपुर
B. केन्द्रीय खनन अनुसंधान केन्द्र – धनबाद
C. इंदिरा गांधी परमाणु अनुसंधान केन्द्र – कलपक्कम
D. भारतीय राष्ट्रीय वैज्ञानिक प्रलेखन केन्द्र – देहरादून

379. भारतीय राष्ट्रीय वैज्ञानिक प्रलेखन केन्द्र कहां स्थित है ?

A. कोलकाता में   B. मुम्बई में
C. चैन्नई में   D. नई दिल्ली में

380. सुमेलित कीजिए –

सूची-I	सूची-II
(शोध संस्थान)	(स्थिति)
(a) भारतीय सर्वेक्षण विभाग	I. देहरादून
(b) राष्ट्रीय एटलस तथा विषयक मानचित्रण संगठन	II. कोलकाता
(c) भारतीय मौसम विज्ञान विभाग	III. नई दिल्ली
(d) भारतीय मौसम वेधशाला	IV. पुणे

कूट :

	(a)	(b)	(c)	(d)
A.	I	III	IV	II
B.	II	I	IV	III
C.	III	II	IV	I
D.	I	II	III	IV

381. इण्डियन एसोसिएशन फॉर कल्टिवेशन ऑफ साइ कहां स्थित है ?

A. बंगलौर (बेंगलुरु) में   B. मुम्बई में
C. पुणे में   D. चेन्नई में

382. असंगत युग्म को छांटिए –

A. भू-चुम्बकीय भारतीय संस्थान – मुम्बई
B. भारतीय खगोल भौतिक संस्थान – बंगलौर (बेंगलुरु)
C. डाउन रेंज केन्द्र – कार निकोबार
D. भाभा परमाणु अनुसंधान केन्द्र – बंगलौर (बेंगलुरु)

383. भाभा परमाणु अनुसंधान केन्द्र कहां स्थित है ?

A. मुम्बई में   B. ट्राम्बे में
C. कोलकाता में   D. चैन्नई में

384. सुमेलित कीजिए –

सूची-I	सूची-II
(शोध संस्थान)	(स्थिति)
(a) केन्द्रीय वैज्ञानिक उपकरण संगठन	I. चण्डीगढ़
(b) उपग्रह ट्रैकिंग व रेन्जिंग केन्द्र	II. कालाबूर
(c) उपग्रह नियंत्रण केन्द्र	III. श्री हरिकोटा
(d) राष्ट्रीय रसायनिक प्रयोगशाला	IV. पुणे

कूट :

	(a)	(b)	(c)	(d)
A.	II	I	IV	III
B.	I	II	III	IV
C.	IV	II	III	I
D.	I	IV	II	IV

385. असंगत युग्म को छांटिए –

A. केन्द्रीय विद्युत रसायनिक अनुसंधान संस्थान – कराईकुड़ी
B. भारतीय पेट्रोलियम संस्थान – देहरादून
C. केन्द्रीय ईंधन अनुसंधान संस्थान – जलगोड़ा
D. केन्द्रीय खाद्य प्रौद्योगिकी संस्थान – मुम्बई

386. असंगत युग्म को छांटिए –

A. केन्द्रीय खाद्य प्रौद्योगिकी अनुसंधान संस्थान – मैसूर
B. केन्द्रीय औषधि अनुसंधान संस्थान – लखनऊ
C. भारतीय रासायनिक जैविकी संस्थान – कोलकाता

D. औद्योगिक विष विज्ञान अनुसंधान केन्द्र – हैदराबाद

387. असंगत युग्म को छांटिए –

A. औद्योगिक विष विज्ञान अनुसंधान केन्द्र – लखनऊ

B. केन्द्रीय चिकित्सीय और सुगन्धि वनस्पति संस्थान – लखनऊ

C. वैज्ञानिक और औद्योगिक अनुसंधान परिषद् कॉम्प्लेक्स – पालमपुर

D. केन्द्रीय कांच तथा मृत्तिका अनुसंधान संस्थान – जमशेदपुर

388. केन्द्रीय कांच तथा मृत्तिका अनुसंधान संस्थान कहां स्थित है ?

A. कोलकाता में   B. मुम्बई में

C. चैन्नई में   D. लखनऊ में

389. भारत में परमाणु ऊर्जा के जनक माने जाने वाले वैज्ञानिक है –

A. डॉ. होमी जहांगीर भाभा

B. डॉ. शान्ति स्वरूप भटनागर

C. जगदीश चन्द्र बोस

D. एन.एस. बोस

उत्तरमाला

1	2	3	4	5	6	7	8	9	10
C	D	C	C	B	B	A	A	A	D
11	**12**	**13**	**14**	**15**	**16**	**17**	**18**	**19**	**20**
A	C	D	C	A	C	B	A	D	A
21	**22**	**23**	**24**	**25**	**26**	**27**	**28**	**29**	**30**
D	D	A	A	A	B	C	C	B	D
31	**32**	**33**	**34**	**35**	**36**	**37**	**38**	**39**	**40**
C	B	C	C	A	B	A	D	A	C
41	**42**	**43**	**44**	**45**	**46**	**47**	**48**	**49**	**50**
C	C	A	B	A	B	A	B	A	A
51	**52**	**53**	**54**	**55**	**56**	**57**	**58**	**59**	**60**
A	D	C	B	A	C	A	B	A	A
61	**62**	**63**	**64**	**65**	**66**	**67**	**68**	**69**	**70**
A	C	B	A	C	A	C	B	A	B
71	**72**	**73**	**74**	**75**	**76**	**77**	**78**	**79**	**80**
C	B	C	D	A	A	C	D	D	C
81	**82**	**83**	**84**	**85**	**86**	**87**	**88**	**89**	**90**
C	D	A	C	C	B	A	D	C	A
91	**92**	**93**	**94**	**95**	**96**	**97**	**98**	**99**	**100**
C	A	C	C	C	C	B	A	D	D
101	**102**	**103**	**104**	**105**	**106**	**107**	**108**	**109**	**110**
A	C	C	A	D	B	B	A	D	B
111	**112**	**113**	**114**	**115**	**116**	**117**	**118**	**119**	**120**
B	D	B	A	A	A	C	C	A	A
121	**122**	**123**	**124**	**125**	**126**	**127**	**128**	**129**	**130**
D	C	B	B	C	B	C	C	C	A
131	**132**	**133**	**134**	**135**	**136**	**137**	**138**	**139**	**140**
A	C	B	B	B	C	A	C	A	A

B	B	A	B	C	D	B	A	A	B
151	152	153	154	155	156	157	158	159	160
B	B	A	A	C	B	C	C	A	B
161	162	163	164	165	166	167	168	169	170
A	C	B	A	A	B	A	D	B	A
171	172	173	174	175	176	177	178	179	180
A	A	C	A	B	C	C	B	D	C
181	182	183	184	185	186	187	188	189	190
D	D	C	C	A	C	D	B	B	A
191	192	193	194	195	196	197	198	199	200
C	D	C	C	B	B	A	A	C	B
201	202	203	204	205	206	207	208	209	210
D	C	D	D	B	B	C	A	A	D
211	212	213	214	215	216	217	218	219	220
C	C	B	C	A	D	C	A	A	B
221	222	223	224	225	226	227	228	229	230
A	D	C	A	A	C	D	C	C	A
231	232	233	234	235	236	237	238	239	240
D	B	D	C	A	B	A	A	A	B
241	242	243	244	245	246	247	248	249	250
A	D	A	C	B	C	A	A	A	A
251	252	253	254	255	256	257	258	269	260
A	C	C	C	D	A	C	C	A	D
261	262	263	264	265	266	267	268	269	270
A	C	A	C	A	A	D	C	A	A
271	272	273	274	275	276	277	278	279	280
A	D	C	C	C	C	D	C	A	C
281	282	283	284	285	286	287	288	289	290
A	D	C	A	B	B	B	C	C	B
291	292	293	294	295	296	297	298	299	300
B	A	C	D	C	C	D	A	B	A
301	302	303	304	305	306	307	308	309	310
B	C	D	C	C	D	D	D	B	B
311	312	313	314	315	316	317	318	319	320
A	C	A	B	B	D	B	D	C	B
321	322	323	324	325	326	327	328	329	330
B	C	B	D	D	C	C	B	B	C
331	332	333	334	335	336	337	338	339	340
B	A	D	A	A	D	A	D	B	C
341	342	343	344	345	346	347	348	349	350
D	B	D	B	C	A	C	B	B	B
351	352	353	354	355	356	357	358	359	360
B	B	B	A	C	B	C	B	C	D
361	362	363	364	365	366	367	368	369	370
D	D	A	C	B	C	C	A	B	D
371	372	373	374	375	376	377	378	379	380
D	D	D	D	A	D	C	D	D	D
381	382	383	384	385	386	387	388	389	
C	D	B	B	D	D	D	A	A	

रसायन

भौतिक परिवर्तन : यह एक अस्थायी परिवर्तन होता है जिसमें पदार्थ की संरचना नहीं बदलती और न ही नये गुण बनते हैं। परिवर्तन की दशा बदलने (उलटा करने पर) हमें वही पुराना पदार्थ प्राप्त हो जाता है। जैसे बर्फ का पानी बनना, चीनी या नमक का घोल बनाना, स्टील सूई को चुम्बक बनाना, विद्युत बल्ब का जलना।

रासायनिक परिवर्तन : यह एक स्थायी परिवर्तन होता है जिसमें पदार्थ की संरचना के साथ-साथ उसके गुण भी बदल जाते हैं। परिवर्तन की दशा को उलटा करने पर पुराना पदार्थ नहीं मिल पाता, जैसे लोहे पर जंग लगना, लकड़ी का जलना, दूध का फटना आदि।

तत्व : वह पदार्थ जो और सरल नहीं बनाया जा सकता तत्व कहलाता है। अभी तक लगभग 106 तत्व ज्ञात हैं जिनमें 92 तत्व प्रकृति में मिलते हैं और शेष मानव-निर्मित हैं जैसे हाइड्रोजन, ऑक्सीजन, कॉपर, लोहा, सोना आदि। लगभग 75% तत्व धातुएँ हैं शेष सभी अधातुएँ। पारा को छोड़कर सभी धातुएँ ठोस होती हैं, वह द्रव है। ब्रोमीन भी द्रव है जो कि अधातु है। आवर्त सारिणी में सभी तत्वों को समूहों में रखा गया है। पृथ्वी पर अधिकांश रूप में पाए जाने वाले तत्व हैं ऑक्सीजन, सिलिकॉन, कार्बन, कैल्शियम आदि।

यौगिक : निश्चित अनुपात में दो या दो से अधिक तत्वों से मिलकर बने पदार्थ को यौगिक कहते हैं। कुल मिलाकर यौगिक बहुत-से हैं और कार्बन के यौगिक तो बहुत ही अधिक होते हैं, जैसे मीथेन, जल, कार्बन डाइऑक्साइड।

मिश्रण : अनिश्चित अनुपात में दो या दो से अधिक तत्वों से मिले पदार्थ को मिश्रण कहते हैं। जैसे वायु, मिट्टी, पत्थर, लकड़ी, लोहे की कतरन आदि। मिश्रण के घटकों को भौतिक विधियों से अलग किया जाता है। ये विधियाँ हैं — ऊर्ध्वपातन, तलछट का जमना, निथारना, क्रिस्टलीकरण, छानना, आसवन तथा प्रभाजी आसवन आदि।

संकेत : रसायन शास्त्र में सभी तत्वों को केवल एक ही निश्चित संकेत से प्रदर्शित किया जाता है। ये संकेत एक तत्व के एक परमाणु को बताते हैं, जैसे एक्टीनियम, बेरियम, कैडमियम, डाइप्रोजियम के क्रमशः संकेत हैं Ac, Ba, Cd, तथा Dy.

सूत्र : सभी शुद्ध पदार्थ या तो तत्व होते हैं या यौगिक, इनको सूत्रों से प्रदर्शित किया जाता है। यौगिक का अणुसूत्र एक पदार्थ का एक अणु प्रदर्शित करता है, जैसे जल का एक अणु H_2O से प्रदर्शित है।

रासायनिक समीकरण : रासायनिक परिवर्तनों को संकेतों में प्रदर्शित किया जाना, रासायनिक समीकरण कहलाता है। जैसे सोडियम जब क्लोरीन से क्रिया करता है तो सोडियम क्लोराइड बनता है।

सोडियम + क्लोरीन गैस → सोडियम क्लोराइड

$$2Na \;+\; Cl_2 \;\rightarrow\; 2NaCl$$

यह समीकरण दर्शाता है कि सोडियम के दो अणु क्लोरीन के एक अणु से मिलकर सोडियम क्लोराइड के दो अणु बनाते हैं।

रासायनिक समीकरण का सन्तुलन : रासायनिक समीकरणों को सन्तुलित करने की दो विधियाँ हैं :

(a) तीर तुक्का विधियां या जाँच व सफलता विधि

(b) आंशिक समीकरण विधि

$$2H_2S + SO_2 \rightarrow 3S + 2H_2O$$
$$Cu + Cl_2 \rightarrow CuCl_2$$
$$CH_4 + 2O_2 \rightarrow 2H_2O + CO_2$$
$$O_3 \rightarrow O_2 + O$$
$$PbS + 4O \rightarrow PbSO_4$$
$$S + 4HNO_3 \rightarrow 4NO_2 + SO_2 + 2H_2O$$

रासायनिक समीकरणों से अभिप्राय : इनका गुणात्मक व परिमाणात्मक महत्त्व होता है। रासायनिक प्रक्रिया में पदार्थों की प्रकृति तथा भार, आयतन आदि का ज्ञान होता है।

रासायनिक समीकरणों की सीमाएँ : ये निम्नलिखित के बारे में सूचना नहीं देते :

(a) अभिकारक पदार्थों की भौतिक अवस्था व सांद्रता का ज्ञान नहीं होता।

(b) अभिक्रिया की दर का

(c) क्या अभिक्रिया ऊष्मा-उन्मोची है या ऊष्मा-शोषी।

रासायनिक संयोजन के नियम :

मुख्य नियम निम्नलिखित हैं :

(a) **द्रव्यमान संरक्षण नियम** : अभिकारकों का कुल द्रव्यमान उत्पादों के कुल द्रव्यमान के समान होता है।

(b) **स्थिर अनुपात का नियम** : इस नियम के अनुसार शुद्ध यौगिक के गुण एवं संघटन हमेशा समान होते हैं चाहे वे किसी भी स्रोत से प्राप्त किए गए हों। यह नियम 1799 में फ्रांस के रसायन-शास्त्री प्रोस्ट ने दिया।

(c) **गुणित अनुपात का नियम** : 1803 में वैज्ञानिक डाल्टन ने बताया कि तत्व एक दूसरे से पूर्ण संख्या में संयोग करते हैं।

(d) **व्युत्क्रम अनुपात का नियम** : दो या दो से अधिक विभिन्न तत्व एक निश्चित अनुपात में किसी दूसरे तत्व से या तो उसी या सरल गुणित भार से संयोजन करते हैं जब वे आपस में संयोजित हुए थे। इसे तुल्य अनुपात का नियम भी कहते हैं जो कि 1792 में रिचर ने दिया।

(e) **गैसीय आयतन का नियम** : गे लूसाक के बताया कि ताप, दाब की समान दशाओं में अभिक्रिया में भाग लेने वाली गैसों के आयतनों का अनुपात समान होता है।

(f) **एवोगाद्रो का नियम** : इस नियम के अनुसार विभिन्न गैसों के समान आयतनों में समान ताप व दाब पर अणुओं की संख्या समान होती है।

वायु :

वायु में 78.08% नाइट्रोजन, 20.95% ऑक्सीजन, 0.93% आर्गन, 0.03% कॉर्बन डाइ ऑक्साइड, 0.0018% निऑन, 0.0005% हीलियम, 0.0001% क्राप्टॉन तथा 0.00001% जेनॉन और जलवाष्प, धूल के कण तथा कुछ अन्य गैसें होती हैं।

वायु के गुण : यह एक मिश्रण है जिसकी संरचना स्थान-स्थान पर बदलती है। यह ऑक्सीजन व नाइट्रोजन को निश्चित अनुपात में मिलाने पर बनाई जा सकती है। इसके घटक ऑक्सीजन का कार्य जलने में सहायता देना तथा श्वसन प्रक्रिया में योगदान देना है। नाइट्रोजन ऑक्सीजन की क्रिया को कुछ कम करती है। वायु में श्वसन के दौरान कार्बन डाईऑक्साइड मिल जाती है। तालाबों, झीलों, नदियों, समुद्र आदि से वाष्पन के द्वारा वायु में जल वाष्प मिल जाती है।

जल :

यह पृथ्वी पर सर्वत्र पाया जाने वाला पदार्थ है। इसमें हाइड्रोजन और ऑक्सीजन आयतन के हिसाब से 2 : 1 और भार के हिसाब से 1 : 8 के अनुपात में होते हैं। यह वाष्प के रूप में वायु में उपस्थित होता है। पृथ्वी की सतह पर 3/4 भाग में जल है। जीवन के लिए यह वरदान है। सागरों में, आयरलैंड में 97.3% समुदी जल तथा 2.7% साफ जल होता है। प्रकृति में यह तीन रूपों में पाया जाता है जैसे ठोस, द्रव तथा गैस।

जल के गुण :

भौतिक गुण : यह रंगहीन, गंधहीन, स्वादहीन द्रव होता है। इसकी प्रकृति ध्रुवीय होती है। यह सार्वत्रिक घोलक है।

रासायनिक गुण :

(a) कमरे के ताप पर इसका ताप स्थिर होता है। 1 वायुमण्डलीय दाब तथा $2000°C$ पर केवल 0.6% तक विघटित हो जाता है।

$$2H_2O \rightleftharpoons 2H_2 + O_2 , \Delta H = 116.2 \text{ कैलोरी}$$

(b) कुछ यौगिकों से मिलकर यह अम्ल बनाता है। कॉर्बन डाइऑक्साइड के साथ मिलकर यह कार्बनिक अम्ल बनाता है

$$CO_2 + H_2O \rightarrow HCOOOH$$

(c) जल कुछ यौगिकों से अभिक्रिया करके क्षार बनाता है। केल्सियम ऑक्साइड के साथ अभिक्रिया करके कल्सियम हाइड्राक्साइड बनाता है।

$$CaO + H_2O \rightarrow Ca\,(OH)_2$$

(d) जल की अभिक्रिया धातुओं से होती है तो हाइड्रोजन गैस निकलती है

$$2Na + 2H_2O \rightarrow 2NaOH + H_2 \uparrow$$

$$Mg + H_2O \rightarrow MgO + H_2\uparrow$$
$$3Fe + 4H_2O \rightarrow Fe_3O_4 + 4H_2\uparrow$$
$$2Al + 3H_2O \rightarrow Al_2O_3 + 3H_2$$

(e) जल की क्रिया अधातुओं से होती है तो ऑक्सीजन गैस प्राप्त होती है

$$2F_2 + 2H_2O \rightarrow 2H_2F_2 + O_2\uparrow$$
$$2Cl_2 + 2H_2O \xrightarrow{\text{सूर्य प्रकाश}} 4HCl + O_2\uparrow$$

(f) **क्रिस्टलन जल :** जब किसी पदार्थ में निश्चित आण्विक अनुपात के रासायनिक रूप से संयोग करने से उसका क्रिस्टल बनता है तो वह क्रिस्टल जल कहलाता है। जैसे

$$Na_2CO_3 \cdot 10H_2O,$$
$$FeSO_4 \cdot 7H_2O,$$
$$CaSO_4 \cdot 2H_2O,$$
$$MgSO_4 \cdot 3H_2O$$

---

2. हाइड्रोजन बनाने की विधि तथा गुण, ऑक्सीजन, नाइट्रोजन तथा कार्बन डाइऑक्साइड, उपचयन तथा अपचयन

हाइड्रोजन :

यह आवर्त सारिणी में प्रथम तत्व है। इसकी परमाणु संख्या तथा परमाणु भार क्रमशः 1 व 1.008 होते हैं।

(a) **प्रयोगशाला विधि :** प्रयोगशाला में यह तनु सल्फ्यूरिक अम्ल व जिंक की अभिक्रिया से बनाई जाती है।

$$Zn + H_2SO_4 \rightarrow ZnSO_4 + H_2\uparrow$$
$$Zn + 2HCl \rightarrow ZnCl_2 + H_2\uparrow$$

(b) धातुओं की क्रिया जब जल से होती है तो धात्विक आक्साइड बनता है तथा हाइड्रोजन गैस निकलती है।

$$2Na + 2H_2O \rightarrow 2NaOH + H_2$$
$$Ca + 2H_2O \rightarrow Ca(OH)_2 + H_2$$

मैग्नीशियम, एल्यूमीनियम तथा जिंक जब उबलते पानी से अभिक्रिया करते हैं तो हाइड्रोजन गैस निकलती है।

$$Mg + H_2O \rightarrow MgO + H_2\uparrow$$
$$Zn + H_2O \rightarrow ZnO + H_2\uparrow$$
$$2Al + 3H_2O \rightarrow Al_2O_3 + 3H_2\uparrow$$

आयरन, कोबाल्ट तथा निकल की अभिक्रिया जब भाप से होती है तो हाइड्रोजन गैस निष्कासित होती है।

$$3Fe + 4H_2O \rightarrow Fe_3O_4 + 4H_2$$

(c) धातुओं की अम्लों के साथ अभिक्रिया से हाइड्रोजन मुक्त होती है।

$$Zn + 2HCl \rightarrow ZnCl_2 + H_2\uparrow$$
$$Mg + H_2SO_4 \rightarrow MgSO_4 + H_2\uparrow$$

(d) गर्म कास्टिक सोडा या पोटाश विलयन की अभिक्रिया जिंक या टिन या एल्यूमीनियम से कराई जाती है तो हाइड्रोजन गैस मिल सकती है।

$$Zn + 2NaOH \rightarrow Na_2ZnO_2 + H_2$$
$$Sn + 2NaOH + H_2O \rightarrow Na_2SnO_2 + 2H_2$$
$$2Al + 2NaOH + 2H_2O \rightarrow 2NaAlO_2 + 3H_2$$

भौतिक गुण :

(a) यह रंगहीन, गंधहीन, स्वादहीन, द्विपरमाणु गैस है।

(b) यह हल्की गैस होती है।

(c) इसके तीन समस्थानिक हैं– प्रोटियम, ड्यूटेरियम, ट्रिटियम।

रासायनिक गुण :

साधारण ताप पर यह कम क्रियाशील है परन्तु उच्च ताप पर अधिक अभिक्रियाशील है।

(a) ऑक्सीजन के साथ अभिक्रिया से जल बनाती है।

$$2H_2 + O_2 \rightarrow 2H_2O$$

(b) नाइट्रोजन से अभिक्रिया करके अमोनिया बनाती है।

$$3H_2 + N_2 \rightarrow 2NH_3$$

(c) धनात्मक धातुओं के साथ अभिक्रिया करके यह लवण बनाती है।

$$Ca + H_2 \rightarrow CaH_2$$
$$2Na + H_2 \rightarrow 2NaH$$

ऑक्सीजन :

यह आठवाँ रासायनिक तत्व है जो आवर्त सारिणी में छठे समूह में है। इसकी परमाणु संख्या व परमाणु भार क्रमशः 8 तथा 16 हैं।

(a) **प्रयोगशाला विधि :** यह प्रयोगशाला में पोटेशियम क्लोरेट को मैंगनीज डाइऑक्साइड की उपस्थिति में गर्म करके बनाई जाती है।

$$2KClO_3 \xrightarrow[MgO_2]{\Delta} 2KCl + 3O_2$$

(b) जब धात्विक ऑक्साइड को गर्म किया जाता है तो ऑक्सीजन प्राप्त होती है।

$$2HgO \rightarrow 2Hg + O_2\uparrow$$
$$2Al_2O_3 \rightarrow 4Al + 3O_2\uparrow$$

(c) जब सोडियम ऑक्साइड को पानी के साथ गर्म करते हैं तो आक्सीजन मुक्त होती है।

$$2Na_2O_2 + 2H_2O \rightarrow 4NaOH + O_2$$

(d) पर-ऑक्साइड या हाइपोक्लोराइट्स के विघटन से ऑक्सीजन प्राप्त होती है।

$$2CaOCl_2 \xrightarrow{COCl_2} 2CaCl_2 + O_2$$
$$2H_2O_2 \rightarrow 2H_2O + O_2$$

(e) सांद्र सल्फ्यूरिक अम्ल (H_2SO_4) की क्रिया जब पोटेशियम परमैंगनेट पर होती है तब ऑक्सीजन मुक्त होती है।

$$2K_2Cr_2O_7 + 8H_2SO_4 \rightarrow$$
$$2K_2SO_4 + 2Cr_2(SO_4)_3 + 8H_2O + 3O_2\uparrow$$

भौतिक गुण :

(a) यह रंगहीन, गंधहीन, स्वादहीन गैस है। वायु से थोड़ा भारी तथा जल में विलेय है।

(b) यह स्वयं नहीं जलती परन्तु जलने में सहायक है।

(c) अति दाब पर ठंडा करने पर द्रव में परिवर्तित हो जाती है।

(d) द्रव को वाष्पित करके इसे ठोस नहीं बनाया जा सकता।

रासायनिक गुण :

(a) यह द्विसंयोजी विद्युत ऋणात्मक तत्व है। सामान्य ताप पर यह काफी संख्या में यौगिक बनाती है।

(b) यह फास्फोरस को सामान्य ताप पर उपचयित करती है।

$$4P + 5O_2 \rightarrow 2P_2O_5$$

(c) बेनिडियम ऑक्साइड की उपस्थिति में सल्फर डाइऑक्साइड का उपचयन कर सल्फर ट्राई ऑक्साइड बनाती है।

$$2SO_2 + O_2 \underset{}{\overset{V_2O_3}{\rightleftharpoons}} 2SO_3$$

(d) अमोनिया को ऑक्सीकृत करके नाइट्रिक ऑक्साइड बनाती है।

$$4NH_3 + 5O_2 \xrightarrow[800°C]{Pt} 4NO + 6H_2O$$

(e) क्यूरिक क्लोराइड की उपस्थिति में हाइड्रोक्लोरिन

एसिड के साथ क्रिया करके क्लोरीन बनाती है। यह प्रक्रिया ड्यूकॉन प्रक्रिया के नाम से जानी जाती है।

$$4HCl + O_2 \xrightarrow{CuCl_2} 2Cl_2 + 2H_2O$$

नाइट्रोजन :

यह आवर्त सारिणी में सातवाँ तत्व है। इसकी परमाणु संख्या व परमाणु भार क्रमशः 7 तथा 14 होते हैं। इसका अणुसूत्र N_2 होता है।

(a) **वायु से नाइट्रोजन :** यह वायुमण्डल का मुख्य घटक है, शुष्क वायु में आयतन के हिसाब से 78% होती है और शेष CO_2 तथा O_2 होती है। CO_2 को पोटाश के ऊपर गुजारने से तथा O_2 को जलते फास्फोरस के ऊपर से गुजार कर हटाई जा सकती है।

$$P_4 + 5O_2 \rightarrow P_4O_{10}$$
$$P_4O_{10} + 6H_2O \rightarrow 4H_3PO_4$$

(b) अमोनियम क्लोराइड व सोडियम नाइट्राइट के विलयन को गर्म करने से नाइट्रोजन प्राप्त होती है।

$$NH_4Cl + NaNO_3 \rightarrow N_2 + NaCl + 2H_2O$$

(c) अमोनिया का उपचयन लाल तप्त कॉपर ऑक्साइड या क्लोरीन से करके N_2 प्राप्त की जा सकती है।

$$2NH_3 + 3CuO \rightarrow N_2 + 3H_2O + 3Cu$$
$$2NH_3 + 3Cl_2 \rightarrow N_2 + 6HCl$$
$$[HCl + NH_3 \rightarrow NH_4Cl] \times 6$$
$$8NH_3 + 3Cl_2 \rightarrow N_2 + 6NH_4Cl$$

(d) सोडियम नाइट्राइट को गर्म करने पर

$$2NaN_3 \rightarrow 2Na + 3N_2$$

(e) क्षारीय सोडियम हाइपोब्रोमाइट की उपस्थिति में

$$3NaOBr + 2NH_4Cl + 2NaOH \rightarrow$$
$$3NaBr + 5H_2O + 2NaCl + N_2$$

(f) जब यूरिया को नाइट्राइट के अम्लीय विलयन के साथ गर्म किया जाता है।

$$NaNO_2 + HCl \rightarrow HNO_2 + NaCl$$
$$NH_2CONH_2 + 2HNO_2 \rightarrow 2N_2 + CO_2 + 3H_2O$$

(g) जब अमोनियम डाइक्रोमेट को गर्म करते हैं।

$$(NH_4)_2Cr_2O_7 \rightarrow N_2 + 4H_2O + Cr_2O_3$$

भौतिक गुण :

(a) यह एक रंगहीन व स्वादहीन गैस है।

(b) यह वायु से थोड़ा हल्की है।

(d) यह न तो जलती है और न ही जलने में सहायक

है।

रासायनिक गुण :

(a) नाइट्रोजन हाइड्रोजन के साथ संयोग करके अमोनिया बनाती है।

$$N_2 + 3H_2 \xrightarrow{Fe+MO} 2NH_3$$

(b) 3000°C पर नाइट्रोजन आक्सीजन के साथ विद्युत के प्रभाव से संयोग करके नाइट्रिक ऑक्साइड बनाती है।

$$N_2(g) + O_2(g) \xrightarrow{3000°C} 2NO$$

(c) जब कैल्शियम कार्बाइड को 600°C तक गर्म करते हैं तो यह कैल्शियम साइनाइड बनाती है।

$$CaC_2 + N_2 \xrightarrow{600°C} CaCN_2 + C$$

(d) उच्च ताप पर धातुओं से क्रिया करके नाइट्राइड बनाती है, जैसे

$$2Al + N_2 \rightarrow 2AlN$$
$$3Mg + N_2 \rightarrow Mg_3N_2$$

कॉर्बन डाइआक्साइड (CO_2) :

कार्बन-युक्त पदार्थों को जलाने पर CO_2 वायुमण्डल में मिल जाती है। श्वसन के परिणामस्वरूप भी CO_2 वायुमण्डल में मिलती है।

CO_2 तैयार करना :

(a) प्रयोगशाला में तनु हाइड्रोक्लोरिक अम्ल तथा मार्बल के टुकड़ों की अभिक्रिया से CO_2 उत्पन्न होती है।

$$CaCO_3 + 2HCl \rightarrow CaCl_2 + CO_2 + H_2O$$

(b) बेसिक धातुओं, कार्बोनेट व बाइकार्बोनेटों को गर्म करने पर कार्बन डाइऑक्साइड प्राप्त होती है।

$$CaCO_3 \rightarrow CaO + CO_2$$
$$2NaHCO_3 \rightarrow Na_2CO_3 + CO_2 + H_2$$

(c) अम्लों की कार्बोनेट व बाइकार्बोनेटों के साथ अभिक्रिया से CO_2 उत्पन्न होती है।

$$Na_2CO_3 + 2HCl \rightarrow 2NaCl + H_2O + CO_2$$
$$Ca(HCO_3)_2 + 2HCl \rightarrow CaCl_2 + 2H_2O + 2CO_2$$

भौतिक गुण :

(a) यह रंगहीन व दुर्गंध वाली गैस है।

(b) वायु की तुलना में 1.5 गुना भारी है।

(c) यह न तो स्वयं जलती है और न ही जलने में सहायक है।

(d) ठोस CO_2 को शुष्क बर्फ कहते हैं।

रासायनिक गुण :

(a) यह लाइम वाटर (चूने का पानी) को दूधिया कर देती है।

$$Ca(OH)_2 + CO_2 \rightarrow CaCO_3 + H_2O$$

(b) यह नीले लिटमस को लाल कर देती है तथा क्षारीय विलयनों को उदासीन कर देती है।

$$2NaOH + CO_2 \rightarrow Na_2CO_3 + H_2O$$
$$Na_2CO_3 + H_2O + CO_2 \rightarrow 2NaHCO_3$$

(c) यह पानी में विलेय होकर कार्बनिक अम्ल बनाती है।

$$CO_2 + H_2O \rightarrow H_2CO_3$$

(d) क्रियाशील धातुएँ CO_2 में जलकर धात्विक ऑक्साइड बनाती हैं।

$$2Mg + CO_2 \rightarrow 2MgO + C$$

उपचयन व अपचयन :

उपचयन : उपचयन वह प्रक्रिया है जिसमें O_2 का संयोग, हाइड्रोजन का विच्छेद या इलेक्ट्रानों की हानि या विद्युत ऋणात्मक घटक में वृद्धि या विद्युत धनात्मक घटक की संयोजकता में कमी होती है। जो पदार्थ इलेक्ट्रानों की हानि उठाता है वह उपचयित हो जाता है।

(a) ऑक्सीजन का संयोग

$$2Ca + O_2 \rightarrow 2CaO$$
$$S + O_2 \rightarrow SO_2$$

(b) हाइड्रोजन का विच्छेद

$$MnO_2 + 4HCl \rightarrow MnCl_2 + 2H_2O + Cl_2$$

(c) ऋणात्मक घटक की वृद्धि

$$Fe_2SO_4 + 2H_2SO_4 + O_2 \rightarrow Fe_2(SO_4)_3 + 2H_2O$$
$$SnCl_2 + Cl_2 \rightarrow Sn_2Cl_4$$

(d) धनात्मक घटक की कमी

$$2KI + H_2O \rightarrow 2KOH + I_2$$

(e) इलेक्ट्रानों की हानि

$$Cu^+ \rightarrow Cu^{2+} + e, \quad Fe^{2+} \rightarrow Fe^{3+} + e$$
$$N^{2+} \rightarrow N^{2+} + e, \quad 2Cl^- \rightarrow Cl_2 + 2e$$
$$Ca^+ \rightarrow Ca^{2+} + e, \quad Sn^{2+} \rightarrow Sn^{4+} + 2e$$

अपचयन : यह वह प्रक्रिया है जिसमें ऑक्सीजन का विच्छेद, हाइड्रोजन का संयोग, विद्युत धनात्मक घटक की वृद्धि, विद्युत ऋणात्मक घटक की कमी या इलेक्ट्रानों का लाभ होता है। जो पदार्थ इलेक्ट्रान लेते हैं वे अपचयित हो

जाते हैं।

(a) हाइड्रोजन का संयोग
$$H_2S + Cl_2 \rightarrow 2HCl + S$$

(b) आक्सीजन का विच्छेद
$$CuO + H_2 \rightarrow Cu + H_2O$$

(c) विद्युत धनात्मक घटकों की वृद्धि
$$2FeCl_3 + Fe \rightarrow 3FeCl_2$$

(d) विद्युत ऋणात्मक घटकों की कमी
$$FeCl_3 + H_2S \rightarrow FeCl_2 + 2HCl + S$$

(e) इलेक्ट्रानों का लाभ
$$Fe^{3+} + 2e^- \rightarrow Fe^{2+}$$
$$Hg^{2+} + e^- \rightarrow Hg^+$$
$$Cl_2 + 2e^- \rightarrow 2Cl^-$$
$$Ca^{2+} + 2e^- \rightarrow Ca$$
$$Cu^{2+} + 2e^- \rightarrow Cu$$

उपचायक पदार्थ : ये इलेक्ट्रान लेने वाले होते हैं जैसे

(a) पोटेशियम डाइक्रोमेट (अम्लीय)
$$K_2Cr_2O_7 \rightarrow 2K^+ + Cr_2O_7^-$$
$$Cr_2O_7^- + 14H^+ + 6e^- \rightarrow 2Cr^{3+} + 7H_2O$$

(b) पोटेशियम परमैंगनेट (अम्लीय)
$$KMnO_4 \rightarrow K^+ + MnO_4^-$$
$$MnO_4^+ + 8H^+ + 5e \rightarrow Mn^{2+} + 4H_2O$$

(c) मैंगनीज डाइआक्साइड
$$MnO_2 + 4H^+ + 2e \rightarrow Mn^{2+} + 2H_2O$$

(d) स्टैनिक क्लोराइड
$$SnCl_4 + 2e^- \rightarrow Sn^{2+}$$

(e) फैरिक क्लोराइड
$$FeCl_3 \rightarrow Fe^{3+} + 3Cl^-$$
$$Fe^{3+} + e \rightarrow Fe^{2+}$$

(f) हाइड्रोजन पर-आक्साइड

$$H_2O_2 + 2H^+ + 2e \rightarrow 2H_2O$$

(g) क्लोराइड
$$Cl_2 + 2e^- \rightarrow 2Cl^-$$

(h) नाइट्रिक एसिड (HNO_3)
$$HNO_3 \rightarrow H^+ + NO_3^-$$
$$NO_3^- + 2H^+ + e^- \rightarrow NO_2 + H_2O$$
$$NO_3^- + 4H^+ + 3e^- \rightarrow NO + H_2O$$
$$2NO_3^- + 10H^+ + 8e^- \rightarrow N_2O + 5H_2O$$

अपचायक पदार्थ : ये पदार्थ इलेक्ट्रानदाता होते हैं जैसे

(a) हाइड्रोजन पर-आक्साइड
$$H_2O_2 \rightarrow 2H^+ + O_2 + 2e^-$$

(b) हाइड्रोजन सल्फाइड
$$H_2S \rightarrow 2H^+ + S^{2-}$$
$$S^{2-} \rightarrow S + 2e^-$$

(c) फेरस सल्फेट
$$FeSO_4 \rightarrow Fe^{2+} + SO_4^{2-}$$
$$Fe^{2+} \rightarrow Fe^{3+} + e^-$$

(d) सोडियम थायो सल्फेट
$$Na_2S_2O_3 \rightarrow 2Na^+ + S_2O_3^{2-}$$
$$2S_2O_3^{2-} \rightarrow S_4O_6^{2-} + 2e^-$$

(e) स्टैनस क्लोराइड
$$SnCl_2 \rightarrow Sn^{2+} + 2Cl^-$$
$$Sn^{2+} \rightarrow Sn^{4+} + 2e^-$$

(f) हाइड्रोजन
$$H_2 \rightarrow 2H^+ + 2e^-$$

(g) आक्जेलिक एसिड
$$H_2C_2O_4 \rightarrow 2H^+ + C_2O_4^{2+}$$
$$C_2O_4^{2-} \rightarrow 2CO_2 + 2e^-$$

अपचयन उपचयन की अभिक्रिया (रेडॉक्स अभिक्रियाएँ)

इन अभिक्रियाओं में उपचयन व अपचयन दोनों एक साथ होते हैं। जैसे H_2O_2, O_3, SO_2, HNO_3 उपचायक व अपचायक दोनों का कार्य करते हैं।

---

3. अम्ल, क्षारक, क्षार, अम्लों की अभिक्रियाएँ क्षारों की अभिक्रियाएँ और क्षारीय पदार्थ

अम्ल : ये पदार्थ क्षारक के साथ अभिक्रिया करके लवण बनाते हैं। जल विलयन में H^+ आयन बनाते हैं और इसे क्षारकों को दे देते हैं। जैसे हाइड्रोक्लोरिक एसिड (HCl), नाइट्रिक एसिड (HNO_3), सल्फ्यूरिक एसिड (H_2SO_4), एसीटिक एसिड (CH_3COOH) आदि, अम्ल स्वाद में खट्टे होते हैं। नीले लिटमस को लाल कर देते हैं।

क्षारक : ये पदार्थ अम्लों के साथ मिलकर लवण बनाते हैं, इन्हें प्रोटोनग्राही भी कहा जाता है।

क्षार : वे पदार्थ जो जल में घुल जाते हैं जैसे कॉस्टिक सोडा (NaOH), कॉस्टिक पोटाश $(KOH)_2$, ये लाल लिटमस

को नीला कर देते हैं तथा पीले टरमरिक पेपर को भूरा (कत्थई) कर देते हैं।

लवण : वे पदार्थ हैं जो अम्लों तथा क्षारकों की अभिक्रिया से बनते हैं। धातुओं की अम्लों के साथ अभिक्रिया से, धातुओं के आक्साइडों के अम्लों के साथ अभिक्रिया से भी लवण बनते हैं।

$$Ca + H_2SO_4 \rightarrow CaSO_4 + H_2$$
$$2K + 2HNO_3 \rightarrow 2KNO_3 + H_2$$
$$2Na + 2HCl \rightarrow 2NaCl + H_2$$

pH स्केल : इसके द्वारा अम्लों तथा क्षारों की शक्ति ज्ञात की जाती है। H^+ आयन की सान्द्रता से अम्ल की तथा OH^- आयन से क्षारीय विलयन की सामर्थ्यता ज्ञात की जा सकती है।

प्रबल अम्ल : प्रबल अम्ल वे अम्ल होते हैं जिनका प्रबलता से आयनीकरण हो जाता है और pH का मान 0 या 1 होता है, जैसे $HCl_2, HNO_3, H_2SO_4(aq)$ आदि

दुर्बल अम्ल : दुर्बल अम्ल वे अम्ल होते हैं जिनका आंशिक रूप से आयनीकरण हो जाता है। pH का मान 5 या 6 के बीच होता है, जैसे CH_3COOH आदि।

प्रबल क्षार : प्रबल क्षार वे क्षार होते हैं जिनका आयनीकरण प्रबलता से होता है। इनमें pH का मान 14 के आसपास होता है, जैसे $NaOH(aq), KOH(aq)$

दुर्बल क्षार : इनका आयनीकरण दुर्बलता से होता है और pH का मान लगभग 11 होता है, जैसे $NH_4OH(aq), Ca(OH)_2(aq)$

उदासीनीकरण : इस अभिक्रिया में एक अम्ल पूर्ण रूप से क्षार के साथ क्रिया करके लवण तथा जल बनाता है। जैसे

$$HNO_3(aq) + KOH(aq) \rightarrow KNO_3 + H_2O(l)$$

अम्लों की अभिक्रिया :

(a) **क्षारों के साथ** : क्षार अम्लों को उदासीन करते हैं
$$NaOH^+(aq) + HCl \rightarrow 2NaCl^+(aq) + H_2O(l)$$

(b) **धातुओं के साथ** : धातुएँ अम्लों के साथ अभिक्रिया करके हाइड्रोजन उत्सर्जित करती हैं।
$$Fe(s) + 2HCl(aq) \rightarrow FeCl_2(aq) + H_2(g)$$

कॉपर का अम्लों के साथ क्रिया करके H_2 गैस का निष्कासन नहीं करता।

अम्लीय पदार्थ : इनमें CH_3COOH (सिरका), सोडा वाटर (जल में विलेय CO_2), फ्रूटजूस (साइट्रिक अम्ल), अम्लीय वर्षा आदि आते हैं।

क्षारों की अभिक्रिया :

(a) **अम्लों के साथ** : अम्ल क्षारों को उदासीन कर देते हैं तथा जल व लवण बनते हैं।
$$2KOH + H_2O \rightarrow K_2SO_4 + 2H_2O$$

(b) **धात्विक लवणों के विलयन के साथ** : धात्विक लवण विलयन प्रायः क्षारों के OH^- आयन से क्रिया करते हैं और अघुलनशील धात्विक हाइड्राक्साइड का अवक्षेप बनता है।
$$FeSO_4(aq) + 2NaOH(aq) \rightarrow Fe(OH)_2(s)$$
$$+ Na_2SO_4(aq)$$

क्षारीय पदार्थ : इनमें घरेलू अमोनिया विलयन, मैग्नीशिआ दूध, लाइम वाटर आदि आते हैं।

---

4. *कार्बन–विभिन्न रूप–हीरा, ग्रेफाइट, कोल, कोक, वुड चारकोल, जांतव चारकोल, लैम्पब्लैक, पेट्रोलियम तथा प्राकृतिक गैस।*

कार्बन : यह आवर्त सारिणी में छठे तत्व के रूप में है। इसकी परमाणु संख्या 6 तथा द्रव्यमान संख्या 12 है। यह रसायन शास्त्र में एकमात्र ऐसा तत्व है जिसके बहुत अधिक संख्या में यौगिक हैं। यह संख्या इतनी अधिक है कि और सभी तत्वों के यौगिकों से भी अधिक है। पृथ्वी के अन्दर यह कोयला, हीरा, ग्रेफाइट तथा कार्बन डाइऑक्साइड जैसे यौगिकों के रूप में होता है। कार्बोनेट, चीनी तथा पेट्रोलियम भी ऐसे ही यौगिक हैं। कार्बन के वे रूप जिनके भौतिक गुण भिन्न-भिन्न परन्तु रासायनिक गुण समान होते हैं, वे अपररूप कहलाते हैं। कार्बन के अपररूपों के दो वर्ग हैं– क्रिस्टलीय और अक्रिस्टलीय। क्रिस्टलीय में दो अपररूप हीरा तथा ग्रेफाइट होते हैं, जबकि अक्रिस्टलीय में कोक, कोयला, लकड़ी का कोयला या कज्जल आते हैं।

हीरा : प्रकृति में पाया जाना वाला कार्बन का शुद्ध रूप है। इसे कोयले को उच्च दाब पर गलित करके कृत्रिम रूप से भी तैयार किया जा सकता है। मध्य भारत में हीरे की खानें हैं। मध्य प्रदेश में पन्ना की खानें मुख्य हैं। यह दक्षिणी अफ्रीका, ब्राज़ील, कांगो, अंगोला तथा ऑस्ट्रेलिया में भी पाया

जाता है। कोहिनूर सबसे मूल्यवान व प्रसिद्ध हीरा है। इसका मूल्य इसकी शुद्धता व भार पर निर्भर होता है। यह आभूषणें में तथा ग्लास काटने में उपयोग होता है।

ग्रेफाइट : यह कोमल, अपारदर्शक तथा विद्युत का सुचालक है। इसका दूसरा रूप कार्बन ब्लैक है जिसे काला सीसा कहते हैं। हीरे की अपेक्षा यह प्रकृति में अधिक मात्रा में पाया जाता है यह उत्तरी व दक्षिणी भारत में अधिक पाया जाता है। इसे कृत्रिम रूप से एन्थ्रासाइट को कुछ आयरन आक्साइड तथा सिलिका को विद्युत भट्टी में गर्म करके बनाया जा सकता है। इसका उपयोग लैड पेंसिल तथा क्रुसिबिल बनाने में होता है। इसे रेलवे के पहियों में स्नेहक के रूप में उपयोग में लाते हैं। यह हीरे से हल्का होता है।

लैड : यह वनस्पति पदार्थों के धीमी गति से अपघटित होने पर, वायु की अनुपस्थिति में बनता है। इसे कोल गैस बनाने तथा ईंधन के रूप में प्रयोग करते हैं। वायु की अनुपस्थिति में कोल को गर्म करके कोलतार बनाया जाता है जो कि रंगों के बनाने में उपयोग होता है। विस्फोटक तथा रसायनों के निर्माण में भी कोलतार का उपयोग होता है। कोल विभिन्न रूप में जैसे पीट (सड़ी हुई लकड़ी) के रूप में उपलब्ध है।

कोक : यह वायु की अनुपस्थिति में कोल का भंजक आसवन करके बनाया जाता है जिसमें यह कुछ वाष्पशील घटक जैसे अमोनिया, बैंजीन, फिनोल, कोल गैस तथा टार आदि होते हैं। शेष घटक कोक बचा रहता है। कोक भी कॉर्बन का शुद्ध रूप है जिसमें 85% से 95% कॉर्बन होता है। यह लोहे तथा स्टील के उद्योगों में अपचायक के रूप में प्रयोग होता है। वाटर गैस बनाने, ग्रेफाइट व ईंधन के रूप में भी इसका प्रयोग किया जाता है।

लकड़ी का कोयला : वायु की अनुपस्थिति में वनस्पति के विघटन से यह कोयला बनाया जाता है। यह सरंध्र तथा भंगुर ठोस होता है। जल से थोड़ा भारी है फिर भी सरंध्र होने के कारण इसमें पर्याप्त मात्रा में वायु होती है जिससे यह पानी पर तैरता है। वायु में जलने पर यह कॉर्बन डाइऑक्साइड देता है। यह अच्छा अपचायक है। यह पेय जल को साफ करने व ईंधन के रूप में उपयोग किया जाता है। गन पाउडर के निर्माण में भी इसका उपयोग होता है।

जान्तव चारकोल : यह हड्डियों के भंजक आसवन से तैयार होता है। चीनी को साफ करने में इसका उपयोग होता है। यह लकड़ी की कोयले की तुलना में द्रव द्वारा आसानी से गीला किया जा सकता है इसलिए यह प्रचुर मात्रा में उपलब्ध है। चीनी के घोल जैसे द्रवों को गंधमुक्त करने में प्रयोग होता है। जलने पर यह राख छोड़ता है जो कि कैल्सियम फास्फेट है जिसे फास्फोरस, फास्फोरिक उर्वरकों फास्फोरिक अम्लों के निर्माण में उपयोग किया जाता है।

लैम्प ब्लैक : यह वनस्पति तेलों के जलने पर धुएं से तैयार किया जाता है। यह काले पाउडर की तरह होता है। इसका उपयोग स्याही, पैंट तथा पालिश के निर्माण में होता है।

पेट्रोलियम व प्राकृतिक गैस : पेट्रोलियम व प्राकृतिक गैस का निर्माण भी कोयले की तरह होता है। तेल के ऊपर गैस बनती है। पेट्रोलियम एक कच्चा तेल होता है और इसके प्रभाजी आसवन से पेट्रोल आदि बनते हैं। इसके अधिकतर घटक हाइड्रोकार्बन होते हैं। अधिक कार्बन परमाणु होने पर उच्च क्वथनांक होता है। विभिन्न क्वथनांकों के आधार पर प्रभाजी आसवन द्वारा इसके घटक अलग-अलग हो जाते हैं।

5. उर्वरक व कृत्रिम उर्वरक, नाइट्रोजनी उर्वरक और फास्फेट तथा पोटाश उर्वरक

उर्वरक : तीन मुख्य उर्वरक होते हैं– नाइट्रोजन, फास्फोरस तथा पोटेशियम। पोटाश के साथ नाइट्रो-फास्फेट विभिन्न अनुपात में मिले होते हैं। मिट्टी में प्रायः आवश्यक खनिजों की उचित मात्रा उपलब्ध होती है परन्तु बार-बार खेती करने से उसी खेत में इन पदार्थों का डालना आवश्यक हो जाता है। मिट्टी को उपजाऊ बनाए रखने के लिए हम प्राकृतिक व कृत्रिम उर्वरकों का उपयोग खाद के रूप में करते हैं।

प्राकृतिक उर्वरक : प्राकृतिक उर्वरक निम्न प्रकार के होते हैं :

(a) जांतव खाद जो जीव जन्तुओं के सड़ने-गलने से बनती है।

(b) पेड़-पौधों की खाद जो कि पेड़-पौधों के सड़ने-गलने से बनती है।

कृत्रिक उर्वरक : कृत्रिम उर्वरक तीन प्रकार के होते हैं :

(a) **नाइट्रोजनी उर्वरक** : नाइट्रोजन से पौधों को प्रोटीन, तेज वृद्धि, पैदावार की उन्नति, पत्तियों का हरा रंग प्राप्त होता है। इनके उदाहरण हैं :

(i) अमोनिया सल्फेट $(NH_4)_2SO_4$

(ii) अमोनियम नाइट्रेट NH_4NO_3

(iii) कैल्सियम साइनामाइड $CaCN_2$

(iv) यूरिया $NH_2-CO-NH_2$

(v) कैल्सियम अमोनियम नाइट्रेट (CAN)

$$Ca(NO_3)_2\, NH_4NO_3$$

इनमें से कैल्सियम अमोनियम नाइट्रेट व यूरिया का उपयोग अधिक सुरक्षित है। ये दोनों प्रचलित उर्वरक हैं और इनका भण्डारण आसानी से हो सकता है। ये बिलकुल स्थायी तथा पानी से हानि न होने वाले होते हैं। ये अमोनिया के रूप में नाइट्रोजन प्रदान करते हैं जो कि मिट्टी से पौधों के भोजन के रूप में एकत्रित हो जाती है। कैल्सियम साइनामाइड की नम मिट्टी से अभिक्रिया द्वारा अमोनिया बनती है। अमोनियम सल्फेट का बार-बार उपयोग नहीं किया जा सकता क्योंकि मिट्टी अम्लीय हो जाती है।

फास्फेट उर्वरक : फास्फोरस से पौधों की तुरन्त व तेजी से वृद्धि होती है, ये इनकी जड़ों के विकास में सहायक हैं। इनसे परिपक्व स्थिति व बीज बनने की प्रक्रिया में तेजी आती है। फास्फोरस फास्फेट खनिजों के रूप में उपलब्ध हैं जैसे हड्डियों की राख, फास्फाइट आदि। ये पानी में अघुलनशील है इसलिए इनका उपयोग उचित नहीं है। इनको कैल्सियम सुपर फॉस्फेट में परिवर्तित कर के पानी में विलेय के योग्य बनाते हैं तथा फिर इनका उपयोग होता है। कुछ अन्य उर्वरक हैं– ट्रिपिल फास्फेट, धातुमल और नाइट्रोफॉस्फेट आदि।

पोटाश उर्वरक : नाइट्रोजन उर्वरक का उपयोग होने में पोटाश उर्वरक का प्रभाव अवांछित हो जाता है। इसके उपयोग से पौधे बीमारियों के अवरोधक हो जाते हैं और जड़ें मजबूत हो जाती हैं। पोटेशियम सल्फेट का उपयोग तम्बाकू के पौधों के लिए अधिक सफल है। पोटेशियम सल्फेट के उपयोग से तम्बाकू की पत्तियों का गलनांक उच्च हो जाता है। पोटेशियम क्लोराइड में पोटाश उर्वरक है जो कि आसानी से संलयित हो जाता है।

---

6. साबुन, काँच, स्याही, पेपर, सीमेंट, पेन्ट्स, माचिस बॉक्स तथा गन पाउडर के निर्माण में प्रयोग होने वाले पदार्थ।

साबुन : यह लम्बी शृंखला के वसीय अम्लों के सोडियम व पोटेशियम के लवण होते हैं। जैसे ल्यूरिक एसिड $(C_{11}H_{23}COOH)$, मिस्ट्रिक एसिड $(C_{13}H_{27}COOH)$, पामिटिक एसिड $(C_{15}H_{31}COOH)$, लीलोलिक एसिड $(C_{17}H_{31}COOH)$, ओयलिक एसिड $(C_{17}H_{33}COOH)$ और स्टेटेरिक एसिड $(C_{17}H_{35}COOH)$। साबुन का निर्माण तेल या वसा अम्ल की क्षारों से अभिक्रिया करके किया जाता है। इस प्रक्रिया को साबुनीकरण कहते हैं।

$$
\begin{array}{l}
CH_2OOCR \\
| \\
CHOOCR \;+\; 3NaOH \;\rightarrow \\
| \\
CH_2OOCR
\end{array}
\quad
\begin{array}{l}
CH_2OH \\
| \\
CHOH \;+\; 3RCOONa \\
| \qquad\qquad (\text{साबुन}) \\
CH_2OH
\end{array}
$$

यहाँ पर $R = C_{11}H_{23}$ या $C_{13}H_{27}$ या $C_{15}O_{31}$ या $C_{17}H_{35}$ या $C_{17}H_{33}$

काँच : काँच साधारणतयः सोडियम सिलिकेट (Na_2SiO_3), कैल्सियम सिलिकेट $(CaSiO_3)$ तथा सिलिका (SiO_2) का मिश्रण होता है। साधारण काँच व सोडा काँच बनाने के लिए आवश्यक कच्ची सामग्री है :

(a) सोडियम कार्बोनेट (सोडा एश)

(b) कैल्सियम कार्बोनेट (चूना पत्थर)

(c) सिलिका (रेत तथा सिलिकन डाइऑक्साइड)

काँच मुख्य रूप से सिलिका, सोडा एश तथा चूने के पत्थर के मिश्रण को 1400°C पर तप्त करके उत्पादित किया जाता है। इसमें वांछित गुणों को पाने के लिए कुछ और पदार्थ भी मिलाए जाते हैं। जैसे, कठोरता, ऊष्मारोधी, तथा रंग आदि के लिए।

विभिन्न रंगों के लिए निम्न पदार्थ मिलाए जाते हैं :

(a) एम्बर – कार्बनिक पदार्थ

(b) नीला – कोबाल्ट ऑक्साइड (CoO)

(c) हरा – फेरस आयन Fe^{2+}, क्रोमियम (Cr)

(d) लेमन पीला – कैडमियम सल्फेट (CdS)

(e) बैंगनी — मैंगनीज डाइऑक्साइड (MnO_2)

(f) लाल — क्यूरिक ऑक्साइड (Cu_2O)

(g) रूबी — गोल्ड क्लोराइड ($AuCl_3$)

काँच के प्रकार :

(a) **बोतल का काँच** : यह सोडालाइम काँच की सबसे सस्ती प्रकार की काँच होती है।

(b) **क्रुक का काँच** : यह विशेष प्रकार का ऑप्टिकल काँच होता है जो विशेष ऑक्साइडों से मिलकर बना होता है और यह पराबैंगनी प्रकाश को नहीं गुजरने देता।

(c) **ग्राउंड काँच** : यह नरम काँच होता है।

(d) **कठोर काँच** : यह पोटेशियम सिलिकेट व कैल्सियम सिलिकेट का मिश्रण होता है।

(e) **जैना काँच** : यह जिंक तथा बोरियम बिरोसिलिकेट का मिश्रण होता है।

(f) **पाइरेक्स काँच** : यह सोडियम एल्यूमिनीयम सिलिकेट का मिश्रण होता है।

(g) **सुरक्षा काँच** : यह सोडियम, कैल्सियम सिलिकेट का मिश्रण होता है।

स्याही : इसे बनाने के लिए कच्ची सामग्री निम्नलिखित है :

नीली स्याही के लिए :

(a) टेनिक एसिड, गैलिक एसिड तथा हाइड्रोक्लोरिक एसिड

(b) फैरस सल्फेट

(c) चीनी

(d) नीला रंग

(e) फिनोल

(f) जल

विधि : गैलिक एसिड, टैनिक एसिड, फेरस सल्फेट तथा चीनी को अलग-अलग कम-से-कम जल में घोल लेते हैं। फिर नीले रंग, हाइड्रोक्लोरिक अम्ल तथा फिनोल का विलयन तैयार करते हैं और इस विलयन को पहले वाले घोल में डाल कर दो सप्ताह के लिए रख देते हैं। फिर कपड़े में छानने पर हमें प्रयोग करने के लिए स्याही प्राप्त हो जाती

है। इसे बोतलों में भर लिया जाता है।

लाल स्याही के लिए :

(a) इओसिन

(b) फिनोल

(c) गोंद

(d) जल

विधि : गोंद का विलयन पानी के साथ बना कर उसे एक रात के लिए रख देते हैं और फिर उसे छान लेते हैं। इओसिन को गर्म पानी में घोल लेते हैं फिर छने हुए गोंद के घोल में मिला देते हैं। पतले से कपड़े से छानकर हम स्याही प्राप्त कर लेते हैं।

पेपर (कागज) : पेपर को तैयार करने के लिए सेल्यूलोज को कच्ची सामग्री के रूप में प्रयोग करते हैं। यह एक मुख्य पोली सच्यूराइड होती है, जिसके दो भाग मुख्य होते हैं— α-सेल्यूलोज तथा β-सेल्यूलोज। β-सेल्यूलोज सोडियम हाइड्रॉक्साइड के 20% विलयन में घुलनशील है जबकि α-सेल्यूलोज इसमें अघुलनशील है।

सीमेन्ट : चूने का पत्थर और चिकनी मिट्टी के बारीक मिश्रण को तप्त करके सीमेंट बनाया जाता है। तप्त करने के लिए कैल्सियम सिलिकेट तथा कैल्सियम एल्यूमिनेट मिलाकर मिश्रण को बारीक कर लिया जाता है। सीमेन्ट के मुख्य घटक डाइकैल्सियम सिलिकेट तथा ट्राइकैल्सियम एल्यूमीनेट होते हैं। सीमेन्ट में एल्यूमीना की प्रतिशतता अधिक होने से यह जमकर इतना कठोर नहीं हो पाता और न ही अधिक समय तक टिकाऊ रहता है।

पेण्ट : पैन्ट के लिए आवश्यक कच्ची सामग्री में रंगीन पदार्थ पिगमेन्ट्स व पिगमेन्ट्स घोलने वाले विलयन होते हैं। थिनर का प्रयोग चिपचिपाहट लाने के लिए होता है। विभिन्न रंगीन पेंटों के लिए कई प्रकार के खनिज उपयोग में लाए जाते हैं।

सेफ्टी माचिस : लाल फास्फोरस का उपयोग सेफ्टी माचिस बनाने के लिए किया जाता है।

गन पाउडर : गन पाउडर के लिए कच्चे पदार्थ पोटेशियम नाइट्रेट, सल्फर तथा चारकोल होते हैं। इन सभी के मिश्रण से गन पाउडर बनाया जाता है जो कि विस्फोट करने में प्रयोग होता है।

---

7. परमाणु संरचना का प्रारम्भिक ज्ञान, परमाणु, तुल्यांक व अणु भार, संयोजकता

परमाणु संरचना : उन्नीसवीं सदी के प्रारम्भ में डाल्टन ने अपने परमाणु सिद्धान्त को विकसित किया जिसके अनुसार

अविभाज्य पदार्थ का छोटे-से-छोटा कण परमाणु कहलाता है। 1859 में प्लैंकर और दूसरे वैज्ञानिकों ने जब विसर्जन नलिका को 10^{-4} वायुमण्डलीय दाब पर 10,000 वोल्ट

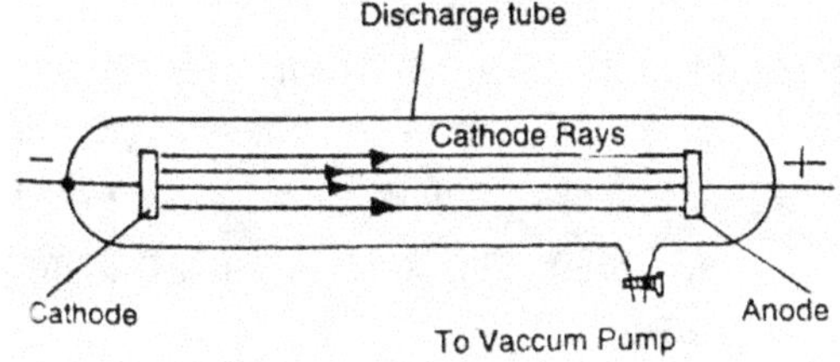

विभवान्तर उसके सिरों के बीच किया तब कैथोड किरणों का उत्सर्जन हुआ। ये कैथोड किरणें ऋण आवेशों की बनी हैं। इन ऋण आवेशित कणों को इलेक्ट्रान कहते हैं।

कैथोड-किरणों के गुण :

(a) कैथोड-किरणें हमेशा सरल रेखा में चलती हैं।

(b) कैथोड किरणों के बीच कोई ठोस वस्तु रखी जाए तो उसकी परछाई बनती है।

(c) कैथोड किरण ऋण आवेशित कणों से बनी होती है। इसलिए ये किरणें विद्युत क्षेत्र के धनात्मक सिरे की ओर मुड़ जाती हैं।

(d) कैथोड किरणें लगभग प्रकाश के वेग के समान चाल से चलती हैं।

(e) विसर्जन में प्रयोग की हुई गैस तथा कैथोड सिरे के पदार्थ पर कैथोड किरणों की प्रकृति निर्भर नहीं करती।

(f) यदि ये किसी गैस से गुजरती हैं तो उसे आयनीकृत कर देती हैं।

(g) कैथोड किरण पदार्थ कणों की बनी होती है। अतः इनमें ऊर्जा होती है।

इलेक्ट्रान : उन्नीसवीं सदी के अन्त में जे. जे. थॉमसन ने एक प्रयोग किया जिसके अनुसार परमाणु विद्युत चुम्बकीय संरचित हैं। इनसे इलेक्ट्रानों को बनाया जा सकता है। इलेक्ट्रान सभी परमाणुओं के अभिन्न अंग हैं। कैथोड किरणों में भी इलेक्ट्रान होते है। फोटो इलेक्ट्रिक सैल में भी इलेक्ट्रान उत्सर्जित होते है। इलेक्ट्रान ऋण आवेशित कण होते है। यह कहा जा सकता है कि इलेक्ट्रान सभी पदार्थों में प्रचलित हैं। जे. जे. थॉमसन (1900-1906) ने कैथोड किरणों पर चुम्बकीय क्षेत्र के प्रभाव का अध्ययन किया और (e/m) अनुपात का मान ज्ञात किया। फिर इससे इलेक्ट्रान

का द्रव्यमान ज्ञात किया।

इलेक्ट्रान के लक्षण :

द्रव्यमान व आवेश : इलेक्ट्रान का द्रव्यमान हाइड्रोजन परमाणु या प्रोटान का $\dfrac{1}{1840}$ वाँ भाग होता है।

$m_e = 9.108 \times 10^{-31}$ किग्रा०

एक इलेक्ट्रान पर ऋण आवेश होता है।

$e = 1.602 \times 10^{-19}$ कूलॉम

एनोड किरणें और प्रोटान :

गोल्डस्टीन ने 1886 में विसर्जन नली में एक प्रयोग किया जिसमें छिद्रयुक्त कैथोड लगाया गया। इससे दूसरे प्रकार के विकिरण का पता लगा जो धन आवेशों से युक्त

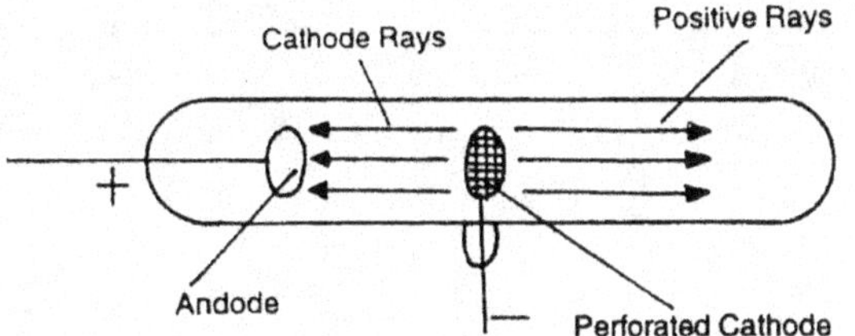

है। इन किरणों को एनोड जो किरणें नाम दिया गया। कैनाल–किरणें भी इनका नाम है। ये किरणें धनावेश कण प्रोटोनों से मिलकर बनी होती हैं।

धन (एनोड)-किरणों के गुण :

(a) एनोड–किरणें धन आवेश कणों से मिलकर बनी होती हैं।

(b) ये किरणें सरल रेखा में गमन करती हैं।

(c) ये किरणें विद्युत क्षेत्र से प्रभावित होती हैं और ऋण प्लेट की ओर मुड़ जाती हैं।

(d) इनकी प्रवृत्ति विसर्जन नली में उपयोग की गयी गैस पर निर्भर करती है।

(e) इनके कण कैथोड किरणों के कणों से भारी होते हैं।

प्रोटान के लक्षण :

द्रव्यमान व आवेश : प्रोटान का द्रव्यमान परमाणु के भार के समान होता है और इलेक्ट्रान के भार का 1840 गुना होता है।

$m_p = 1.676 \times 10^{-27}$ किग्रा०

इस पर आवेश इलेक्ट्रान के आवेश के समान होता है परन्तु प्रोटान पर धन आवेश होता है।

प्रोटान पर आवेश $= 1.602 \times 10^{-19}$ कूलॉम

नाभिक

1911 में रदरफोर्ड ने एक प्रयोग किया जिसमें उसने सोने की 4×10^{-7} मी० की पतली पन्नी पर α-कणों की बौछार की। यह पाया गया कि अधिकतर धातु की पन्नी को पार कर गए। लेकिन कुछ अपने ही रास्ते वापिस लौट गये तथा उनमें से कुछ एक कोण बनाते हुए विक्षेपित हुए। इस निरीक्षण से निम्नलिखित निष्कर्ष निकाले गए–

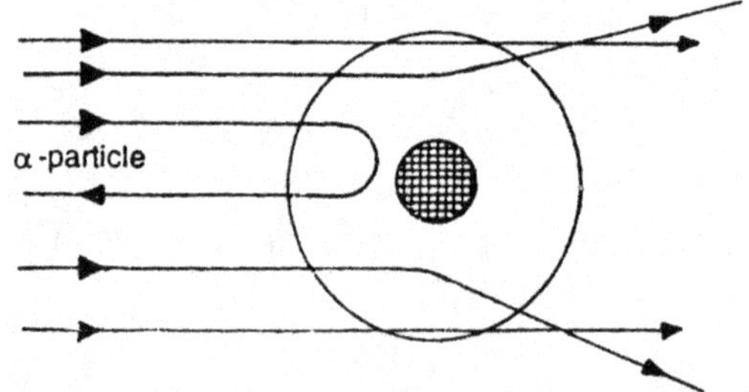

(a) एल्फा-कण का सोने की पन्नी को बिना रुकावट पार करना यह प्रदर्शित करता है कि परमाणु में अन्दर काफी स्थान खाली है।

(b) कुछ एल्फा कणों का विक्षेपित हो जाना यह दर्शाता है कि परमाणु के केन्द्र पर कोई भारी धन आवेशित वस्तु है जिसे नाभिक कहा जाता है।

(c) विक्षेपित α-कणों की संख्या का कम होना यह दर्शाता है कि नाभिक के चारों ओर काफी खाली स्थान है अर्थात् नाभिक का आकार बहुत छोटा है। अतः नाभिक छोटे आकार की भारी धन आवेशित वस्तु है।

परमाणु का रदरफोर्ड मॉडल :

α-कणों के बौछार वाले प्रयोग पर आधारित रदरफोर्ड ने परमाणु का नया मॉडल 1912 में दिया।

(a) प्रत्येक परमाणु में एक धन आवेशित नाभिक होता है जिस पर परमाणु का समस्त भार जमा होता है।

(b) इलेक्ट्रान और नाभिक के मध्य विद्युत स्थैतिक आकर्षण बल होता है।

बहुविकल्पीय प्रश्न—रसायन

1. भौतिक परिवर्तन :
   (a) को नहीं उलटा जा सकता
   (b) को उलटा जा सकता है
   (c) में नये यौगिक बनते हैं
   (c) में रासायनिक गुण बदल जाते हैं

2. पदार्थ में वह परिवर्तन, जिसमें एक या दो पदार्थ खत्म हो जाते हैं तथा एक या दो नए पदार्थ बनते हैं और उनके अपने गुण होते हैं, कहलाता है :
   (a) भौतिक परिवर्तन   (b) स्वाभाविक परिवर्तन
   (c) रासायनिक परिवर्तन   (d) इनमें से कोई नहीं

3. रासायनिक परिवर्तन का सम्बन्ध होता है :
   (a) प्रकाश के उत्सर्जन से
   (b) ऊष्मा के शोषण या उन्मोचन से
   (c) केवल ऊष्मा के उन्मोचन से
   (d) केवल ऊष्मा के अवशोषण से

4. निम्न में कौन-सा भौतिक परिवर्तन है ?
   (a) अपचयन   (b) ऊर्ध्वपातन
   (c) विघटन   (d) उपचयन

5. ऊष्मा उन्मोची अभिक्रिया का सम्बन्ध है :
   (a) ऊष्मा के उन्मोचन से (b) ऊष्मा के अवशोषण से
   (c) प्रकाश के अवशोषण से (d) इनमें से कोई नहीं

6. निम्न में कौन-सा भौतिक परिवर्तन है ?
   (a) मैग्नीशियम तार का जलना
   (b) लोहे पर जंग लगना
   (c) विद्युत से तांबे का तार गर्म होना
   (d) इनमें से कोई नहीं

7. ऊष्माशोषी अभिक्रियाओं का सम्बन्ध है :
   (a) ऊष्मा के अवशोषण से (b) ऊष्मा के उन्मोचन से
   (c) प्रकाश के उत्सर्जन से (d) इनमें से कोई नहीं

8. निम्न में कौन-सा रासायनिक परिवर्तन है ?
   (a) वाष्पन   (b) अवक्षेपण
   (c) घुलना   (d) इनमें से कोई नहीं

9. मोमबत्ती का दहन एक
   (a) ऊष्मा-उन्मोची अभिक्रिया है
   (b) भौतिक परिवर्तन है
   (c) ऊष्माशोषी अभिक्रिया है
   (d) इनमें से कोई नहीं

10. निम्न में से कौन सा रासायनिक परिवर्तन है ?
    (a) बर्फ का पिघलना
    (b) विद्युत तार का गर्म होना
    (c) दही का जमना
    (d) इनमें से कोई नहीं

11. एक पदार्थ जो कि आगे नहीं टूट सकता, कहलाता है :
    (a) यौगिक   (b) मिश्रण
    (c) तत्व   (d) इनमें से कोई नहीं

12. निम्न में से कौन सा यौगिक है ?
    (a) वायु   (b) काँसा
    (c) गन्ना   (d) दूध

13. वह पदार्थ जो रासायनिक संयोग से बनता है कहलाता है :
    (a) तत्व   (b) मिश्रण
    (c) यौगिक   (d) इनमें से कोई नहीं

14. यौगिकों के लिए कौन-सा कथन गलत है ?
    (a) यौगिक हमेशा समांगी होते हैं
    (b) यौगिक बनने में ऊर्जा अवशोषित होती है या निष्कासित होती है
    (c) यौगिकों के गुण इनके घटकों के गुण के समान होते हैं
    (d) यौगिक के घटकों के द्रव्यमान का निश्चित अनुपात होता है

15. निम्न में कौन सा तत्व है ?
    (a) प्लॉस्टिक   (b) एल्कोहल
    (c) सोना   (d) बर्फ

16. मिश्रण के लिए कौन-सा कथन असत्य है ?
    (a) इसके घटक किसी भी अनुपात में हो सकते हैं
    (b) ये समांगी होते हैं
    (c) इनके गुण इसके घटकों के औसत गुण होते हैं
    (d) इनके बनने में बहुत कम ऊर्जा परिवर्तन होता है

17. निम्न में से कौन-सा यौगिक तीन तत्वों से बना है ?
    (a) सोडियम क्लोराइड   (b) नाइट्रिक एसिड

(c) क्लोरिक | (d) जल

18. मिट्टी है एक :
   (a) तत्व | (b) मिश्रण
   (c) यौगिक | (d) इनमें से कोई नहीं

19. बर्फ का टुकड़ा है एक :
   (a) तत्व | (b) यौगिक
   (c) मिश्रण | (d) इनमें से काई नहीं

20. एक शुद्ध पदार्थ का निश्चित भार जिसमें कोई अन्य पदार्थ नहीं मिलाया गया है, इस पदार्थ से समान भार के दो या अधिक पदार्थ रासायनिक प्रक्रिया द्वारा बनाए गए हैं, इस पदार्थ को कह सकते हैं :
   (a) एक तत्व | (b) एक यौगिक
   (c) मिश्रण | (d) इनमें से कोई नहीं

21. गैसोलीन है एक :
   (a) मिश्रण | (b) यौगिक
   (c) तत्व | (d) इनमें से कोई नहीं

22. एक पदार्थ से रासायनिक प्रक्रियाओं द्वारा दो या अधिक पदार्थ बनाने में असफल रहें तो फिर यह पदार्थ क्या है ?
   (a) तत्व | (b) यौगिक
   (c) मिश्रण | (d) इनमें से कोई नहीं

23. पीतल है एक :
   (a) यौगिक | (b) तत्व
   (c) मिश्रण | (d) मिश्र धातु

24. कई तत्व कुछ गुण धातुओं को दर्शाते हैं और कुछ गुण अधातुओं को; ऐसे तत्वों को कहा जाता है :
   (a) कोलाइड | (b) मिश्रधातु
   (c) अर्धधातु | (d) इनमें से कोई नहीं

25. लोहा होता है एक :
   (a) यौगिक | (b) तत्व
   (c) मिश्रण | (d) मिश्रधातु

26. एक समांगी पदार्थ को, जो एक ही प्रकार के पदार्थ से बना है उसे कहते हैं :
   (a) तत्व | (b) यौगिक
   (c) मिश्रण | (d) इनमें से कोई नहीं

27. सोडियम क्लोराइड होता है एक :
   (a) यौगिक | (b) तत्व
   (c) मिश्रण | (d) मिश्रधातु

28. निम्न में कौन यौगिक है ?
   (a) वायु | (b) अमोनिया

(c) मिश्रण | (d) चिकनी मिट्टी

29. दो मिल जाने वाले विलायकों के मिश्रण से उनको किस प्रकार अलग-अलग किया जा सकता है ?
   (a) पृथ्क्करण कीप द्वारा | (b) ऊर्ध्वपातन द्वारा
   (c) आसवन द्वारा | (d) छानकर

30. सोडियम क्लोराइड सल्फर, रेत तथा लोहे के कतरनों के मिश्रण को कॉर्बन डाइसल्फाइड में मिलाया गया तथा फिल्टर पेपर पर छान लिया। निस्पंद (छना हुआ पदार्थ) को चाइना डिश में सूखने देते हैं। चाइना डिश में वाष्पन के पश्चात् क्या बचेगा ?
   (a) रेत | (b) सल्फर
   (c) लोहे की कतरनें | (d) साधारण नमक

31. दो पदार्थों A तथा B को मिलाकर एक पदार्थ 'C' बनाया गया है। इस प्रक्रिया में ऊष्मा उन्मोचित हुई। 'C' के गुण A तथा B से बिल्कुल भिन्न हैं तो 'C' पदार्थ है :
   (a) एक यौगिक | (b) एक तत्व
   (c) एक मिश्रण | (d) इनमें से कोई नहीं

32. वे पदार्थ जिसको भौतिक साधनों से अलग किया जा सकता है, कहलाता है :
   (a) तत्व | (b) यौगिक
   (c) मिश्रण | (d) इनमें से कोई नहीं

33. अमोनियम क्लोराइड व सोडियम क्लोराइड के मिश्रण को अलग-अलग कैसे किया जा सकता है ?
   (a) ऊर्ध्वपातन से | (b) आसवन से
   (c) छानकर | (d) वाष्पन से

34. सल्फर तेजी से घुलनशील है :
   (a) जल में | (b) एल्कोहल में
   (c) कॉर्बन डाइऑक्साइड में | (d) बैंजीन में

35. एथिल एल्कोहल व जल के मिश्रण को अलग-अलग करने की विधि :
   (a) छानना | (b) वाष्पन
   (c) प्रभाजी आसवन | (d) ऊर्ध्वपातन

36. रेत को पानी से अलग करने की विधि है :
   (a) ऊर्ध्वपातन | (b) आसवन
   (c) छानना | (d) वाष्पन

37. रेत को कपूर से अलग करने की विधि होती है :
   (a) उर्ध्वपातन | (b) आसवन
   (c) छानना | (d) चुम्बकीय पृथक्करण

38. रेत, सल्फर, साधारण नमक तथा आयोडीन के मिश्रण को गर्म करने पर ऊर्ध्वपातित प्राप्त होता है :
  (a) आयोडीन   (b) रेत
  (c) सल्फर   (d) साधारण नमक

39. आज तक कुल कितने तत्वों की खोज की जा चुकी है ?
  (a) 100   (b) 101
  (c) 102   (d) 105

40. एक ठोस विलेय पदार्थ को विलयन से किस प्रकार अलग किया जा सकता है ?
  (a) छानकर   (b) ऊर्ध्वपातन द्वारा
  (c) वाष्पन द्वारा   (d) पृथक्करण कीप द्वारा

41. पृथ्वी की भूपर्पटी में प्रचुर मात्रा में मिलने वाला तत्व है:
  (a) नाइट्रोजन   (b) आयरन
  (c) एल्यूमीनियम   (d) सिलिकॉन

42. गैस विलायक में ठोस विलेय के एक मिश्रण का एक उदाहरण है :
  (a) वायु में नमी   (b) झील का पानी
  (c) धुआँ   (d) सिरका

43. एक पदार्थ दो या दो से अधिक प्रकार के पदार्थों से बना है। दोनों पदार्थों के गुण उसमें निहित हैं तो उस पदार्थ को कहेंगे :
  (a) तत्व   (b) यौगिक
  (c) मिश्रण   (d) इनमें से कोई नहीं

44. वायु है एक :
  (a) यौगिक   (b) तत्व
  (c) मिश्रण   (d) मिश्रधातु

45. आयरन की कतरनों को रेत से अलग करने की विधि है :
  (a) वाष्पन   (b) चुम्बकीय पृथक्करण
  (c) आसवन   (d) इनमें से कोई नहीं

46. किसी तत्व को नाम के स्थान पर छोटे रूप में लिखते हैं उसे कहते हैं :
  (a) संकेत   (b) अणुसूत्र
  (c) रासायनिक समीकरण   (d) इनमें से कोई नहीं

47. कैल्सियम ऑक्साइड का अणुसूत्र है :
  (a) Ca_2O (b) CaO
  (c) CaO_2 (d) इनमें से कोई नहीं

48. सन्तुलित रासायनिक समीकरणों से किस बात का पता नहीं लगता ?
  (a) अभिकारकों व उत्पादों की स्थिति
  (b) प्रत्येक प्रकार के अणु तथा परमाणु की तुलनात्मक संख्या
  (c) अभिक्रिया में लिप्त अभिकारक तथा उत्पाद की संरचना
  (d) अभिक्रिया पूर्ण है या अपूर्ण

49. संकेतों के संयोग से बने यौगिक के निश्चित भार (द्रव्यमान) को कहते हैं :
  (a) समीकरण   (b) सूत्र
  (c) संकेत   (d) इनमें से कोई नहीं

50. हाइड्रोजन का परमाणु भार होता है :
  (a) 15.999   (b) 12.01
  (c) 1.008   (d) 14.007

51. समीकरण में रिक्त स्थान भरिए :
$$K_2Cr_2O_7 + 4H_2SO_4 \rightarrow K_2SO_4 + \text{.......} + 4H_2O + 3(O)$$
  (a) $Cr_2(SO_4)_3$ (b) $2CrSO_4$
  (c) $Cr_2(SO_4)_2$ (d) $2Cr(SO_4)_2$

52. सन्तुलित समीकरण में अभिकारक की तरफ व उत्पादों की तरफ संख्या समान होती है :
  (a) परमाणुओं की   (b) मोलों की
  (c) अणुओं की   (d) आयनों की

53. यदि 12 g कार्बन 32 g ऑक्सीजन से संयोग करता है तो कितने ग्राम कार्बन 64 ग्राम ऑक्सीजन से संयोग करेगा ?
  (a) 6 g   (b) 12 g
  (c) 24 g   (d) 32 g

54. नाइट्रोजन का संकेत होता है :
  (a) Ne (b) N
  (c) Np (d) Ni

55. निकल का संकेत है :
  (a) Ne (b) N
  (c) Np (d) Ni

56. $(NH_4)_2SO_4$ में कुल परमाणुओं की संख्या है :
  (a) 10   (b) 14
  (c) 15   (d) 7

57. ऑक्सीजन के हाइड्राइड का सही सूत्र है :
  (a) H_2O (b) H_2O_2
  (c) H_2O (d) इनमें से कोई नहीं

58. एक सन्तुलित समीकरण निम्न के अनुसार होता है :
- (a) संवेग का संरक्षण का नियम
- (b) द्रव्यमान का संरक्षण का नियम
- (c) डॉल्टन का परमाणु का नियम
- (d) स्थिर अनुपात का नियम

59. ऑक्सीजन का परमाणु भार होता है :
- (a) 15.999
- (b) 12.01
- (c) 1.008
- (d) 14.007

60. पोटेशियम डाइक्रोमेट का सूत्र है :
- (a) K_2CrO_4
- (b) K_2CrO_5
- (c) K_2CrO_6
- (d) $K_2Cr_2O_7$

61. आयरन की संयोजकता 3 होती है। सल्फेट की संयोजकता 2 है। फेरिक सल्फेट का सूत्र होगा :
- (a) $Fe_2S_2O_4$
- (b) $Fe_2(SO_4)_3$
- (c) $Fe_3(SO_4)_2$
- (d) $FeSO_4$

62. एक इकाई सूत्र में तत्व के मोल की वास्तविक संख्या को कहा जाता है :
- (a) सरल सूत्र
- (b) मोलर सूत्र
- (c) वास्तविक सूत्र
- (d) रासायनिक सूत्र

63. ब्रोमीन के 3 अणुओं को सही रूप से निम्नलिखित द्वारा प्रदर्शित किया जाता है :
- (a) $6Br$
- (b) $3Br_2$
- (c) $2Br_3$
- (d) Br_6

64. मैग्नीशियम फास्फेट का अणुसूत्र है :
- (a) $Mg(PO_4)_2$
- (b) $MgPO_4$
- (c) $Mg_3(PO_4)_2$
- (d) Mg_2PO_4

65. लाल सीसा (सिंदूर) का सूत्र है :
- (a) PbO_2
- (b) Pb_3O_4
- (c) Pb_2O_3
- (d) PbO

66. रासायनिक समीकरण का तात्पर्य है :
- (a) अभिक्रियाशील अणुओं के भौतिक तथा रासायनिक गुणों का प्रदर्शन
- (b) एक यौगिक को तैयार करने के लिए आवश्यक सूचनाएँ
- (c) संकेतों व सूत्रों के जरिए रासायनिक परिवर्तन का प्रदर्शन
- (d) इनमें से कोई नहीं

67. एक धात्विक सल्फेट का सूत्र MSO_4 है। उस धातु के क्लोराइड का सूत्र होगा :
- (a) M_2Cl_3
- (b) M_2Cl
- (c) MCl_2
- (d) MCl_4

68. समीकरण $X + O_2 \rightarrow XO_2$, में O_2 प्रदर्शित करती है दो:
- (a) परमाणु
- (b) अणु
- (c) ऑक्सीजन के ग्राम
- (d) मोल

69. एक द्विप्रणाली यौगिक में 87.5% नाइट्रोजन और 12.5% हाइड्रोजन है। इस यौगिक का सरलतम सूत्र क्या है ?
- (a) NH_2
- (b) N_2H_3
- (c) NH_3
- (d) NH

70. एक धात्विक कार्बोनेट का सूत्र MCO_3 है। धातु का सल्फाइड सूत्र क्या होगा ?
- (a) MS_2O_3
- (b) MS
- (c) M_2S
- (d) MSO_4

71. यौगिक का वह सूत्र, जिसके अणु में परमाणुओं की संख्या का अनुपात सरलतम पूर्ण संख्या में है, को कहते हैं :
- (a) सरलतम सूत्र
- (b) वास्तविक सूत्र
- (c) मोलर सूत्र
- (d) रासायनिक सूत्र

72. सोडियम थायोसल्फेट का सूत्र है :
- (a) Na_2SO_3
- (b) $Na_2S_2O_3$
- (c) $NaHSO_3$
- (d) $NaHSO_4$

73. 60 ग्राम कार्बन से संयोग करके कार्बन डाइऑक्साइड बनाने के लिए आवश्यक ऑक्सीजन की मात्रा की (ग्राम में) गणना कीजिए :
- (a) 30 g
- (b) 120 g
- (c) 16 g
- (d) 160 g

74. 8 ग्राम ऑक्सीजन प्राप्त करने के लिए कितने ग्राम मरक्यूरिक ऑक्साइड की आवश्यकता होगी ?
$[Hg = 200.6, O = 16]$
- (a) 1.083 g
- (b) 10.83 g
- (c) 108.3 g
- (d) 1083 g

75. यदि 30 ग्राम कार्बन की अभिक्रिया ऑक्सीजन से की जाती है तो कितने ग्राम कार्बन डाइऑक्साइड बनेगी ?
- (a) 11 g
- (b) 22 g
- (c) 110 g
- (d) 1100 g

76. निम्न समीकरण की पूर्ति कीजिए :
$$6FeSO_4 + 3H_2SO_4 + 2HNO_3 \rightarrow$$
$$3Fe_2(SO_4)_3 + 4H_2O + ...$$
- (a) NO_2
- (b) NO
- (c) $2NO$
- (d) N_2O_4

77. 76 ग्राम कार्बन डाइऑक्साइड तैयार करने के लिए

कितने ग्राम ऑक्सीजन की अभिक्रिया कार्बन से होगी :

(a) 5.53 g (b) 55.3 g
(c) 553 g (d) 5530 g

78. निम्न रासायनिक समीकरण को पूरा कीजिए :

$Cu + \ldots\ldots \rightarrow Cu(NO_3)_2 + 2NO_2 + 2H_2O$

(a) HNO_3 (b) $2HNO_2$
(c) $2HNO_3$ (d) $4HNO_3$

79. जब 36.48 g मैग्नीशियम की अभिक्रिया ऑक्सीजन से होती है तो कितने ग्राम मैग्नीशियम ऑक्साइड प्राप्त होगा ?

(a) 0.6048 g (b) 6.048 g
(c) 60.48 g (d) 604.8 g

80. 2 ग्राम पानी तथा एक ग्राम कार्बन डाइऑक्साइड के अणुओं में क्या अनुपात होगा ?

(a) 1 : 2 (b) 2 : 1
(c) 9 : 44 (d) 44 : 9

81. निम्न समीकरण को पूरा करने के लिए उचित गुणांक को चुनिए :

$$2KMnO_4 + 3H_2SO_4 \rightarrow$$
$$K_2SO_4 + 2MnSO_4 + 3H_2O + \ldots(O)$$

(a) 1 (b) 2
(c) 3 (d) 5

82. 1 मोल मीथेन को पूर्ण रूप से जलाने के लिए ऑक्सीजन की आवश्यकता होगी :

(a) 8 g (b) 16 g
(c) 32 g (d) 64 g

83. $Al_2(SO_4)_3$ में लगभग कितने प्रतिशत सल्फर (भार के हिसाब से) होगी ?

(a) 7 (b) 14
(c) 56 (d) 28

84. 3 मोल मीथेन के दहन से कितनी CO_2 प्राप्त होगी ?

(a) 3 ग्रा० (b) 9 ग्रा०
(c) 44 ग्रा० (d) 132 ग्रा०

85. 10 मोल जल प्राप्त करने के लिए CH_4 (मीथेन) की कितनी मात्रा चाहिए ?

(a) 2.5 मोल (b) 5.0 मोल
(c) 10.0 मोल (d) 25.0 मोल

86. गैसों के एक मिश्रण में प्रत्येक गैस का दाब उतना ही है जितना कि उसी आयतन तथा ताप पर उस अकेली गैस का होता। इस व्यक्तिगत दाब को आंशिक दाब कहते हैं। सभी घटक गैसों का आंशिक दाब का योग मिश्रण के कुल दाब के समान होता है। यह कथन सम्बन्धित है :

(a) आंशिक आयतन का एम्गत का नियम
(b) आंशिक दाब का एम्गत का नियम
(c) आंशिक दाब का डाल्टन का नियम
(d) आंशिक आयतन का डाल्टन का नियम

87. गुणित अनुपात का नियम यौगिकों के निम्न युग्मों से समझाया जा सकता है :

(a) HCl और HNO_3 (b) KOH और KCl
(c) N_2O व NO (d) H_2S व SO_2

88. गैसों के विसरण की दर उनके घनत्व के वर्गमूल के व्युत्क्रमानुपाती होती है। यह नियम जाना जाता है :

(a) गैसों के विसरण का गे लुसाक नियम
(b) गैसों के विसरण का ग्राहम का नियम
(c) गैसों के विसरण का एम्गत का नियम
(d) गैसों के विसरण का डाल्टन का नियम

89. समान ताप व दाब की स्थिति में समान मोलों की संख्या वाली गैसों का आयतन भी समान होता है। यह नियम दिया था :

(a) बर्जिलियस ने (b) डाल्टन ने
(c) गे लुसाक ने (d) अवोगाद्रो ने

90. गे लुसाक का नियम उन गैसों के लिए नहीं है जो गैसें:

(a) अभिक्रिया नहीं करतीं
(b) एक दूसरे से अभिक्रिया करती हैं
(c) विसरण करती हैं
(d) सभी सत्य हैं

91. Fe_2O_3 तथा FeO में ऑक्सीजन के भारों में अनुपात होगा :

(a) 3 : 2 (b) 3 : 1
(c) 2 : 1 (d) 1 : 2

92. जब दो या अधिक गैसें किसी रासायनिक अभिक्रिया में भाग लेती हैं तो उनके आयतनों में अनुपात को छोटी पूर्ण संख्याओं में व्यक्त किया जाता है, बशर्ते कि आयतन समान ताप व दाब पर मापे गए हों। यह कथन सम्बन्ध रखता है :

(a) आयतनों के संयोजन वाले डाल्टन के नियम से
(b) आयतनों के योग वाले गे लुसाक के नियम से

(c) आयतनों के योग वाले ग्राहम के नियम से

(d) आयतनों के योग वाले एम्गत के नियम से

93. SO_2 तथा SO_3 में ऑक्सीजन के भारों का निश्चित मात्रा की सल्फर के साथ अनुपात $2:3$ है। यह उदाहरण किस नियम के लिए है :

(a) गुणित अनुपात का नियम

(b) विलोमानुपात का नियम

(c) गे लुसाक का नियम

(d) स्थिर अनुपात का नियम

94. फॉस्फोरस व क्लोरीन के दो यौगिक PCl_3 तथा PCl_5 हैं। ये किस नियम से सम्बन्ध रखते हैं ?

(a) स्थिर अनुपात का नियम

(b) गुणित अनुपात का नियम

(c) व्युत्क्रमानुपात का नियम

(d) द्रव्यमान का संरक्षण का नियम

95. CuO में कॉपर व ऑक्सीजन की प्रतिशतता विभिन्न प्रयोगों से ज्ञात की गई। सभी समान प्राप्त हुई। यह किस नियम का सत्यापन है ?

(a) स्थिर अनुपात का नियम

(b) गुणित अनुपात का नियम

(c) विलोमानुपात का नियम

(d) इनमें से कोई नहीं

96. वायु है :

(a) तत्व   (b) यौगिक

(c) मिश्रण   (d) इनमें से कोई नहीं

97. पानी की स्थायी कठोरता को कैसे दूर किया जा सकता है :

(a) उबाल कर   (b) चूना मिलाकर

(c) परम्यूटिट   (d) इनमें से कोई नहीं

98. किस ताप पर जल में प्रसार होता है :

(a) $4°C$ के ऊपर   (b) $4°C$ के नीचे

(c) $0°C$ (d) इनमें से कोई नहीं

99. शुद्ध पानी की आपूर्ति का स्रोत है :

(a) कुएँ   (b) नदी

(c) वर्षा   (d) समुद्र

100. जल की प्रकृति होती है :

(a) अम्लीय   (b) क्षारीय

(c) उदासीन   (d) इनमें से कोई नहीं

101. मैग्नीशियम गर्म पानी से अभिक्रिया करता है तो प्राप्त

होता है :

(a) $MgO + H_2$ (b) $Mg(OH)_2 + H_2$

(c) $MgH_2 + H_2 + O_2$ (d) इनमें से कोई नहीं

102. निम्न में से कौन जल को कीटाणु रहित करने के लिए प्रयोग होता है :

(a) NH_3 (b) HBr

(c) Cl_2 (d) इनमें से कोई नहीं

103. पानी साफ करने के लिए कालगॉन विधि में रसायन प्रयोग होता है :

(a) चूना

(b) सोडियम कार्बोनेट

(c) सोडियम हेक्सा-मेटाफॉस्फेट

(d) सोडियम एल्यूमीनियम सल्फेट

104. जल गैस इनका मिश्रण है :

(a) $CO + H_2O$ (b) $CO + H_2$

(c) $CO + N_2$ (d) $CO_2 + H_2$

105. भारी जल का घनत्व होता है :

(a) साधारण जल से अधिक

(b) साधारण जल के समान

(c) साधारण जल से कम

(d) एक

106. भारी जल (गुरुजल) को प्राप्त किया जाता है :

(a) भारी लवणों को जल में घोलने से

(b) जल का सरल विद्युत अपघटन से

(c) जल के लम्बे समय तक विद्युत अपघटन से

(d) इनमें से कोई नहीं

107. भारी जल जम जाता है :

(a) $0°C$ पर   (b) $-3°C$ पर

(c) $5°C$ पर   (d) $3.82°C$ पर

108. जल की अस्थायी कठोरता किसके कारण होती है ?

(a) Ca व Mg (b) Ba व Sr

(c) Na व K (d) इनमें से कोई नहीं

109. जब साबुन को कठोर जल में मिलाया जाता है तब

(a) झाग नहीं बनते

(b) शीघ्रता से झाग बन जाते हैं

(c) इसका कोई प्रभाव नहीं होता

(d) इनमें से कोई नहीं

110. भारत में भारी जल कहाँ पर तैयार किया जाता है ?

(a) नाँगल   (b) दिल्ली

(c) कलकत्ता   *(d)* इनमें से कोई नहीं

111. जल की कठोरता दूर करने की विधि :

    (a) शुद्धिकरण   *(b)* आसवन

    (c) जल को निर्मल बनाना *(d)* इनमें से कोई नहीं

112. कठोरता के स्तर को कैल्सियम कार्बोनेट के भार के जल में उपस्थित भागों की संख्या से परिभाषित कर सकते हैं :

    (a) जल के भार का 10 लाखवाँ भाग

    (b) जल के भार का हजारवाँ भाग

    (c) जल के भार का सौवां भाग

    (d) इनमें से कोई नहीं

113. भारी जल का क्वथनांक होता है :

    (a) 100°C   *(b)* 99°C

    (c) 110°C   *(d)* 101.4°C

114. निम्न में से किस विधि द्वारा पानी की कठोरता दूर नहीं की जा सकती ?

    (a) छानना   *(b)* क्लॉर्क विधि

    (c) धावन सोडा मिलाने पर*(d)* कालगॉन विधि

115. निम्न में कौन-सा यौगिक नाभिकीय रिएक्टर में मंदक के रूप में प्रयोग होता है ?

    (a) जल   *(b)* भारीजल

    (c) भारी हाइड्रोजन   *(d)* इनमें से कोई नहीं

116. हाइड्रोजन का एक इलेक्ट्रान देने पर H$^+$ आयन बन जाता है। यह गुण मिलता है :

    (a) क्षारीय धातुओं से

    (b) हैलोजन से

    (c) क्षारीय अर्ध-मेटल से

    (d) इनमें से कोई नहीं

117. आवर्त सारिणी में हाइड्रोजन पहला तत्व है। हाइड्रोजन के नाभिक में होते हैं :

    (a) एक प्रोटान और एक न्यूट्रॉन

    (b) एक प्रोटान व कोई न्यूट्रॉन नहीं

    (c) दो प्रोटान व दो न्यूट्रॉन

    (d) एक प्रोटान व दो न्यूट्रॉन

118. कमरे के ताप पर किस धातु की जल के साथ क्रिया से हाइड्रोजन बनायी जा सकती है ?

    (a) सोडियम   *(b)* ऑयरन

    (c) विस्मथ   *(d)* लैड

119. लेन प्रक्रिया में किस धातु को भाप से अपचयित किया

जा सकता है ?

    (a) कैल्सियम   *(b)* बेरियम

    (c) सोडियम   *(d)* ऑयरन

120. हाइड्रोजन को निम्न में किस क्रिया द्वारा नहीं बनाया जा सकता ?

    (a) तनु अम्ल की Zn के साथ

    (b) NaOH की Zn के साथ

    (c) सांद्र HNO$_3$ की Zn के साथ

    (d) HCl की Zn के साथ

121. हाइड्रोजन किसके साथ सीधे अभिक्रिया नहीं करती ?

    (a) Na   *(b)* Zn

    (c) K   *(d)* Ca

122. प्लेटिनम द्वारा हाइड्रोजन के अवशोषण को कहते हैं:

    (a) अवरोधन   *(b)* हाइड्रोजनीकरण

    (c) अपचयन   *(d)* इनमें से कोई नहीं

123. ऑक्सी-हाइड्रोजन ज्वाला का ताप होता है :

    (a) 200 — 250°C   *(b)* 2000 — 2500°C

    (c) 2000 — 9000°C   *(d)* इनमें से कोई नहीं

124. कौन-सा एसिड मैग्नीशियम के साथ H$_2$ गैस देता है?

    (a) सांद्र नाइट्रिक एसिड

    (b) तनु हाइड्रोक्लोरिक एसिड

    (c) तनु नाइट्रिक एसिड

    (d) तनु फॉस्फोरिक एसिड

125. हाइड्रोजन गैस को तेलों में से प्रवाहित कराया जाता है जिससे कि :

    (a) द्रवित तेल को ठोस तेल में बदलने के लिए

    (b) असंतृप्त हाइड्रोकार्बन को संतृप्त हाइड्रोकार्बन में बदलने के लिए

    (c) निम्न स्तर के तेल को उच्च स्तर के तेल में बदलने के लिए

    (d) सभी कथन सत्य हैं

126. कार्बन मोनो ऑक्साइड नीली लौ के साथ जलती है तो हाइड्रोजन किस रंग की लौ के साथ जलेगी ?

    (a) धुएँ वाली लौ

    (b) पीली लौ

    (c) भूरी नीले रंग की लौ

    (d) पीली-नीली लौ

127. पैलेडियम की सतह पर से H$_2$ को रोकने की प्रक्रिया को कहते हैं :

    (a) अवशोषण   *(b)* रुकावट करना

(c) हाइड्रोजनीकरण   (d) अवरोधन

128. अम्लीय पोटेशियम परमैंगनेट को कौन रंगहीन कर देता है ?

(a) साधारण हाइड्रोजन   (b) नवजात हाइड्रोजन

(c) ऑक्सीजन   (d) नाइट्रोजन

129. निम्न में से कौन-सी धातु बेसिक हाइड्राक्साइड से क्रिया करके हाइड्रोजन निष्कासित करती है ?

(a) कॉपर   (b) जिंक

(c) मैग्नीशियम   (d) ऑयरन

130. हाइड्रोजन के समस्थानिक होते हैं :

(a) 1   (b) 2

(c) 3   (d) 4

131. परमाण्विक हाइड्रोजन की अर्धआयु होती है :

(a) सैकेण्ड का कोई भाग (b) एक मिनट

(c) एक घंटा   (d) एक दिन

132. परमाण्विक हाइड्रोजन जब निम्न से क्रिया करती है तो फार्मल्डीहाइड देती है :

(a) CO (b) C_2H_2

(c) O_2 (d) C

133. वायुयान में हाइड्रोजन के स्थान पर प्रयोग होती है :

(a) नाइट्रोजन   (b) हीलियम

(c) ऑक्सीजन   (d) आर्गन

134. हाइड्रोजन के विभिन्न समस्थानिकों में होते हैं भिन्न-भिन्न:

(a) इलेक्ट्रान   (b) प्रोटान

(c) न्यूट्रॉन   (d) इनमें से कोई नहीं

135. निम्न में कौन-सा कथन असत्य है ?

(a) ऊष्माशोषी अभिक्रियाओं में हाइड्रोजन का वियोजन होता है

(b) उत्सर्जन के समय हाइड्रोजन, साधारण दशा की हाइड्रोजन से अधिक क्रियाशील होती है

(c) परमाण्विक हाइड्रोजन शक्तिशाली उपचायक हैं

(d) परमाण्विक हाइड्रोजन शक्तिशाली अपचायक है

136. परमाण्विक हाइड्रोजन एसीटिलीन से अभिक्रिया करके बनाती है :

(a) मीथेन   (b) ईथेन

(c) प्रोपेन   (c) इनमें से कोई नहीं

137. सिलिकॉन व ऑयरन की मिश्रधातु व सोडियम हाइड्रोक्साइड की अभिक्रिया से हाइड्रोजन प्राप्त होती है। इस प्रक्रिया का नाम है :

(a) हाइड्रोजीनाइट प्रक्रिया

(b) सिलिकॉन प्रक्रिया

(c) लेन प्रक्रिया

(d) बोश प्रक्रिया

138. मिलीटरी (फौज) के कार्यों के लिए हाइड्रोजन उत्पन्न की जाती है :

(a) सोडियम हाइड्राइड से

(b) मैग्नीशियम हाइड्राइड से

(c) कैल्सियम हाइड्राइड से

(d) सभी सत्य हैं

139. द्रवित H_2 का क्वथनांक होता है :

(a) $-25.3°C$ (b) $-253°C$

(c) $-2.53°C$ (d) इनमें से कोई नहीं

140. हाइड्रोजन अणु दो रूपों में जाने जाते हैं ऑर्थो तथा पैरा हाइड्रोजन। इन परमाणुओं के नाभिक स्पिन कर रहे हैं। वह हाइड्रोजन का रूप जिसमें दो नाभिक विपरीत दिशा में स्पिन कर रहे होते हैं, कहलाता है:

(a) ऑर्थो हाइड्रोजन

(b) पैरा हाइड्रोजन

(c) दोनों होते हैं

(d) न तो ऑर्थो और न ही पैरा हाइड्रोजन

141. ऑक्सीजन का उत्पादन पोटेशियम से किया जाता है। मैगनीज डाइऑक्साइड का कार्य है :

(a) उत्प्रेरक   (b) क्रियावाहक

(c) उपचायक   (d) अजलीय एजेण्ट

142. द्रवित वायु से ऑक्सीजन उत्पादित करने की विधि है:

(a) डैवी की विधि   (b) क्लौड विधि

(c) डाउन विधि   (d) इनमें से कोई नहीं

143. निम्न में से कौन-सा ऑक्साइड गर्म करने पर विघटित होकर ऑक्सीजन देता है ?

(a) Ag_2O (b) HgO

(c) MnO_2 (d) CaO

144. ऑक्सीजन को विसर्जन नली में से 1 मिमी० दाब पर गुजारा जाय तो किस प्रकार की ऑक्सीजन प्राप्त होगी ?

(a) उत्तेजित ऑक्सीजन   (b) नवजात ऑक्सीजन

(c) परमाण्विक ऑक्सीजन (d) आण्विक ऑक्सीजन

145. निम्न में कौन-से उदासीन ऑक्साइड होते हैं ?

(a) SO_2 (b) CaO

(c) NO (d) CO_2

146. निम्न में से कौन-सा संयुक्त ऑक्साइड नहीं है ?
(a) Pb_3O_4 (b) PbO
(c) Fe_3O_4 (d) Mn_3O_4

147. निम्न में से कौन सा वास्तविक परऑक्साइड है ?
(a) MnO_2 (b) PbO_2
(c) Na_2O_2 (c) TiO_2

148. ऑक्सीजन निम्न में अवशोषित नहीं होती :
(a) क्षारीय क्रोमस सल्फेट
(b) क्षारीय पोटेशियम पाइरोग्लेट
(c) क्युप्रस क्लोराइड का अमोनिकल विलयन
(d) क्रोमस क्लोराइड का अम्लीय विलयन

149. क्युप्रस क्लोराइड को हवा में खुला छोड़ दिया जाय तो उसका रंग हो जाता है :
(a) नीला (b) हरा
(c) हल्का नीला (d) पीला हरा

150. निम्न में से कौन सा ऑक्साइड जल के साथ अभिक्रिया करके ऑक्सीजन देता है ?
(a) पर ऑक्साइड (b) बहु ऑक्साइड
(c) नार्मल ऑक्साइड (d) संयौगिक ऑक्साइड

151. ऑक्सीजन की क्रिया :
(a) नीले लिटमस को लाल कर देती है
(b) लाल लिटमस को नीला कर देती है
(c) लिटमस को रंगहीन कर देती है
(d) लिटमस के प्रति उदासीन है

152. शुष्क वायु में निम्न गैसों में कौन-सी गैस अधिक अनुपात में है ?
(a) नाइट्रोजन (b) ऑक्सीजन
(c) कॉर्बन डाइऑक्साइड (d) आर्गन

153. मैंगनीज डाइऑक्साइड को किस एसिड के साथ क्रिया कराते हैं तो ऑक्सीजन प्राप्त होती है ?
(a) तनु हाइड्रोक्लोरिक एसिड
(b) सांद्र हाइड्रोक्लोरिक एसिड
(c) तनु सल्फ्यूरिक एसिड
(d) सांद्र सल्फ्यूरिक एसिड

154. ऑक्सीजन का अणु .... का गुण दर्शाता है।
(a) लौह चुम्बकत्व (b) प्रति चुम्बकत्व
(c) अनु चुम्बकत्व (d) इनमें से कोई नहीं

155. ओजोन का सूत्र है :
(a) O (b) O_2

(c) O_3 (d) O_4

156. ऊष्मा उन्मोचन प्रक्रिया में पदार्थों का ऑक्सीजन के साथ संयोजन कहलाता है :
(a) उपचयन (b) दहन
(c) विघटन (d) जलना

157. वायुमण्डल में ऑक्सीजन की उपस्थिति आधिक-से-अधिक है :
(a) 50% (b) 33.33%
(c) 25% (d) 21%

158. .... में ऑक्सीजन की उपचयन अवस्था +2 है।
(a) H_2O (b) Na_2O_2
(c) F_2O (d) MgO

159. जब थोड़ा-सा जलता हुआ फॉस्फोरस ऑक्सीजन से भरे जार में ले जाया जाता है तो वह रंगीन लौ के साथ तेजी से जलने लगता है। वह रंग है :
(a) तेज नीली लौ
(b) चमकदार सफेद लौ
(c) पीली लौ
(d) हरी-पीली लौ

160. ऑक्सीजन की सहायता से SO_2 को SO_3 में परिवर्तित करना है एक :
(a) उत्क्रमणीय प्रक्रिया
(b) ऊष्माशोषी अभिक्रिया
(c) ऊष्मा-उन्मोची अभिक्रिया
(d) इनमें से कोई नहीं

161. आयतन के हिसाब से नाइट्रोजन की वायु में मात्रा है:
(a) 20% (b) 25%
(c) 50% (d) 80%

162. नाइट्रोजन की खोज की :
(a) शीले ने (b) लेवोइजर ने
(c) डी. रदरफोर्ड ने (d) कैवेन्डिश ने

163. तत्व जो मिश्रित नहीं होता :
(a) N (b) P
(c) Bi (d) Sb

164. प्रयोगशाला में नाइट्रोजन निम्न में से किसको गर्म करके बनायी जाती है ?
(a) अमोनियम कार्बोनेट
(b) अमोनियम क्लोराइड व सोडियम हाइड्राक्साइड
(c) अमोनियम क्लोराइड व सोडियम नाइट्रेट
(d) यूरिया

165. क्रियाशील नाइट्रोजन प्राप्त की जा सकती है :
- *(a)* विद्युत विसर्जन करके
- *(b)* नाइट्रोजन का तापीय विघटन करके
- *(c)* नाइट्रोजन पर एसिड की क्रिया से
- *(d)* क्रियाशील धातुओं पर नाइट्राइड्स गर्म करके

166. अमोनिया को जब हैलोजन की अधिकता में गर्म किया जाता है, तब प्राप्त होता है :
- *(a)* N_2, NCl_3H_2
- *(b)* NCl_3 व HCl
- *(c)* N_2 व NH_4Cl
- *(d)* NCl_2 व HCl

167. नाइट्रस ऑक्साइड को जाना जाता है :
- *(a)* आंसू गैस
- *(b)* हंसाने वाली गैस
- *(c)* प्रोड्यूसर गैस
- *(d)* मार्श गैस

168. नाइट्रोजन के लिए कौन-सा कथन सत्य नहीं है ?
- *(a)* आवर्त सारिणी के V समूह का पहला सदस्य है
- *(b)* सभी तत्वों से अधिक विद्युत ऋणात्मकता है
- *(c)* जीवन को पनपने में सहायक नहीं है
- *(d)* भार के हिसाब से वायु का 1/4 वां भाग है

169. नाइट्रोजन के समस्थानिक रूप कितने होते हैं ?
- *(a)* दो
- *(b)* तीन
- *(c)* चार
- *(d)* कोई नहीं

170. निम्न में से कौन-सा सबसे अधिक स्थायी हाइड्राइड होता है ?
- *(a)* NH_3
- *(b)* PH_3
- *(c)* SbH_3
- *(d)* AsH_3

171. वे बैक्टीरिया जो नाइट्रेटों का विघटन करने में सहायक हैं जिससे नाइट्रोजन (N_2) स्वतंत्र होती है, उन्हें कहते हैं :
- *(a)* सिम्बोटिक बैक्टीरिया
- *(b)* नाइट्रोसोफाइंग बैक्टीरिया
- *(c)* नाइट्रीफाइंग बैक्टीरिया
- *(d)* डीनाइट्रीफाइंग बैक्टीरिया

172. लिटमस पेपर पर नाइट्रोजन की क्या क्रिया होती है?
- *(a)* नीले लिटमस को लाल कर देती है
- *(b)* लाल लिटमस को नीला कर देती है
- *(c)* लिटमस के प्रति उदासीन है
- *(d)* कोई अन्य क्रिया

173. भार के हिसाब से नाइट्रोजन व ऑक्सीजन की प्रतिशतता क्रमशः 75.5 व 23.2 है। इसलिए इनसे सरल सूत्र बनेगा
- *(a)* N_4O_{15}
- *(b)* $N_{15}O_4$
- *(c)* N_3O
- *(d)* इनमें से कोई नहीं

174. सोडियम हाइपोब्रोमाइड के पेस्ट को निम्न में किसके साथ गर्म करने पर नाइट्रोजन प्राप्त होती है ?
- *(a)* नाइट्रिक एसिड
- *(b)* नाइट्रस एसिड
- *(c)* अमोनिया
- *(d)* एमाइड

175. नाइट्रोजन को प्रदर्शित किया जा सकता है :
- *(a)* $Ca_2(CN)_2$
- *(b)* $CaCN_2$
- *(c)* CaC_2N_2
- *(d)* $CaCN$

176. अमोनिया को.............. से सुखाया जा सकता है।
- *(a)* सल्फ्यूरिक एसिड
- *(b)* बिना बुझा चूना
- *(c)* P_2O_5
- *(d)* चूने के पानी

177. कैल्सियम सायनाइड व जल की अभिक्रिया से उत्पाद प्राप्त होता है :
- *(a)* नाइट्रिक ऑक्साइड
- *(b)* नाइट्रोजन डाइऑक्साइड
- *(c)* नाइट्रोजन
- *(d)* अमोनिया

178. हेबर प्रक्रिया से अमोनिया के निर्माण में अमोनिया की उत्पादकता बढ़ाई जा सकती है यदि रखते हैं :
- *(a)* कम दाब व कम ताप
- *(b)* उच्च दाब व उच्च ताप
- *(c)* कम दाब व उच्च ताप
- *(d)* उच्च दाब व कम ताप

179. नेस्लर अभिकर्मक होता है :
- *(a)* $KHgI_4$
- *(b)* K_2HgI_4
- *(c)* $K_2HgI_4 + NH_4PH$
- *(d)* $KHI_4 + NH_4OH$

180. कॉर्बन का क्रिस्टलीय रूप है :
- *(a)* कोक
- *(b)* गैस कॉर्बन
- *(c)* कोल
- *(d)* हीरा

181. फोनोग्राफ सूई में पदार्थ उपयोग होता है :
- *(a)* कोल
- *(b)* ऑयरन (लोहा)
- *(c)* ग्रेफाइट
- *(d)* काला हीरा

182. सोडावॉटर आदि में कौन-सी गैस प्रयोग होती है ?
- *(a)* SO_2
- *(b)* NO
- *(c)* CO_2
- *(d)* H_2S

183. आग बुझाने में कौन-सी गैस प्रयोग होती है ?
- (1) SO_2
- (2) NO
- (3) CO_2
- (4) H_2

184. फास्जीन का रासायनिक सूत्र है :
    (a) $COCl_2$ (b) $SOCl_2$
    (c) S_2Cl_2 (d) CS_2

185. दिन के समय पेड़-पौधे कौन-सी गैस शोषित करते हैं?
    (a) O_2 (b) CO_2
    (c) N_2 (d) CO

186. वायु भी अग्निशामक का कार्य कर सकती है यदि इसमें कॉर्बन डाइऑक्साइड हो :
    (a) 15%   (b) 8%
    (c) 5%   (d) 2%

187. अग्निशामक में होते हैं सल्फ्यूरिक एसिड की बोतल और ....
    (a) $NaHCO_3$ (b) Na_2CO_3
    (c) $CaCO_3$ (d) $MgCO_3$

188. कॉर्बन है :
    (a) धातु   (b) अधातु
    (c) अर्धधातु   (d) इनमें से कोई नहीं

189. निम्नलिखित में से कौन-से प्रकार का कोयला प्रचलित है :
    (a) एन्थ्रासाइट   (b) बिटुमिनस
    (c) लिग्नाइट   (d) पीट

190. कॉर्बन डाइऑक्साइड :
    (a) चूने के पानी को दूधिया कर देती है
    (b) जलते मैग्नीशियम को जलने के लिए उत्साहित करती है
    (c) अपचयित हो जाती है
    (d) उपरोक्त सभी सत्य हैं

191. गन पाउडर का वह घटक जो एक अपचायक है :
    (a) KNO_3 (b) C
    (c) $CaCO_3$ (d) $KClO_3$

192. एसिड कार्बोनेटों को कहा जाता है :
    (a) कार्बोनेट   (b) ऑक्सी कार्बोनेट
    (c) बाइकार्बोनेट   (d) इनमें से कोई नहीं

193. जब कॉर्बन डाइऑक्साइड को नीले लिटमस पेपर रखे हुए पानी में गुजारा जाता है तो परिणामी विलयन हो जाता है :
    (a) लाल   (b) हरा
    (c) दूधिया   (d) नीला

194. निम्न में कौन-सा गुण CO तथा CO_2 में उभयनिष्ठ है ?
    (a) लिटमस के साथ क्रिया   (b) $Ca(OH)_2$ पर क्रिया
    (c) ऑक्साइडों पर क्रिया   (d) गैसीय अवस्था

195. निम्न में कौन दूसरों से भिन्न है ?
    (a) चाक   (b) मारबल
    (c) चूना पत्थर   (d) बुझा हुआ चूना

196. गारा मिट्टी व सफेदी दोनों में होता है :
    (a) $CaCl_2$ (b) $Ca(OH)_2$
    (c) $CaCO_3$ (d) $Ca(NO_3)_2$

197. निम्न में कौन-सा कार्बोनेट हरा होता है :
    (a) $CaCO_3$ (b) $BaCO_3$
    (c) $SrCO_3$ (d) $CuCO_3$

198. निम्न प्रक्रियाओं में किसमें CO_2 निष्कासित नहीं होती ?
    (a) प्रकाश संश्लेषण   (b) श्वसन
    (c) जलता कॉर्बन   (d) दहन

199. निम्न में से कौन-सा यौगिक है जिसे गर्म करके कॉर्बन डाइऑक्साइड प्राप्त की जा सकती है ?
    (a) Na_2CO_3 (b) $ZnCO_3$
    (c) $CaCO_3$ (d) $MgCO_3$

200. उपचयन को परिभाषित किया जाता है :
    (a) इलेक्ट्रानों का लाभ   (b) प्रोटानों का लाभ
    (c) इलेक्ट्रानों की हानि   (d) प्रोटानों की हानि

201. नीचे दी गई समीकरण में मैंगनीज की उपचयन संख्या :
$$MnO_4 + 4Fe^{2+} + 8H^+ \rightarrow Mn^{2+} + 5Fe^{3+} + 4H_2O$$
    (a) -1 से $+2$ बढ़ जाती है
    (b) $+3$ से $+2$ घट जाती है
    (c) $+7$ से $+2$ घट जाती है
    (d) परिवर्तन नहीं होता

202. जब एक लोहे की छड़ को कॉपर सल्फेट के अम्लीय विलयन में डुबोते हैं तो नीला रंग किस कारण अदृश्य हो जाता है ?
    (a) Cu^{2+} ऑयन के कारण अपचयन
    (b) कॉपर सल्फेट के कारण उपचयन
    (c) कॉपर के यौगिक का विलयन बनने के कारण
    (d) इनमें से कोई नहीं

203. निम्न अभिक्रियाओं में किसमें न तो उपचयन होता और न ही अपचयन ?
    (a) $VO^{2+} \rightarrow V_2O_3$ (b) $CrO_4^{3-} \rightarrow Cr_2O_7^{2-}$
    (c) $Na \rightarrow Na^+$ (d) $Zn^{2+} \rightarrow Zn$

204. अपचायक वह पदार्थ है जो
(a) इलेक्ट्रानों को स्वीकार करता है
(b) प्रोटानों को स्वीकार करता है
(c) इलेक्ट्रानों का दान करता है
(d) प्रोटानों का दान करता है

205. हाइड्रोजन पर-ऑक्साइड में ऑक्सीजन की उपचयन संख्या होती है :
(a) -2 (b) $+1$
(c) -1 (d) $+2$

206. निम्न में कौन शक्तिशाली अपचायक है ?
(a) F^- (b) Cl^-
(c) Br^- (d) I^-

207. अपचयन में होता है :
(a) इलेक्ट्रानों का लाभ   (b) इलेक्ट्रानों की हानि
(c) प्रोटानों का लाभ   (d) इनमें से कोई नहीं

208. वह रासायनिक अभिक्रिया जिसमें परमाणु या आयन द्वारा एक या अधिक इलेक्ट्रानों की हानि होती है उसे कहते हैं :
(a) उपचयन   (b) अपचयन
(c) उपचायक   (d) अपचायक

209. वह रासायनिक अभिक्रिया जिसमें परमाणु या आयन द्वारा एक या अधिक इलेक्ट्रानों का लाभ होता है, उसे कहते हैं :
(a) उपचयन   (b) अपचयन
(c) उपचायक   (d) अपचायक

210. एक पदार्थ जो अपचयित हो जाता है तथा उपचयित पदार्थ से इलेक्ट्रान ग्रहण करता है उसे कहते हैं :
(a) उपचयन   (b) अपचयन
(c) उपचायक   (d) अपचायक

211. एक पदार्थ जो उपचयित हो जाता है तथा अपचयित पदार्थ को इलेक्ट्रान दे देता है उसे कहते हैं :
(a) उपचयन   (b) अपचयन
(c) उपचायक   (d) अपचायक

212. $KMnO_4$ को $MnSO_4$ में बदलने की प्रक्रिया को कहते हैं :
(a) उपचयन   (b) अपचयन
(c) हाइड्रोजनीकरण   (d) अजलीयकरण

213. जब Fe^{2+} को Fe^{3+} में बदला जाता है तो
(a) प्रोटान की हानि होती है

214. कौन-सा आंशिक उपचायक है
(a) Ag_2O (b) $K_2Cr_2O_7$
(c) $KMnO_4$ (d) Cl_2

215. जब $SnCl_4$ का परिवर्तन $SnCl_2$ में होता है तो कहा जाता है कि :
(a) Sn विद्युत धनाभ है
(b) इसकी धन संयोजकता घटती है
(c) यह इलेक्ट्रान खो देता है
(d) Sn विद्युत ऋणाग्र है

216. निम्न में कौन अपचायक है ?
(a) HNO_3 (b) $KMnO_4$
(c) $(COOH)_2$ (d) $K_2Cr_2O_7$

217. हाइड्रोजन पर-ऑक्साइड है :
(a) एक उपचायक
(b) अपचायक व उपचायक दोनों
(c) एक अपचायक
(d) इनमें से कोई नहीं

218. विद्युत अपघटन प्रक्रिया में एनोड पर होता है :
(a) उपचयन   (b) अपचयन
(c) जलीयकरण   (d) इनमें से कोई नहीं

219. आयोडीन $S_2O_3^{-2}$ आयन को .... में उपचयित करता है।
(a) SO_3^{3-} (b) SO_4^{2-}
(c) $S_4O_6^{2-}$ (d) S^{2-}

220. निम्नलिखित में कौन-सा कथन अम्लों का गुण नहीं होता ?
(a) अम्ल नीले लिटमस को लाल करते हैं
(b) अम्ल लाल लिटमस को नीला करते हैं
(c) अम्ल स्वाद में खट्टे होते हैं
(d) अम्ल क्षारों के साथ मिलकर लवण बनाते हैं

221. नींबू व संतरे में जो अम्ल उपस्थित होते हैं वे हैं :
(a) एसीटिक एसिड   (b) हाइड्रोक्लोरिक एसिड
(c) नाइट्रिक एसिड   (d) ऑक्जेलिक एसिड

222. निम्न में कौन-सा दोहरा लवण है ?
(a) $CuSO_4$
(b) $K_2SO_4 \cdot Al_2(SO_4)_3 \cdot 24H_2O$
(c) $K_4[Fe(CN)_6]$

(d) NaCl

223. निम्न में से कौन एकल क्षारीय अम्ल है ?

   (a) HCl *(b)* H_3PO_3

   (c) H_2SO_4 *(d)* H_3PO_4

224. निम्न में से कौन-सा लवण पानी में अघुलनशील होता है ?

   (a) $BaSO_4$ *(b)* $MgSO_4$

   (c) $CuSO_4$ *(d)* H_3PO_4

225. निम्नलिखित में कौन-सा संयुक्त लवण का उदाहरण है ?

   (a) $K_4[Fe(CN)_6]$ *(b)* $Na_2S_2O_3$

   (c) $CuSO_4$ *(d)* $NaCl$

226. निम्न में कौन-सा मिश्रित यौगिक है ?

   (a) कैलोमल

   (b) लाल सीसा

   (c) लैड ऑक्साइड

   (d) पोटाश एलम (फिटकरी)

227. निम्न में कौन-सा लूईस बेस है ?

   (a) HCl *(b)* NH_3

   (c) HNO_3 *(d)* HF

228. निम्न में कौन-सा लवण ऐसा है जो ठंडे जल में अघुलनशील है परन्तु गर्म जल में घुलनशील है ?

   (a) $PbCl_2$ *(b)* $AgNO_3$

   (c) $NaNO_3$ *(d)* $BaCl_2$

229. निम्न में से कौन-सा लुईस बेस है ?

   (a) H_2SO_4 *(b)* NH_3

   (c) HNO_3 *(d)* HI

230. निम्न में कौन-सा प्रबल एसिड होता है ?

   (a) $HClO_4$ *(b)* H_3PO_4

   (c) HCl *(d)* H_2SO_4

231. NH_4Cl का जलीय विलयन होता है :

   (a) अम्लीय   *(b)* क्षारीय (बेसिक)

   (c) अम्लीय व क्षारीय   *(d)* उदासीन

232. लुईस की धारणा के अनुसार एम्ल वह होता है जो कर सकता है :

   (a) प्रोटानों का दान

   (b) प्रोटानों का ग्रहण

   (c) इलेक्ट्रान के युग्म का ग्रहण

   (d) इलेक्ट्रान के युग्म का दान

233. निम्न में कौन एक प्रबल बेस है ?

   (a) $(CH_3)_3NH$ *(b)* $(CH_3)_3N$

   (c) NH_3 *(d)* CH_3NH_2

234. पोटेशियम कार्बोनेट विलयन की प्रकृति होती है :

   (a) बेसिक (क्षारीय)   *(b)* अम्लीय

   (c) उदासीन   *(d)* इनमें से कोई नहीं

235. $NaCl$ एक लवण है जो बनता है :

   (a) प्रबल अम्ल व प्रबल क्षारक से

   (b) दुर्बल अम्ल व प्रबल क्षारक से

   (c) दुर्बल अम्ल व दुर्बल क्षारक से

   (d) प्रबल अम्ल व दुर्बल क्षारक से

236. ब्रोंस्टिड लौरी की धारणा के अनुसार क्षारक वह पदार्थ है जो कर सकता है :

   (a) प्रोटान का दान

   (b) प्रोटान का ग्रहण

   (c) एक इलेक्ट्रान युग्म का दान

   (d) एक इलेक्ट्रान युग्म का ग्रहण

237. H_2SO_4 का क्रियापद क्षारक है :

   (a) HSO_4^- *(b)* H_3O^+

   (c) OH^- *(d)* SO_4^{2-}

238. परिपक्व सोडियम कार्बोनेट विलयन होता है :

   (a) अम्लीय   *(b)* बेसिक (क्षारीय)

   (c) उदासीन   *(d)* इनमें से कोई नहीं

239. BaO का सम्बन्ध किससे है ?

   (a) बेसिक ऑक्साइड   *(b)* अम्लीय ऑक्साइड

   (c) उदासीन ऑक्साइड *(d)* अम्लीय क्षारीय दोनों

240. निम्न में कौन लुईस बेस है ?

   (a) HCl *(b)* HNO_3

   (c) HF *(d)* NH_3

241. Pb_3O_4 का सम्बन्ध किस एक से है ?

   (a) मिश्रित ऑक्साइड   *(b)* दोहरा ऑक्साइड

   (c) संयुक्त ऑक्साइड   *(d)* सामान्य ऑक्साइड

242. निम्न में किस लवण का जलीयकरण होता है ?

   (a) $NaNO_3$ *(b)* CH_3COOK

   (c) K_2SO_4 *(d)* KCl

243. एक द्विबेसिक अम्ल उत्पन्न कर सकता है :

   (a) साधारण लवण केवल

   (b) संयुक्त लवण

   (c) दोहरा लवण केवल

(d) अम्लीय लवण तथा साधारण नमक

244. निम्नलिखित में कौन-सा एक अम्लीय-क्षारीय ऑक्साइड है ?

(a) Al_2O_3 *(b)* SO_2

(c) P_2O_5 *(d)* BaO

245. अम्लीय लवण देते हैं :

(a) अम्लीय विलयन   *(b)* क्षारीय विलयन

(c) उदासीन विलयन   *(d)* इनमें से कोई नहीं

246. कॉर्बन का क्रिस्टलीय अपररूप है :

(a) हीरा   *(b)* कोक

(c) कोल   *(d)* गैस कॉर्बन

247. निम्नलिखित में से कॉर्बन का अक्रिस्टलीय अपररूप कौन है ?

(a) ग्रेफाइट   *(b)* कोल

(c) लैम्प ब्लैक   *(d)* चारकोल

248. निम्न में से कौन कॉर्बन का अपररूप नहीं है ?

(a) अक्रिस्टलीय कॉर्बन   *(b)* ग्रेफाइट

(c) कार्बोरेन्डम   *(d)* हीरा

249. डायमण्ड (हीरा) का घनत्व है :

(a) 3.5   *(b)* 1.5

(c) 2.5   *(d)* 1.2

250. ग्रेफाइट विद्युत का सुचालक होता है। यह होता है. .... की उपस्थिति के कारण।

(a) आबन्ध इलेक्ट्रान   *(b)* गतिशील इलेक्ट्रान

(c) प्रबल C—C आबन्ध   *(d)* इनमें से कोई नहीं

251. बोन ब्लेक (जांतव कोयला) प्राप्त होता है :

(a) लकडी को गर्म करने पर

(b) लकडी का भंजक आसवन करने पर

(c) हड्डियों को गर्म करने पर

(d) हड्डियों की HCl के साथ क्रिया करने पर

252. सबसे कम अस्थायी हाइड्राइड है :

(a) प्लम्बेन   *(b)* सिलेन

(c) स्टैने   *(d)* मीथेन

253. कॉर्बन का कौन-सा रूप रंग का अवशोषण करता है?

(a) बोन चारकोल (जांतव कोयला)

(b) हीरा

(c) कोक

(d) चारकोल

254. जब कॉर्बनयुक्त पदार्थ को गर्म किया जाता है तब काला अवशेष बचता है। ऐसे पदार्थों को संयुक्त रूप से कहते हैं :

(a) नर्म कॉर्बन   *(b)* कठोर कॉर्बन

(c) अक्रिस्टलीय कॉर्बन   *(d)* ग्रेफाइट कॉर्बन

255. निम्नलिखित कॉर्बन के अपररूपों में कौन दूसरों से सबसे भिन्न है ?

(a) लैम्प ब्लैक   *(b)* ग्रेफाइट

(c) हीरा   *(d)* शुगर चारकोल

256. निम्न में से कौन दूसरों से अलग है ?

(a) ग्रेफाइट   *(b)* चारकोल

(c) कोक   *(d)* लैम्प ब्लैक

257. ग्रेफाइट एक स्नेहक के रूप में प्रयोग किया जाता है क्योंकि :

(a) यह ऊष्मा व विद्युत का सुचालक है

(b) इसका जलना मुश्किल है

(c) यह मुलायम व चिकना है

(d) यह कार्बनिक द्रवों में अघुलनशील है

258. एक तत्व का दो या दो से अधिक भौतिक अवस्थाओं में पाया जाना कहलाता है :

(a) एनिसोट्रोपी   *(b)* इनैनिटोट्रापी

(c) अपररूपता   *(d)* समस्थानिक

259. जान्तव कोयला की रंग उड़ा देने की क्रिया होती है इसकी .... क्षमता के कारण।

(a) अवशोषण   *(b)* उपचयन

(c) अपचयन   *(d)* विघटन

260. जब कॉर्बन धातुओं से अभिक्रिया करता है तो प्राप्त होता है :

(a) धात्विक कार्बाइड

(b) धात्विक कार्बोनेट

(c) धातु के कार्बोनेट व कार्बाइड दोनों

(d) इन दोनों में से कोई नहीं परन्तु कोई दूसरा यौगिक

261. हीरे के निम्नलिखित गुणों में से कौन-सा असत्य है ?

(a) यह बहुत कठोर होता है

(b) यह ऊष्मा व विद्युत का सुचालक है

(c) यह भंगुर है

(d) इसका आकार अष्टफलकीय होता है

262. चारकोल का व्यवहार .... के साथ अति क्रियात्मक हो जाता है।

(a) क्षार   (b) रसायन

(b) रिटॉर्ट में भाप   (d) अति तप्त जल

263. कोल से नहीं मिलता :
(a) हीलियम   (b) अमोनिया
(c) कोक   (d) कोल गैस

264. लकड़ी या बिटुमिनस कोल जैसे पदार्थ को जब बन्द पात्र में गर्म किया जाता है यह सरल पदार्थों में विघटित हो जाता है। इस प्रक्रिया का नाम है :
(a) प्रभाजी आसवन   (b) बन्द आसवन
(c) भंजक आसवन   (d) क्रियाशील आसवन

265. कार्बन के रूपों में एक पदार्थ जो कठोरतम व अधिक घनत्व वाला होता है :
(a) लैम्प ब्लैक   (b) हीरा
(c) ग्रेफाइट   (d) चारकोल

266. निम्नलिखित कथनों में से कार्बन के लिए एक असत्य है :
(a) चार संयोजी इलेक्ट्रान कार्बन परमाणु को चार आबन्ध के योग्य बनाते हैं
(b) कार्बन परमाणु खुली शृंखला व शाखांकित शृंखलाएँ बनाता है
(c) कार्बन के सभी यौगिकों में कार्बन परमाणु एक दूसरे को एकल बन्ध द्वारा आयनित करते हैं
(d) कार्बन परमाणु एक दूसरे से जुड़कर लम्बी शृंखला बनाते हैं

267. कोक के संदर्भ में कौन-सा कथन गलत है ?
(a) यह बिटुमिनस कोल के भंजक आसवन से बनाया जाता है
(b) यह अत्यंत प्रभावशाली उपचायक है
(c) यह छोटी लौ के साथ जलता है। इसमें उच्च ऊष्मीय पदार्थ होते हैं तथा मूल्यवान ईंधन है
(d) यह काले सलेटी रंग का ठोस होता है, चारकोल से ज्यादा भारी है

268. निम्नलिखित में से कौन-सा एक अर्धचालक है ?
(a) ग्रेफाइट   (b) कोल
(c) लकड़ी   (d) इनमें से कोई नहीं

269. कार्बनिक यौगिक का अध्ययन, चाहे वो जीवित जीवों द्वारा नहीं बनाए गए हों, किया जाता है :
(a) कार्बनिक रसायन में
(b) अकार्बनिक रसायन में
(c) खनिज मूल की रसायन में
(d) जीव जन्तुओं की रसायन में

270. कार्बन के रासायनिक व्यवहार के बारे में निम्न में से कौन-से कथन असत्य हैं ?
(a) ऑक्सीजन के साथ संयोजन ऊष्मा उन्मोची होता है
(b) ऑक्सीजन से केवल उच्च ताप पर अभिक्रिया करता है
(c) उच्च ताप पर हाइड्रोजन से संयोग करके हाइड्रोकॉर्बन बनाता है
(d) धातु व अधातुओं दोनों के साथ संयोग कर लेता है

271. हीरे का उपयोग आभूषणों में होता है, साथ-ही-साथ यह काटने व छेदन यंत्रों में भी प्रयोग होता है क्योंकि:
(a) उच्च अपवर्तनांक   (b) अत्यधिक कठोरता
(c) उच्च विशिष्ट घनत्व   (d) शुद्धता

272. निम्नलिखित में से असत्य कथन चुनिए :
(a) कोल के भंजक आसवन से बोन चारकोल प्राप्त होता है
(b) पेट्रोलियम कोक को प्रभाजी आसवन की स्तम्भ की दीवारों से खुरचा जाता है
(c) कोल के भंजक आसवन से लैम्प ब्लैक प्राप्त होता है
(d) वायु की कम आपूर्ति में प्राकृतिक गैस को जलाकर कार्बन ब्लैक प्राप्त किया जाता है

273. कोयले के कौन-से प्रकार में अधिक कार्बन होता है?
(a) बिटुमिनस   (b) लिग्नाइट
(c) एन्थ्रासाइट   (d) पीट

274. कोल गैस प्लांट के दीवारों से खुरचे जाने वाले कार्बन को कहते हैं :
(a) एन्थ्रासाइट   (b) गैस कॉर्बन
(c) बिटुमिनस कोयला   (d) अक्रिस्टलीय कॉर्बन

275. निम्न में से कौन एक प्रिंटर इंक, शू-पालिश, काली वारनिश और पेंट बनाने में प्रयोग होता है ?
(a) लैम्प ब्लैक   (b) गैस कॉर्बन
(c) कार्बन ब्लैक   (d) बोन ब्लैक

276. कैल्सियम सुपर फास्फेट होता है :
(a) फॉस्फेटिक उर्वरक   (b) नाइट्रोजनी उर्वरक
(c) पोटाश उर्वरक   (d) इनमें से कोई नहीं

277. कैल्सियम साइनाइड है एक :
   (a) फॉस्फेटिक उर्वरक   (b) नाइट्रोजनी उर्वरक
   (c) पोटाश उर्वरक   (d) इनमें से कोई नहीं

278. अमोनियम सल्फेट है एक :
   (a) फॉस्फेटिक उर्वरक   (b) नाइट्रोजनी उर्वरक
   (c) पोटाश उर्वरक   (d) इनमें से कोई नहीं

279. यूरिया है एक :
   (a) नाइट्रोजनी उर्वरक   (b) फॉस्फेटिक उर्वरक
   (c) पोटाश उर्वरक   (d) इनमें से कोई नहीं

280. त्रिफॉस्फेट है एक :
   (a) फॉस्फेटिक उर्वरक   (b) पोटाश उर्वरक
   (c) नाइट्रोजनी उर्वरक   (d) इनमें से कोई नहीं

281. निम्न में कौन एकक उर्वरक है ?
   (a) NK उर्वरक   (b) NPK उर्वरक
   (c) सुपर फॉस्फेट   (d) NP उर्वरक

282. पोटेशियम नाइट्रेट है एक :
   (a) पोटाश उर्वरक   (b) नाइट्रोजनी उर्वरक
   (c) फास्फेटिक उर्वरक   (d) इनमें से कोई नहीं

283. फॉस्फेटिक स्लैग है एक :
   (a) फॉस्फेटिक उर्वरक   (b) नाइट्रोजनी उर्वरक
   (c) पोटाश उर्वरक   (d) इनमें से कोई नहीं

284. पोटेशियम क्लोराइड है एक :
   (a) नाइट्रोजनी उर्वरक   (b) पोटाश उर्वरक
   (c) फॉस्फेटिक उर्वरक   (d) इनमें से कोई नहीं

285. निम्नलिखित नाइट्रोजनी उर्वरकों में से किसमें नाइट्रोजन की उच्च प्रतिशतता होती है ?
   (a) अमोनियम सल्फेट   (b) यूरिया
   (c) अमोनियम नाइट्रेट   (d) कैल्सियम नाइट्रेट

286. पोटेशियम सल्फेट है एक :
   (a) पोटाश उर्वरक   (b) नाइट्रोजनी उर्वरक
   (c) फॉस्फेटिक उर्वरक   (d) इनमें से कोई नहीं

287. NPK को कहते हैं :
   (a) नाइट्रोजनी उर्वरक   (b) पोटाश उर्वरक
   (c) मिश्रित उर्वरक   (d) फॉस्फेटिक उर्वरक

288. एक फसल उगायी जाती है तथा फिर उसे काट लिया जाता है। कृषि की भूमि में कुछ तत्त्वों की कमी हो जाती है जिन्हें प्राथमिक पोषक कहते हैं। निम्न में से कौन-सा प्राथमिक पोषक तत्व नहीं है ?
   (a) नाइट्रोजन   (b) फॉस्फेट

   (c) कैल्सियम   (d) पोटेशियम

289. निम्न में कौन एक उर्वरक को छोटे रूप में लिखा गया है ?
   (a) CAN   (b) BHC
   (c) DDT   (d) RNA

290. काँच का नहीं होता :
   (a) कोई निश्चित गलनांक
   (b) क्रिस्टलीय संरचना
   (c) कोई अवस्था
   (d) न तो क्रिस्टलीय संरचना और न ही निश्चित गलनांक

291. निम्नलिखित कथनों में साबुन के लिए कौन-सा कथन सत्य नहीं है ?
   (a) साबुन का जैविक निम्नीकरण होता है
   (b) ये अम्लीय माध्यम में कार्य नहीं कर सकते
   (c) साबुन अपमार्जक की तुलना में अधिक साफ करने की क्षमता रखता है
   (d) कठोर जल के साथ साबुन एक सफेद गाढ़ा अवक्षेप बनाता है

292. साबुन वसीय तेलों के सोडियम लवण होते हैं। निम्न में से कौन-से वसीय तेल साबुन नहीं बनाते ?
   (a) स्टेएरिक एसिड   (b) ओइलिक एसिड
   (c) ब्यूटिरिक एसिड   (d) पालमेटिक एसिड

293. निम्न में से कौन एक साबुनरहित साबुन का ठीक तरह से प्रदर्शन करता है ?
   (a) $(C_{17}H_{35}COO)_2Ca$
   (b) $CH_3(CH_2)_{11}OSO_3Na$
   (c) $CH_3(CH_2)_{11}OH$
   (d) $C_{17}H_{35}COONa$

294. एक तेल या वसा के साबुनीकरण से एक तो साबुन बनता है और
   (a) ग्लिसरॉल   (b) एथेनॉल
   (c) प्रापेनॉल   (d) मेथेनॉल

295. जब सिलिका, सोडियम कार्बोनेट तथा चूना पत्थर को एक साथ मिलाया जाता है तब सोडा लाइम काँच प्राप्त होता है जो कि एक नरम काँच होता है जिसे बोतल बनाने में प्रयोग किया जाता है। यदि सोडियम कार्बोनेट की जगह पोटेशियम कार्बोनेट प्रयोग किया जाय तो किस प्रकार का काँच प्राप्त होगा ?
   (a) जिसका प्रसार गुणांक निम्न हो

(b) जिसका प्रसार कठोरतम हो

(c) जिसका प्रसार गुणांक उच्च हो

(d) जिसका उच्च अपवर्तनांक हो

296. वह काँच जो उच्च अपवर्तनांक का है, प्रिज्म, लैंस तथा दूसरे प्रकाश यंत्रों के निर्माण में प्रयोग होता है, उसे जाना जाता है :

(a) फिलण्ट काँच *(b)* जेना काँच

(c) क्रुक काँच *(d)* सिलिका काँच

297. प्रयोगशाला के उपकरण निर्माण में किस प्रकार का काँच प्रयोग होता है ?

(a) फिलण्ट काँच *(b)* पाइरेक्स काँच

(c) सोडालाइम *(d)* जेना काँच

298. काँच का रंग बैंगनी बनाने के लिए किसकी आवश्यकता होती है ?

(a) CaO *(b)* Cu_2O

(c) MnO_2 *(d)* CdS

299. काँच की निम्नलिखित प्रकारों में कौन निम्न प्रसार गुणांक, ऊष्मा का अवरोधी, प्रचलित अभिकर्मक तथा शॉक-प्रूफ होता है :

(a) जेना काँच *(b)* ग्राउंड काँच

(c) पुष्ट किया हुआ काँच *(d)* फिलण्ट काँच

300. काँच है एक अच्छा :

(a) विद्युत का चालक

(b) विद्युत तथा ऊष्मा का चालक

(c) कुचालक

(d) इनमें से कोई नहीं

301. दहन से पहले पदार्थ की एक अवस्था आती है जिसके ताप को कहा जाता है :

(a) ज्वलन ताप *(b)* क्रान्तिक ताप

(c) परम ताप *(c)* गलनांक

302. वह काँच जो उच्च अपवर्तनांक का हो, प्रिज्म लैंस तथा अन्य प्रकाश यंत्रों के निर्माण के लिए प्रयोग होता है, उसे जाना जाता है :

(a) क्रुक काँच *(b)* जेना काँच

(c) फिलण्ट काँच *(d)* सिलिंग काँच

303. हाइड्रोजन, मिट्टी का तेल, द्रवित अमोनिया, द्रवित हाइड्रोजन तथा अल्कोहल जैसे ईंधन बनाते हैं :

(a) द्रवित नोदक *(b)* ठोस नोदक

(c) गैसीय नोदक *(d)* इनमें से कोई नहीं

304. कंक्रीट का प्रसार गुणांक लगभग .... के समान होता है।

(a) आयरन *(b)* एल्यूमीनियम

(c) पीतल *(d)* मैग्नीशियम

305. पेण्ट्स के लिए मुख्य कच्ची सामग्री है :

(a) फिगमेण्ट *(b)* ग्लूकोज

(c) मीथेन *(d)* चीनी

306. कुछ पटाखे तभी फटते हैं जब उन्हें दबाया जाता है। पटाखों में उपचयन की प्रक्रिया बड़ी तेजी से होती है। जब बन्दूक चलाई जाती है तो अधिक आयतन के साथ गैस निकलती है और अत्यधिक ऊर्जा उत्सर्जित होती है। दहन की इस प्रक्रिया को कहते हैं :

(a) स्वतः दहन *(b)* फटना

(c) विस्फोट होना *(d)* तत्काल दहन

307. गन पाउडर एक मिश्रण होता है :

(a) पोटेशियम नाइट्रेट व सल्फर का

(b) पोटेशियम नाइट्रेट, सल्फर और चारकोल

(c) कॉर्बन व सल्फर का

(d) इनमें से कोई नहीं

308. सीमेन्ट में जिप्सम इसलिए मिलाया जाता है ताकि :

(a) प्रारम्भिक में अधिक समय लगे

(b) अनुपात पर नियंत्रण हो

(c) जमने की दर पर नियंत्रण हो

(d) जमने के समय में उन्नति हो

309. साधारण काँच का लगभग संघटन निम्न प्रकार प्रदर्शित किया जाता है :

(a) $Na_2SiO_3, CaSiO_3, 4SiO_2$

(b) $Na_2SiO_3, CaSiO_3$

(c) $K_2SiO_3, CaSiO_3, 4SiO_2$

(d) $Na_2SiO_3, CaSiO_3, 4H_2O$

310. उपचयन वह प्रक्रिया है जिसमें प्रकाश व अधिक ऊर्जा का उत्सर्जन कुछ समय के लिए होता है, कहलाती है :

(a) द्रुत दहन *(b)* धीमा दहन

(c) स्वतः दहन *(d)* तत्काल दहन

311. साधारण काँच एक मिश्रण होता है :

(a) SiO_2, Na_2SiO_3

(b) $K_2SiO_3, CaSiO_3$

(c) $SiO_2, Na_2SiO_3, CaSiO_3$

(d) $SiO_2, CaSiO_3$

312. अपोलो मिशन में कौन-सा ईंधन प्रयोग किया गया था ?

(a) द्रवित हाइड्रोजन

(b) द्रवित हाइड्रोजन व ऑक्सीजन

(c) हाइड्रोजन

(d) पेट्रोल

313. एक ग्राम ईंधन के दहन से प्राप्त ऊष्मा (कैलोरी या किलो कैलोरी में) को कहते हैं :

(a) कैलोरीमान   *(b)* ऊष्मा का मान

(c) ईंधन का मान   *(d)* कैलोरी

314. प्रचलित सीमेन्ट के नमूने में निम्न में से कौन-सा ऑक्साइड अधिक प्रतिशत में होता है ?

(a) FeO *(b)* Al_2O_3

(c) CaO *(d)* SiO_2

315. निम्न पदार्थों में कौन-सा एक सर्वाधिक दहनशील है?

(a) लकड़ी   *(b)* फॉस्फोरस

(c) पैराफिन   *(d)* पोटेशियम

316. निम्न मिश्रणों में से कौन-सा एक सीमेन्ट निर्माण के लिए कच्ची सामग्री की तरह उपयोग किया जाता है?

(a) जिप्सम व चूना पत्थर

(b) जिप्सम व रेत

(c) चिकनी मिट्टी व चूना पत्थर

(d) चिकनी मिट्टी व जिप्सम

317. पेपर (कागज) बनाया जाता है :

(a) सेलूलोज से   *(b)* चीनी से

(c) यूरिया से   *(d)* ईथेन से

318. दहन प्रक्रिया से सम्बन्धित है :

(a) ऑक्साइड का प्रकाश व ऊष्मा के साथ निर्माण

(b) पदार्थ का ऊष्मा व प्रकाश के साथ जलना

(c) ऑक्साइड का केवल ऊष्मा के उत्पादन के साथ निर्माण

(d) ऊष्मा व प्रकाश के उत्पादन के साथ उपचयन

319. निम्न में से एक, लाल स्याही के घटकों में से एक है:

(a) मीथेन   *(b)* यूरिया

(c) बेरियम क्लोराइड   *(d)* इओसिन

320. किसी तत्व के परमाणु नाभिक में उपस्थित प्रोटानों की संख्या को कहते हैं :

(a) परमाणु भार   *(b)* नाभिकीय संख्या

(c) परमाणु संख्या   *(d)* द्रव्यमान संख्या

321. आधुनिक नाभिक मॉडल को किस एक वैज्ञानिक ने दिया ?

(a) रदरफोर्ड   *(b)* क्रुक

(c) थॉमसन   *(d)* बोहर

322. निम्नलिखित में किस पर आवेश नहीं होता ?

(a) न्यूट्रॉन   *(b)* प्रोटान

(c) इलेक्ट्रॉन   *(d)* नाभिक

323. परमाणु संख्या 11 के एक परमाणु के बाहरी (संयोजी) कक्ष में इलेक्ट्रानों की संख्या होती है :

(a) 1   *(b)* 10

(c) 22   *(c)* 11

324. सर्वप्रथम इलेक्ट्रान का नाम किसने सुझाया ?

(a) स्टोनी   *(b)* रदरफोर्ड

(c) क्रुक   *(d)* बोहर

325. दो परमाणु जिनके द्रव्यमान संख्या समान हैं तथा परमाणु संख्या भिन्न होती है, नाभिक पर आवेश भी भिन्न होता है, वे कहलाते हैं :

(a) समभारिक (आइसोबार)   *(b)* आइसोटर

(c) परमाणु नाभिक   *(d)* समस्थानिक

326. एक परमाणु के नाभिक में न्यूट्रानों की संख्या कितनी होगी यदि परमाणु संख्या 12 है तथा द्रव्यमान संख्या 24 है ?

(a) 12   *(b)* 18

(c) 6   *(d)* 24

327. एक इलेक्ट्रान पर होता है :

(a) धन आवेश   *(b)* ऋण आवेश

(c) शून्य आवेश   *(d)* –2 आवेश

328. एक परमाणु (न्यूक्लाइड) के नाभिक भार को जिसे लगभग पूर्ण संख्या से दर्शाने के लिए प्रयोग करते हैं कहलाता है :

(a) परमाणु भार   *(b)* द्रव्यमान संख्या

(c) परमाणु संख्या   *(d)* नाभिक संख्या

329. एक शुद्ध पदार्थ, जिसमें सभी परमाणुओं पर समान नाभिक आवेश होता है, और नाभिक से बाहर भी इलेक्ट्रानों की संख्या समान होती है, उसे कहते हैं:

(a) शुद्ध तत्व   *(b)* रासायनिक यौगिक

(c) नाभिक तत्व   *(d)* रासायनिक तत्व

330. विसर्जन नलिका किस प्रकार के कणों के गमन से प्रभावित होती है :

(a) एल्फा किरणें   *(b)* कैथोड किरणें

(c) एनोड किरणें   (d) इनमें से कोई नहीं

331. एक परमाणु को नाभिक संघटन की अपेक्षा उसके भौतिक साधनों से पहचाना जाता है उसको कहते हैं:
(a) न्यूक्लायड
(b) नाभिक द्रव्यमान
(c) नाभिक
(d) नाभिकीय आवेश

332. nवें ऊर्जा स्तर पर रह पाने वाले इलेक्ट्रानों की अधिकतम संख्या होती है :
(a) $2n^2$
(b) $2n$
(c) n^2
(d) n

333. वे परमाणु जिनके नाभिक आवेश समान होते हैं परन्तु नाभिकीय द्रव्यमान भिन्न-भिन्न होते हैं, कहलाते हैं :
(a) न्यूक्लायड
(b) आइसोबार
(c) समस्थानिक
(d) आइसोटर

334. प्रायः यह माना जाता है कि किसी परमाणु के नाभिक में प्रोटानों की संख्या व तत्व की परमाणु संख्या 'Z' के समान होते हैं, जिन्हें कहा जाता है :
(a) नाभिकीय संख्या
(b) नाभिकीय आवेश
(b) नाभिकीय द्रव्यमान
(d) न्यूक्लिऑन संख्या

335. न्यूट्रान की खोज की थी :
(a) एस्टन ने
(b) रदरफोर्ड ने
(c) चैडविक ने
(c) थॉमसन ने

336. एक परमाणु की द्रव्यमान संख्या परमाणु के नाभिक में उपस्थित प्रोटानों की संख्या व न्यूट्रानों की संख्या के योग के बराबर है, जिसे कहते हैं :
(a) नाभिक द्रव्यमान
(b) नाभिक आवेश
(c) नाभिक संख्या
(d) न्यूक्लिऑन की संख्या

337. वह क्वान्टम संख्या जो परमाणु के नाभिक से इलेक्ट्रॉन की औसत दूरी दर्शाती है उसे कहते हैं :
(a) कक्षीय क्वान्टम संख्या
(b) चुम्बकीय क्वान्टम संख्या
(c) मुख्य क्वान्टम संख्या
(d) चक्रण क्वान्टम संख्या

338. परमाणु के नाभिक में होते हैं :
(a) न्यूट्रॉन तथा इलेक्ट्रॉन
(b) न्यूट्रॉन व प्रोटान
(c) प्रोटान व इलेक्ट्रॉन
(d) प्रोटान, इलेक्ट्रॉन व न्यूट्रॉन

339. वह क्वान्टम संख्या जो उस कक्ष का आकार दर्शाती है जिसमें इलेक्ट्रान घूमता है, कहलाती है :
(a) कक्षीय क्वान्टम संख्या
(b) मुख्य क्वान्टम संख्या
(c) चुम्बकीय क्वान्टम संख्या
(d) चक्रण क्वान्टम संख्या

340. कैथोड किरणें होती हैं :
(a) इलेक्ट्रान
(b) प्रोटान
(c) न्यूट्रॉन
(d) एल्फा कण

341. तरंग यांत्रिकी की गणितीय व्यंजक दर्शाती है कि एक परमाणु में इलेक्ट्रान के ऊर्जा-स्तर को विशिष्ट संख्याओं के समुच्चय से दर्शाया जा सकता है जिन्हें कहते हैं:
(a) क्वान्टम संख्या
(b) द्रव्यमान संख्या
(c) परमाणु संख्या
(d) सभी सत्य हैं

342. एक पदार्थ का परमाणु भाग, जिस पर धन आवेश है तथा उसका द्रव्यमान 1.007595 amu होता है कहा जाता है :
(a) प्रोटान
(b) इलेक्ट्रान
(c) न्यूट्रॉन
(d) न्यूक्लिऑन

343. परमाणु की सर्वाधिक स्थायी अवस्था को कहा जाता है :
(a) भू-अवस्था
(b) प्राथमिक अवस्था
(c) शून्य अवस्था
(d) चक्रण अवस्था

344. p-उपकोश में अधिकतम इलेक्ट्रॉन हो सकते हैं :
(a) 6
(b) 4
(c) 8
(c) 6

345. एक परमाणु विद्युतीय उदासीन होता है क्योंकि :
(a) इसमें इलेक्ट्रान व प्रोटानों की संख्या समान होती है
(b) परमाणुओं के केन्द्र में नाभिक होता है
(c) नाभिक के चारों ओर इलेक्ट्रान घूमते रहते हैं
(d) इसमें न्यूट्रान होते हैं

346. निम्नलिखित इलेक्ट्रानिक विन्यासों में कौन-सा नोबल गैस को प्रदर्शित करता है ?
(a) $1s^2, 2s^2, 2p^6, 3s^1$
(b) $1s^2, 2s^2, 2p^6, 3s^2 \, 3p^6$
(c) $1s^2, 2s^2, 2p^6, 3s^1$
(d) $1s^2, 2s^2, 2p^6, 3s^2, 3p^1$

347. वह क्वान्टम संख्या जो उपकोशों के तीनों अक्षों के

सापेक्ष अभिविन्यास को दर्शाती है जिसका आकार कक्षीय क्वान्टम संख्या द्वारा दिया जाता है, कहलाती है :

(a) मुख्य क्वान्टम संख्या

(b) चक्रण क्वान्टम संख्या

(c) चुम्बकीय क्वान्टम संख्या

(d) कक्षीय क्वान्टम संख्या

348. परमाणु की आधुनिक धारणा के अनुसार इलेक्ट्रॉन विद्यमान रहते हैं :

(a) परमाणु के नाभिक के अन्दर

(b) परमाणु के नाभिक के बाहर

(c) परमाणु के नाभिक के बाहर निश्चित कक्षों में

(d) परमाणु में सभी स्थान पर

349. समस्थानिकों के लिए कौन-सा कथन सत्य नहीं है ?

(a) उनकी समान द्रव्यमान संख्या होती है

(b) उनके समान रासायनिक गुण होते हैं

(c) उनकी समान परमाणु संख्या होती है

(d) उनका समान इलेक्ट्रान विन्यास होता है

350. परमाणु में ऋण आवेशों की संख्या होती है :

(a) परमाणु के संयोजी इलेक्ट्रानों के बराबर

(b) परमाणु में धन आवेश के समान

(c) परमाणुओं के परमाणु भार के समान

(d) परमाणुओं के न्यूट्रानों की संख्या के समान

351. $^{23}_{11}N$ में संख्या 23 क्या प्रदर्शित करती है ?

(a) द्रव्यमान संख्या   (b) न्यूट्रानों की संख्या

(c) परमाणु संख्या   (d) इनमें से कोई नहीं

352. परमाणु के धन आवेश की संख्या........................के समान होती है ।

(a) परमाणु की संयोजकता

(b) परमाणुओं के परमाणु भार

(c) परमाणुओं के न्यूट्रानों की संख्या

(d) परमाणु की परमाणु संख्या

353. $^{7}_{3}Li$ में संख्या 3 क्या प्रदर्शित करती है ?

(a) द्रव्यमान संख्या   (b) न्यूट्रानों की संख्या

(c) परमाणु संख्या   (d) इनमें से कोई नहीं

354. तुल्य द्रव्यमान का आधुनिक मानक क्या है ?

(a) हाइड्रोजन   (b) ऑक्सीजन

(c) C-12 समस्थानिक   (d) C-14 समस्थानिक

355. निम्न में कौन-सा उपकोष सम्भव नहीं है ?

(a) 2p   (b) 1p

(c) 1s   (c) 2s

356. $^{35}_{17}Cl$ की द्रव्यमान संख्या क्या है ?

(a) 17   (b) 18

(c) 35   (d) 52

357. p-उपकोश की कक्ष संख्या है :

(a) 3   (b) 4

(c) 2   (d) 1

358. किस कक्ष का आकार गोल होता है ?

(a) d   (b) s

(c) p   (d) f

359. .... में कोई न्यूट्रान नहीं होता ।

(a) हीलियम   (b) ट्रिटियम

(c) प्रोटोनियम   (d) ड्यूट्रियम

360. निम्नलिखित कक्षों में किसकी ऊर्जा अधिक होती है?

(a) 3p   (b) 1s

(c) 2s   (d) 2p

361. $^{23}_{11}Na$ की परमाणु संख्या है :

(a) 34   (b) 23

(c) 11   (d) 12

362. किस कक्षा का आकार डम्बल जैसा होता है ?

(a) s   (b) f

(c) p   (d) d

363. ड्यूलाँग पेटिट नियम से वि० ऊ० × परमाणु भार का मान होता है :

(a) 6.4   (b) 664

(c) 66.4   (c) 0.64

364. परमाणु भार का नया मानक है :

(a) H = 1   (b) O = 16

(c) N = 15   (d) C = 12

365. किसी धातु तत्व की वि० ऊष्मा 0.214 कैलोरी प्रति ग्राम है । इसका परमाणु भार होगा :

(a) 6   (b) 30

(c) 40   (d) 10

366. एक तत्व की वि० ऊ० 0.16 है । इसका परमाणु भार क्या होगा ?

(a) 20   (b) 30

(c) 40   (d) 10

367. किसी तत्व के परमाणु भार को निम्न सम्बन्ध से प्रदर्शित कर सकते हैं :

(a) अणुभार × संयोजकता

(b) अणुभार × परमाणुकता

(c) तुल्यांकभार/संयोजकता

(d) इनमें से कोई नहीं

368. परमाणु भार की परिभाषा में औसत शब्द निम्नलिखित कारण से जोड़ा गया है :

(a) चरांक संयोजकता

(b) समभारिकों का अस्तित्व

(c) समस्थानिकों का अस्तित्व

(d) लेन्थेनाइड श्रेणी का अस्तित्व

369. एक त्रिसंयोजी धातु का 9 ग्राम ऑक्सीजन के 8 ग्राम से संयोग करता है। धातु का परमाणु भार क्या है ?

(a) 18   (b) 9

(c) 17   (d) 36

370. ऑक्सीजन का परमाणु भार है :

(a) 1.008   (b) 14.007

(c) 15.99   (d) 12.01

371. एक तत्व के दो समस्थानिकों के परमाणु भार क्रमशः 16 तथा 18 हैं। एक नमूने में वे 3 : 2 के अनुपात में विद्यमान हैं, तब औसत परमाणु भार है :

(a) 16.85   (b) 17.01

(c) 16.80   (c) 17.40

372. हाइड्रोजन का परमाणु भार है :

(a) 1.008   (b) 12.01

(c) 15.999   (d) 14.007

373. एक पदार्थ का तुल्यांक भार :

(a) अभिक्रिया की प्रकृति पर निर्भर करता है

(b) अभिक्रिया की प्रकृति पर निर्भर नहीं करता है

(c) हमेशा स्थिर रहता है

(d) इनमें से कोई नहीं

374. एक अम्ल का तुल्यांकी भार होता है :

(a) $\dfrac{\text{परमाणु भार}}{\text{अम्ल की क्षारीयता}}$ (b) $\dfrac{\text{अणु भार}}{\text{अम्ल की क्षारीयता}}$

(c) $\dfrac{\text{अणु भार}}{\text{अम्ल की अम्लीयता}}$ (d) $\dfrac{\text{परमाणु भार}}{\text{अम्ल की अम्लीयता}}$

375. किसी तत्व का तुल्यांकी भार तत्व का वह भार है जो कि वह सीधे या परोक्ष रूप से संयोग करेगा या विस्थापित करेगा :

(a) 8.00 ग्राम ऑक्सीजन को

(b) 1.008 ग्राम हाइड्रोजन को

(c) 35.50 ग्राम क्लोरीन को

(d) सभी सत्य हैं

376. एक तत्व का A ग्राम ऑक्साइड का B ग्राम देता है तब तत्व का तुल्यांकी भार है :

(a) $\dfrac{B}{A+B}\times 8$ (b) $\dfrac{B-A}{A}\times 8$

(c) $\dfrac{A}{B-A}\times 8$ (d) $\dfrac{A+B}{A}\times 8$

377. कथन $\dfrac{\text{अणु भार}}{\text{अम्ल की क्षारीयता}}$ को कहते हैं :

(a) अम्ल की अम्लीयता   (b) अम्ल का तुल्यांकी भार

(c) अम्ल का क्षारीय भार   (d) कोई नहीं

378. निम्नालिखित में से एक धातु का तुल्यांक भार ज्ञात करने की विधि नहीं है :

(a) इसके ऑक्साइड में ऑक्सीजन की मात्रा

(b) इसके ऑक्साइड का अपचयन करने पर प्राप्त धातु की मात्रा

(c) रास्ट केम्फर विधि

(d) हाइड्रोजन का विस्थापन

379. एक धातु के क्लोराइड में 71% क्लोरीन है। इस धातु का तुल्यांक भार है :

(a) 71   (b) 29

(c) 14.5   (d) उपरोक्त सभी

380. एक धातु के A ग्राम से इसका B ग्राम क्लोराइड बनता है। धातु का तुल्यांक भार होगा :

(a) $\dfrac{A}{B-A}\times 35.5$ (b) $\dfrac{A}{A-B}\times 35.5$

(c) $\dfrac{B-A}{A}\times 35.5$ (d) $\dfrac{A}{A+B}$

381. 316 ग्राम अम्लीय $KMnO_4$ से 80 ग्राम ऑक्सीजन प्राप्त होती है। इसक तुल्यांकी भार होगा :

(a) 316   (b) 31.6

(c) 3160   (d) 3.16

382. एक ग्राम धात्विक ऑक्साइड के अपचयन से 0.6 ग्राम धातु प्राप्त होती है। धातु का तुल्यांकी भार है :

(a) 35   (b) 51

(c) 34   (d) 17

383. एक वाष्पशील द्रव का अणुभार ज्ञात किया जा सकता है :

(a) जमाव बिन्दु के अवनमन से

(b) वाष्प घनत्व विधि से

(c) क्वथनांक के उन्नयन से

(d) इनमें से कोई नहीं

384. वाष्पशील द्रव या गैसों का अणुभार होता है :

(a) वाष्प घनत्व के बराबर *(b)* 2 × वाष्प घनत्व

(c) 4 × वाष्प घनत्व *(d)* इनमें से कोई नहीं

385. जब ग्राम में व्यक्त करते हैं तब पदार्थ का ग्राम अणुभार होता है इस पदार्थ का :

(a) अणुभार *(b)* तुल्यांकी भार

(c) परमाणु भार *(d)* इनमें से कोई नहीं

386. क्लोरीन का अणुभार है :

(a) 35.5 *(b)* 8.5

(c) 71.0 *(d)* 17.0

387. निम्न में से कौन-सा एक, कार्बन का सही अणुभार व्यक्त करता है ?

(a) 12 मोल *(b)* 12 कि.ग्रा.

(c) 12 *(d)* 12 ग्राम

388. अणुभार ज्ञात नहीं किया जा सकता :

(a) मोलर आयतन से

(b) विक्टर मेयर विधि से

(c) गुणित अनुपात के नियम से

(d) ग्राहम के विसरण के नियम से

389. एक कार्बनिक यौगिक का वाष्प घनत्व 30 है। इसका अणुसूत्र है $(CH_2O)_n$, यहाँ n का मान क्या है ?

(a) 3 *(b)* 2

(c) 4 *(d)* 1

390. 22.4 लीटर ऑक्सीजन का N.T.P. पर भार क्या है?

(a) 32 ग्राम *(b)* 16 ग्राम

(c) 48 ग्राम *(d)* 64 ग्राम

391. अणुभार परिभाषित किया जाता है :

(a) एक परमाणु के भार की तुलना हाइड्रोजन के परमाणु भार से करके

(b) एक परमाणु के भार की तुलना एक अणु के भार से करके

(c) किसी पदार्थ के एक अणु के भार की तुलना $^{12}_{6}C$ के एक परमाणु के भार से करके

(d) उपरोक्त में से कोई नहीं

392. निम्न में से कौन हमेशा पूर्ण संख्या होता है ?

(a) परमाणु भार *(b)* परमाणु त्रिज्या

(c) परमाणु संख्या *(d)* अणुभार

393. 2.8 लीटर SO_2 में S.T.P. पर कुल अणुओं की संख्या है :

(a) 7.53×10^{22} *(b)* 0.72×10^{23}

(c) 7.53×10^{23} *(d)* इनमें से कोई नहीं

394. एक मोल गैस 22.4 लीटर आयतन घेरती है। यह निष्कर्ष निकला :

(a) अवोगाद्रो के नियम से

(b) डॉल्टन के नियम से

(c) बर्जिलियस की परिकल्पना से

(d) आइंसटीन के नियम से

395. द्विबेसिक एसिड का अणुभार A है। इस अम्ल का तुल्यांकी भार है :

(a) $A/2$ *(b)* A^2

(c) $2A$ *(d)* A

396. 11.2 लीटर द्विपरमाणु गैस का भार 273 K और 2 वायुमण्डल दाब पर A ग्राम है। गैस का अणुभार है:

(a) $A/4$ *(b)* $2A$

(c) A *(d)* $A/2$

397. विक्टर मेयर विधि में अणुभार ज्ञात करने में 0.041 ग्राम वाष्पशील पदार्थ S.T.P. पर 22.41 लीटर गैस देता है। यौगिक का अणुभार है :

(a) 41 *(b)* 410

(c) 4.1 *(c)* इनमें से कोई नहीं

398. इलैक्ट्रॉन की साझेदारी से बना आबंध होता है :

(a) धात्विक *(b)* आयनिक बन्ध

(c) सहसंयोजी *(d)* इनमें से कोई नहीं

399. संयोजी इलैक्ट्रॉन वे होते हैं जो विद्यमान होते हैं :

(a) परमाणु की सबसे बाहरी कक्ष में

(b) बाहरी कक्ष से पहले के कक्ष में

(c) परमाणु के सबसे अन्दर की कक्ष में

(d) इनमें से कोई नहीं

400. नीचे दिए यौगिकों में कौन सहसंयोजी है ?

(a) $MgCl_2$ *(b)* $NaCl_2$

(c) CH_2 *(d)* KCl

401. इलैक्ट्रानों के स्थानान्तरण से बने बन्ध कहलाते हैं :

(a) सहसंयोजी *(b)* आयनिक

(c) धात्विक *(d)* इनमें से कोई नहीं

402. जब दो परमाणु आबन्धित होते हैं तो ऊर्जा :

(a) बढ़ जाती है

(b) घट जाती है

(c) वही रहती है

(c) 4 कि.ग्रा. के बराबर होती है

403. दो ऐसे परमाणुओं के बीच ध्रुवीय बन्ध बनता है जिनकी इलैक्ट्रॉन ऋणात्मकता का मान होता है :

(a) उच्च   (b) निम्न

(c) भिन्न   (d) समरूप

404. नीचे दिए गए यौगिकों में कौनसा आयनिक यौगिक है ?

(a) C_2H_4 (b) NaCl

(c) C_2H_5 (d) C_2H_6

405. एक तत्व की संयोजकता का अर्थ है :

(a) तत्व की परमाणुकता

(b) तत्व के संयोग करने की क्षमता

(c) तत्व की क्षारीयता

(d) इनमें से कोई नहीं

406. दो असमान परमाणुओं के बीच बन्ध बनता है :

(a) सहसंयोजी   (b) धात्विक

(b) आयनिक   (b) इनमें से कोई नहीं

407. इलेक्ट्रॉनिक विन्यास 2, 8, 8, 1 के परमाणु की संयोजकता है :

(a) + 7   (b) – 1

(c) + 1   (d) इनमें से कोई नहीं

408. इलेक्ट्रॉन की साझेदारी की प्रक्रिया होती है :

(a) कभी-कभी ऊष्माशोषी

(b) प्रायः ऊष्मा-उन्मोची

(c) ऊष्मा-उन्मोची लेकिन कुछ दशाओं में ऊष्माशोषी

(d) सभी सत्य हैं

409. समान परमाणु के बीच आबन्ध होते हैं :

(a) आयनिक   (b) समपदी आबंध

(c) सहसंयोजी   (d) इनमें से कोई नहीं

410. इलेक्ट्रॉन की स्थानान्तरण प्रक्रिया होती है :

(a) ऊष्मा-उन्मोची

(b) ऊष्मा-शोषी

(c) कभी ऊष्माशोषी और कभी ऊष्मा-उन्मोची

(d) ना ही ऊष्माशोषी और न ही ऊष्मा-उन्मोची

411. एक परमाणु के संयोजी इलेक्ट्रॉन दूसरे परमाणु की बाहरी कक्ष में स्थानान्तरित हो जाते हैं या साझेदारी कर लेते हैं। इस इलेक्ट्रॉन की स्थानान्तरण साझेदारी

उत्पन्न करती है :

(a) स्थायी सन्धि   (b) स्थायी बन्ध

(c) रासायनिक बन्ध   (d) संयोजी बन्ध

412. एक पदार्थ की छोटी-से-छोटी रासायनिक यूनिट जो अपने स्थायी स्वायन्त अस्तित्व में सक्षम है, कहलाते हैं :

(a) अणु   (b) आयन

(b) परमाणु   (d) सभी सत्य हैं

413. किसी तत्व का एक परमाणु दूसरे तत्व के परमाणु से संयोग करता है तो दोनों परमाणु प्राय :

(a) रासायनिक क्रियाशीलता खोते हैं

(b) रासायनिक स्थायित्व वही रहता है

(c) व्यक्तिगत पहचान खो देते हैं

(d) बाहरी कक्षा में 8 इलेक्ट्रॉन हो जाने से स्थायित्व हो जाते हैं

414. परमाणु के बाहरी कक्ष में विद्यमान इलेक्ट्रॉन यौगिक के निर्माण में महत्त्वपूर्ण भूमिका निभाते हैं। अपूर्ण बाहरी कक्ष के इलेक्ट्रॉन कहलाते हैं :

(a) संयोजी इलेक्ट्रॉन   (b) नाभिकीय इलेक्ट्रॉन

(c) रासायनिक इलेक्ट्रॉन   (d) कक्षी इलेक्ट्रॉन

416. निम्न में से कौन-सा एक आयनिक यौगिक है ?

(a) SO_2 (b) AsH_3

(c) BrCl   (d) $SrCl_2$

417. रासायनिक बंध को तोड़ने के लिए आवश्यक ऊर्जा को कहते हैं :

(a) अलगाव ऊर्जा   (b) सम्बन्ध विच्छेद ऊर्जा

(c) बन्ध ऊर्जा   (d) गतिज ऊर्जा

418. तत्व 53 के परमाणु तत्व 38 के परमाणु के साथ मिलकर एक स्थायी यौगिक बनाते हैं जिसका सूत्र है:

(a) S_2eI_2 (b) XeI_2

(c) SeI_2 (d) कोई सही नहीं

419. वह सहसंयोजी बन्ध जिसमें साझेदार इलेक्ट्रॉनों का समान आकर्षण होता है और आवेशों का विन्यास सन्तुलित होता है, कहा जाता है :

(a) एक शुद्ध ध्रुवीय सहसंयोजी बन्ध

(b) एक अध्रुवीय सहसंयोजी बन्ध

(c) एक शुद्ध ध्रुवीय सहसंयोजी बन्ध

(d) सभी सत्य हैं

420. एक सहसंयोजी बन्ध, जिसमें साझे वाले इलेक्ट्रॉनों

पर आकर्षण बल समान नहीं होता जिससे इलेक्ट्रॉन विन्यास भी सन्तुलित नहीं रहता, को कहते हैं :

(a) एक ध्रुवीयसहसंयोजी

(b) एक अध्रुवीय सहसंयोजी

(c) एक शुद्ध ध्रुवीय सहसंयोजी

(d) इनमें से कोई नहीं

421. एक ही ऊर्जा स्तर के कक्षों तथा भिन्न-भिन्न उपकोशों और समान ऊर्जा के नए कक्षों के संयोजन को कहते हैं :

(a) एक होना   (b) संयोग

(c) वैल्डिंग   (d) वर्णसंकर होना

422. निम्न में से चुनिए जो कमरे के ताप पर ठोस होता है :

(a) SrS   (b) LiCl

(c) CsH   (d) सभी ठोस हैं

423. निम्न में से कौन एक इलेक्ट्रॉन दाता है ?

(a) बिस्मथ   (b) टेल्यूरियमस्

(c) रुबीड्यूमस   (d) सभी सत्य हैं

424. आयनिक यौगिक .... में घुलनशील होते हैं।

(a) अध्रुवीय विलायक   (b) ध्रुवीय विलायक

(c) सभी विलायक   (d) कॉर्बनिक विलायक

425. निम्न में से किसमें ऑयनिक व सहसंयोजी बन्ध दोनों होते हैं ?

(a) CO_2 (b) NaCl

(c) NaOH   (d) $CHCl_3$

426. हीरे में बन्ध की प्रकृति बताइए :

(a) धात्विक   (b) ऑयनिक

(c) सहसंयोजी   (d) फॉस्फोरस

427. निम्न में कौन अच्छा इलेक्ट्रॉन दाता है :

(a) टिन   (b) कॉर्बन

(c) सल्फर   (d) इनमें से कोई नहीं

428. ऑयनिक यौगिक प्रायः होते हैं :

(a) कम गलनांक वाले

(b) पानी में कम विलेय

(c) उच्च गलनांक वाले

(c) इनमें से कोई नहीं

429. निम्न में कौन इलैक्ट्रॉन-दाता है ?

(a) कॉर्बन   (b) फ्लोरीन

(c) आर्सेनिक   (d) निऑन

430. निम्न में किसका अणु ध्रुवीय सहसंयोजी है ?

(a) Cl_2 (b) H_2O

(c) H_2O (d) O_2

431. अमोनिया के एक अणु में होता है :

(a) इलेक्ट्रॉन का एक निर्जन युग्म

(b) इलेक्ट्रॉन का कोई निर्जन युग्म नहीं

(c) इलेक्ट्रॉन के दो निर्जन युग्म

(d) इलेक्ट्रॉन के तीन निर्जन युग्म

432. डाइनामाइट का विस्फोट होता है एक :

(a) रासायनिक परिवर्तन   (b) भौतिक परिवर्तन

(c) स्वाभाविक परिवर्तन   (d) अनावश्यक परिवर्तन

433. अभिक्रिया $A + B \rightarrow C + D + $ ऊष्मा है एक :

(a) उत्क्रमणीय व ऊष्मा-शोषी

(b) अनुत्क्रमणीय व ऊष्मा-उन्मोची

(c) उत्क्रमणीय व ऊष्मा-उन्मोची

(d) अनुत्क्रमणीय व ऊष्मा-उन्मोची

434. उपचयन के दौरान, एक तत्व की उपचयन संख्या :

(a) घटती है   (b) बढ़ती है

(c) वही रहती है   (d) 4 के बराबर होती है

435. जब दो विरोधी अभिक्रियाएँ क्रियाशील रहती हैं और कुल मिलाकर सान्द्रता परिवर्तन शून्य रहता है तब अभिक्रिया कहलाती है :

(a) सन्तुलित   (b) अपचयन

(c) उपचयन   (d) ऑयनीकरण

436. मेंडलीव आवर्त सारिणी में क्षैतिज पंक्तियों को कहा जाता है :

(a) परिवार   (b) समूह

(c) आवर्त   (d) सभी गलत हैं

437. जब सोडियम धातु को जल में फेंकते हैं तो यह

(a) उपचयित होता है

(b) अपचयित होता है

(c) कोई परिवर्तन नहीं होता

(d) एक गैस बनाता है

438. अभिक्रिया

$$2FeSO_4 + H_2SO_4 + O \rightarrow Fe_2(SO_4)_3 + H_2O$$

में O क्रिया करता है एक :

(a) उपचायक की तरह   (b) उदासीन की तरह

(c) अपचायक की तरह   (d) इनमें से कोई नहीं

439. फ्रांसियम एक रेडियोधर्मी सदस्य है :

(a) बोरॉन परिवार का

(b) कैल्सियम परिवार का

(c) सोडियम परिवार का

(d) कोई और परिवार का

440. एक तत्व की उपचयन संख्या मौलिक रूप से होती है :

(a) ऋणात्मक   (b) शून्य

(c) 1 के समान   (d) धनात्मक

441. निम्न तत्वों में से कौन-सा तत्व मेंडलीव के समय तक अज्ञात था ?

(a) गेलियम   (b) स्कांडियम

(c) जरमेनियम   (d) सभी अज्ञात थे

442. 6.5 लीटर के एक जलीय विलयन में 150 ग्राम सोडियम क्लोराइड घुली है। कितने मिली. विलयन में सोडियम क्लोराइड की मात्रा 0.085 किग्रा. घुली होगी ?

(a) 370 मि.ली.   (b) 37 मि.ली.

(c) 3700 मि.ली.   (d) 37000 मि.ली.

443. मेंडलीव आवर्तसारिणी के उर्ध्वाधर स्तम्भों को कहते हैं :

(a) श्रेणी   (b) आवर्त

(c) समूह या परिवार   (d) सभी सत्य हैं

444. 4°C पर एक पदार्थ की आ० घ० 6.2 है। 0.78 कि. ग्रा. पदार्थ का आयतन मि.ली. में क्या होगा ?

(a) 13 मि.ली.   (b) 1.3 मि.ली.

(c) 130 मि.ली.   (d) 1300 मि.ली.

445. एक वस्तु का द्रव्यमान 743.48 ग्राम है। मिलीग्राम में यह द्रव्यमान कितना होगा ?

(a) 7434800 ग्राम   (b) 743480 मि.ग्रा.

(c) 74348000 मि.ग्रा.   (d) कोई भी ठीक नहीं

446. हेलोजन परिवार का सबसे अधिक क्रियाशील तत्व है:

(a) आयोडीन   (b) एस्टेटाइन

(c) फ्लोरीन   (d) क्लोरीन

447. धात्विक तत्व जिनके परमाणु के बाह्य कक्ष में एक या दो इलेक्ट्रॉन हैं और आवर्त सारिणी की $3d$, $4d$ या $5d$ श्रेणी से सम्बन्धित हैं उन्हें जाना जाता है :

(a) अन्तरिक सक्रमण   (b) संक्रमण तत्व

(c) एक्टिनाइड श्रेणी   (d) लेन्थेनाइड

448. ग्रुप IIA की छः क्रियाशील धातुएँ हैं जिनके रासायनिक गुण काफी मिलते-जुलते हैं। प्रत्येक की बाह्य कक्ष में दो इलेक्ट्रॉन हैं। यह कैल्सियम परिवार है। इस परिवार का सर्वाधिक क्रियाशील सदस्य है :

(a) स्ट्रान्शियम   (b) बेरियम

(c) रेडियम   (d) बेरिलियम

449. नोबल गैसों में होते हैं :

(a) उनकी बाह्य कक्षों में 6 इलेक्ट्रॉन

(b) उनकी बाह्य कक्षों में 10 इलेक्ट्रॉन

(c) उनकी बाह्य कक्षों में 8 इलेक्ट्रॉन

(d) उनकी बाह्य कक्षों में 4 इलेक्ट्रॉन

450. ग्रुप V एक नाइट्रोजन परिवार है। ऊपर के दो तत्व नाइट्रोजन व फॉस्फोरस अधातुएँ हैं। सबसे नीचे वाला तत्व बिस्मथ एक धातु है। आर्सेनिक व एन्टीमनी में धातु व अधातु दोनों के गुण विद्यमान हैं। प्रत्येक के परमाणु के बाह्य कक्ष में :

(a) 6 इलेक्ट्रॉन होते हैं   (b) 3 इलेक्ट्रॉन होते हैं

(c) 5 इलेक्ट्रॉन होते हैं   (d) 4 इलेक्ट्रॉन होते हैं

451. निम्न ऑयनीकरण ऊर्जा एक लक्षण है :

(a) धातुओं का   (b) अधातुओं का

(c) नोबल गैसों का   (d) अर्धधातुओं का

452. एक्राइलोनट्रिल के बहुलकीकरण से प्राप्त होता है :

(a) रेऑन   (b) डेकरॉन

(c) आरलॉन   (d) नाइलॉन

453. निम्नलिखित प्रक्रियाओं में से कौन वायु में ऑक्सीजन छोड़ती है ?

(a) श्वसन   (b) प्रकाश संश्लेषण

(b) ईंधन का दहन   (d) जंग लगना

454. जब एडिपिक व हेक्सा मिथालिन डाइएमीन क्रिया करते हैं तो प्राप्त होता है :

(a) डेकरॉन   (b) टेफलॉन

(c) नाइलॉन   (d) आरलॉन

455. कुछ उदासीन परमाणुओं में इलेक्ट्रान ग्रहण करने की प्रवृति होती है। प्रवृति की इस माप को कहते हैं :

(a) विद्युत ऋणात्मकता   (b) इलेक्ट्रान एफीनिटी

(c) आयनीकरण ऊर्जा   (d) लैटिस ऊर्जा

456. श्रेणी या आवर्त में परमाणु त्रिज्या :

(a) प्रायः बढ़ती है   (b) प्रायः वही रहती है

(c) प्रायः घटती है   (d) इनमें से कोई नहीं

457. उच्च आयनीकरण ऊर्जा एक लक्षण है :
(a) अधातुओं का *(b)* धातुओं का
(c) अर्धधातुओं का *(d)* नोबल गैसों का

458. आवर्त्त सारिणी का 7वाँ आवर्त आज तक अपूर्ण है। इसके छठवें आवर्त के समान ही होने का अनुमान लगाया जाता है। इसके दुर्लभ मृदा तत्त्वों को कहा जाता है :
(a) एक्टीनाइड श्रेणी
(b) अन्तःसंक्रमण तत्व
(c) लेथेनाइड श्रेणी
(d) संक्रमण तत्व

459. एक विशेष ग्रुप या परिवार में परमाणु संख्या के बढ़ने के साथ-साथ परमाणु संख्या :
(a) बढ़ती है
(b) घटती है
(c) न बढ़ती है और न घटती है
(d) पहले घटती है और फिर बढ़ती है

460. एक उत्प्रेरक की उपस्थिति में फिनोल व फार्मेल्डीहाइड की क्रिया से एक प्रकार का प्लास्टिक प्राप्त होता है जिसे निम्न नाम से जाना जाता है :
(a) बैकेलाइट *(b)* टेफलॉन
(c) नाइलॉन *(d)* पोलीथीन

461. निम्न में से किसमें फॉस्फोरस नहीं होता ?
(a) बोन ऐश (हड्डियों की राख)
(b) क्लोरापेटाइट
(c) फेल्डस्पार
(d) फास्फोराइन

462. मोलर गैस स्थिरांक R का मान होता है :
(a) 0.00821 लीटर वायुमण्डल प्रति केल्विन प्रतिमोल
(b) 0.0821 लीटर वायुमण्डल प्रति केल्विन प्रतिमोल
(c) 0.000821 ली. वायुमण्डल प्रति केल्विन प्रतिमोल
(d) इनमें से कोई नहीं

463. जब बुन्सन बर्नर की छिद्र बन्द कर दें तो हमें प्राप्त होती है :
(a) नीली लौ *(b)* पीली लौ
(c) (चमकदार) प्रदीप्त लौ *(d)* इनमें से कोई नहीं

464. शुष्क बर्फ है :
(a) भाप *(b)* ठोसीकृत CO_2
(c) जल *(d)* इनमें से कोई नहीं

465. निम्न में से कौन एक थर्मोप्लास्टिक बहुलक है :
(a) नाइलॉन *(b)* टेफलॉन
(c) पोलीथीन *(d)* सभी सत्य हैं

466. वायुमण्डलीय नाइट्रोजन स्थिरीकरण का तात्पर्य है :
(a) नाइट्रोजन का लाभदायक यौगिक में परिवर्तन
(b) नाइट्रोजन का द्रवीकरण
(c) नाइट्रोजन तैयार करना
(d) इनमें से कोई नहीं

467. निम्न में से कौन-सा एक थर्मोप्लास्टिक बहुलक है जो बोतल, बोतल के ढक्कन तथा बर्फ की ट्रे के निर्माण में उपयोग होता है ?
(a) ऑरलॉन *(b)* बैकेलाइट
(c) पॉलीथीन *(d)* डेक्रॉन

468. वॉटर गैस है :
(a) एल्यूमीनियम सिलिकेट
(b) सोडियम सिलिकेट
(c) पानी में तैरते काँच के कण
(d) इनमें से कोई नहीं

469. ट्रेटाफ्लोरो एथीलीन बहुलकीकरण के बाद देती है :
(a) बैकेलाइट *(b)* ऑरलॉन
(c) नाइलॉन *(d)* टेफलॉन

470. निम्न में से कौन-सा कथन गैसों के लिए सत्य नहीं है :
(a) गैसें ठंडा होकर फैलती हैं
(b) गैसों का न तो निश्चित आकार होता और न ही आयतन
(c) गैसें तेजी से विसरित होती हैं
(d) गैसें जिस पात्र में रखी जाती हैं उसे पूरा घेर लेती हैं

471. CAN है एक :
(a) फॉस्फेटिक उर्वरक *(b)* पोटाश उर्वरक
(c) नाइट्रोजनी उर्वरक *(d)* इनमें से कोई नहीं

472. सहसंयोजी बन्ध का सम्बन्ध है :
(a) इलेक्ट्रानों के स्थानान्तरण से
(b) इलेक्ट्रानों की साझेदारी से
(c) इलेक्ट्रानों के दान से
(d) इनमें से कोई नहीं

473. Na_2CO_3 जब पानी में घोला जाता है और उसकी क्रिया फिनोलफ्थेलीन के साथ की जाती है तो गुलाबी

रंग देता है। यह क्या बनने के कारण होता है ?

(a) NaOH

(b) NaOHCO$_3$

(c) CO$_2$

(d) H$_2$CO$_3$

474. कार्बन की खुली श्रृंखला यौगिकों को कहते हैं :

(a) एलीफेटिक यौगिक

(b) एरोमेटिक यौगिक

(c) अकार्बनिक यौगिक

(d) कॉर्बनिक यौगिक

475. निम्न में से कौन एक ऑक्सीजन में नीली लौ के साथ जलता है ?

(a) नाइट्रोजन ऑक्साइड

(b) कॉर्बन डाइऑक्साइड

(c) कॉर्बन मोनो ऑक्साइड

(d) सल्फर डाइऑक्साइड

476. निम्न में से कौन एक ऑक्सी अम्ल है ?

(a) H$_2$SO$_4$

(b) CH$_3$CHO

(c) HCl

(d) CH$_3$COCH$_3$

477. रासायनिक रूप में कागज है :

(a) स्टॉर्च

(b) सेल्युलोज

(c) मॉल्टोज

(d) एक पैराफिन

478. निम्न में से कौन-से परमाणु में न्यूट्रॉन नहीं होता ?

(a) कॉर्बन

(b) ड्यूटीरियम

(c) हाइड्रोजन

(d) हीलियम

479. निम्न में से कौन-सी रासायनिक अभिक्रिया है ?

(a) मोमबत्ती का जलना

(b) जल का वाष्पन

(c) सोडियम धातु का गर्म करने पर संलयन

(d) बर्फ का पिघलना

480. कॉर्बन मोनोऑक्साइड हिमोग्लोबिन से क्रिया करके बनाती है :

(a) कॉर्बोक्सी हिमोग्लोबिन

(b) फोस्जीन

(c) ऑक्सी हिमोग्लोबिन

(d) इनमें से कोई नहीं

481. धातुकर्म एक प्रक्रिया है जिसमें होता है :

(a) अयस्क को खदान से निकालना

(b) अयस्क को पीसना

(c) अयस्क से लाभप्रद विधि से धातु का निष्कर्षण

(d) इनमें से कोई नहीं

482. किसी परमाणु का आयन वह होता है जिसमें धन आवेश, प्रोटानों व ऋण आवेश इलेक्ट्रानों की संख्या बराबर नहीं होती। एक परमाणु से एक इलेक्ट्रॉन हटाने के लिए आवश्यक ऊर्जा को कहते हैं :

(a) विद्युत ऋणात्मक

(b) इलेक्ट्रॉन एफिनिटी

(c) लीटिस ऊर्जा

(d) आयनीकरण ऊर्जा

483. डा० लिनस पोलिंग व दूसरे रसायनज्ञों ने एक पैमाना तैयार किया जो कि परमाणु व साझे इलेक्ट्रॉन के बीच

आकर्षण बल दर्शाता है और बन्ध बनाता है। इस गुण को कहते हैं :

(a) विद्युत ऊर्जा

(b) इलेक्ट्रॉन एफिनिटी

(c) लीटिस ऊर्जा

(d) ऑयनीकरण ऊर्जा

484. आवर्त सारिणी में धातु, अधातुओं और नोबल गैसों को मोटे तौर पर बाँट दिया गया है। धातुओं को अधातुओं से अलग करने वाली रेखा टेढ़ी-मेढ़ी है जो कि तिरछी नीचे की ओर जाती है। इस रेखा के आसपास के तत्वों को कहते हैं :

(a) अर्धधातु

(b) मिश्रित तत्व

(c) सीमान्त रेखा के तत्व

(d) और किसी नाम से पुकारते हैं

485. छठवें आवर्त में 32 तत्व हैं। सामान्य तत्व व 10 संक्रमण तत्वों के अतिरिक्त 14 तत्वों का एक समूह दुर्लभ मृदा तत्वों का होता है। इन तत्वों के समान रासायनिक गुण होते हैं। इन्हें कहते हैं :

(a) अन्तःसंक्रमण तत्व

(b) एक्टीनाइड श्रेणी

(c) लेथेनाइड श्रेणी

(d) संक्रमण श्रेणी

486. ट्रिटियम में इलेक्ट्रानों की संख्या है :

(a) 1

(b) 2

(c) 3

(d) 0

487. सल्फ्यूरिक एसिड में सल्फर की उपचयन संख्या क्या है :

(a) + 6

(b) + 2

(c) + 4

(d) + 8

488. स्टैनलैस स्टील है :

(a) अधातु

(b) धातु

(c) मिश्रधातु

(d) अर्धधातु

489. नीचे दिए गए तत्वों में कौन अर्धधातु है :

(a) सोडियम

(b) कॉर्बन

(c) ऑक्सीजन

(d) आर्सेनिक

490. एक कृषि फार्म में अमोनियम सल्फेट को बार-बार नाइट्रोजनी उर्वरक के रूप में प्रयोग किया गया है। कुछ फसलों के उपरान्त मिट्टी में सल्फेट आयन (SO$_4$)$^{2-}$ की अधिकता से मिट्टी हो गई :

(a) उदासीन

(b) शुष्क

(b) क्षारीय

(d) अम्लीय

491. आधुनिक बड़ी आवर्त सारिणी का आधार है :

(a) परमाणु भार

(b) परमाणु संख्या

(c) संयोजकता

(d) अणुभार

492. निम्न में से कौन एक धातु नहीं है ?
(a) सोना
(b) कैल्सियम
(c) फॉस्फोरस
(d) सोडियम

493. निम्न में से कौन एक एकल परमाणुक है ?
(a) हाइड्रोजन
(b) ऑक्सीजन
(c) निऑन
(d) क्लोरीन

494. निम्न में से किसमें त्रिबन्ध है ?
(a) एथीलीन
(b) ईथेन
(c) मीथेन
(d) एसीटीलीन

495. 2, 10, 18, 36, 54, 86 परमाणु संख्या वाले तत्व कहलाते हैं :
(a) हैलोजन
(b) क्षारीय धातु
(c) नोबल गैस
(d) दुर्लभ मृदा धातुएँ

496. संगमरमर किसका शुद्ध रूप है ?
(a) $Ca(NO_3)_2$
(b) $CaCl_2$
(c) $CaCO_3$
(d) $CaSO_4$

497. बिना बुझे चूने का सूत्र है :
(a) $Ca(OH)_2$
(b) $CaSO_4$
(c) CaO
(d) $CaCl_2$

498. धावन सोडा का अणुसूत्र है :
(a) $Na_2CO_3 \cdot 5H_2O$
(b) $Na_2CO_3.H_2O$
(c) Na_2CO_3
(d) $Na_2CO_3.10H_2O$

499. निम्न में से कौन ऊर्जा का सतत् स्रोत है ?
(a) तेल
(b) प्राकृतिक गैस
(c) लकड़ी
(d) सूर्य

500. ब्लीचिंग पाउडर का रासायनिक सूत्र है :
(a) $Ca(OCl)_2$
(b) $CaCl_2$
(c) $Ca(OCl)Cl$
(d) इनमें से कोई नहीं

501. सोडा एश का सूत्र है :
(a) Na_2CO_3
(b) $Na_2CO_3.10H_2O$
(c) $Na_2CO_3.H_2O$
(d) $Na_2CO_3 \cdot 5H_2O$

502. निम्न में से कौन-सी धातु प्रकृति में स्वतंत्र रूप में पाई जाती है ?
(a) सोना
(b) कैल्सियम
(c) मैग्नीशियम
(d) सोडियम

503. ऑक्सीजन व ओजोन एक दूसरे से सम्बन्धित हैं क्योंकि ये हैं :
(a) समस्थानिक
(b) समभारिक
(c) समावयव
(d) अपररूप

504. निम्न अणुओं में से कौन द्विबन्ध वाले हैं ?

505. निम्न में से किसमें त्रिबन्ध है ?
(a) एसीटीलीन
(b) एथीलीन
(c) मीथेन
(d) ईथेन

506. सल्फ्यूरिक एसिड बनाता है :
(a) केवल बाइसल्फाइट
(b) केवल सल्फाइट
(c) केवल सल्फेट
(d) केवल सल्फेट व बाइसल्फेट

507. दो समस्थानिकों में अन्तर होता है :
(a) न्यूट्रानों की संख्या में
(b) इलेक्ट्रॉनों की संख्या में
(c) प्रोटानों की संख्या में
(d) संयोजी इलेक्ट्रानों में

508. निम्न में से कौन-सा कैल्सियम का यौगिक नहीं है ?
(a) चूने का पानी
(b) प्लास्टर ऑफ पेरिस
(c) बरायटा
(d) ब्लीचिंग पाउडर

509. निम्न में से कौन-सा यौगिक रंगीन है ?
(a) $NaCl$
(b) $BaCl_2$
(c) $CaCO_3$
(d) $CuSO_4.5H_2O$

510. प्लास्टर ऑफ पेरिस का सूत्र है :
(a) $CaSO_4$
(b) $CaSO_4.H_2O$
(c) $CaSO_4.(1/2)H_2O$
(d) $CaSO_4.2H_2O$

511. दो परमाणुओं के द्विबन्ध में साझेदारी करते हैं :
(a) 2 इलेक्ट्रॉन
(b) 4 इलेक्ट्रॉन
(c) 3 इलेक्ट्रॉन
(d) 5 इलेक्ट्रॉन

512. एक पदार्थ, जो धातुकर्म में अवांछित अशुद्धियां दूर करने के लिए उपयोग किया जाता है, कहलाता है :
(a) धातुमल
(b) अशुद्धियां
(c) फ्लक्स
(d) इनमें से कोई नहीं

513. हेलोजन में उपचयन शक्ति घटते क्रम में निम्न प्रकार होती है :
(a) ब्रोमीन > आयोडीन > क्लोरीन
(b) आयोडीन > क्लोरीन > ब्रोमीन
(c) क्लोरीन > ब्रोमीन > आयोडीन
(d) आयोडीन > ब्रोमीन > क्लोरीन

514. गैस का S.T.P. पर मोलर आयतन कितना होता है ?
(a) 2.24 लीटर
(b) 224 लीटर
(c) 22.4 लीटर
(d) इनमें से कोई नहीं

515. विसर्जन नलिका के प्रयोग से यह निष्कर्ष निकलता है कि :

(a) पदार्थ इलेक्ट्रॉन के बने होते हैं
(b) नाभिक धन-आवेशित होता है
(c) प्रोटान का द्रव्यमान एक भिन्न होता है
(d) इनमें से कोई नहीं

516. सोडियम परमाणु व सोडियम आयन में निम्न में से किसी एक की संख्या का अन्तर होता है :

(a) नाभिक   (b) न्यूट्रॉन
(c) इलेक्ट्रॉन   (d) इनमें से कोई नहीं

517. नाइट्रोजन +3 की उपचयन अवस्था दर्शाता है :

(a) N_2O_5 (b) NO
(c) N_2O_3 (c) NO_2

518. निम्न में कौन-सा एक पर-ऑक्साइड नहीं है :

(a) Na_2O_2 (b) BaO_2
(c) CO_2 (d) H_2O_2

519. रेत को अग्निशमक के लिए प्रयोग कर सकते हैं क्योंकि इसमें होता है :

(a) $NaHCO_3$ (b) $CaHCO_3$
(c) $CaCO_3$ (d) इनमें से कोई नहीं

520. C_2H_6 के दो मोल को पूर्ण दहन के लिए ऑक्सीजन की आवश्यकता होगी :

(a) 7/2 मोल   (b) 2/7 मोल
(c) 14 मोल   (d) 7 मोल

521. पानी में $FeCl_3$ का विलयन होता है :

(a) अम्लीय   (b) उदासीन
(c) क्षारीय   (d) अम्लीय व बेसिक दोनों

522. भारी जल (गुरुजल) का क्वथनांक होता है :

(a) साधारण जल के क्वथनांक से कम
(b) साधारण जल के क्वथनांक से अधिक
(c) साधारण जल के क्वथनांक के समान
(d) साधारण नमक के घोल के क्वथनांक के समान

523. निम्न में से कौन-सा एक कोल के भंजक आसवन से प्राप्त नहीं होता ?

(a) कोल गैस   (b) चारकोल
(c) हीलियम   (d) एसीटिक एसिड

524. जब एक रेडॉक्स अभिक्रिया खुले बर्तन में क्रियान्वित होती है तो रासायनिक ऊर्जा का उत्सर्जन होता है:

(a) ऊष्मा के रूप में
(b) विद्युत ऊर्जा के रूप में
(c) यांत्रिक ऊर्जा के रूप में
(d) ध्वनि ऊर्जा के रूप में

525. काँच अति शीतल द्रव कहलाता है, क्योंकि :

(a) इसका प्रसार गुणांक कम होता है
(b) इसका निश्चित गलनांक नहीं होता
(c) इसका उच्च अपवर्तनांक होता है
(d) इसकी कोई क्रिस्टलीय संरचना नहीं होती और गलनांक भी निश्चित नहीं होता

526. एक अम्ल की क्षारीयता 2 है तथा अणुभार 98 है तो इसका तुल्यांकी भार होगा :

(a) 196   (b) 49
(c) 98   (d) इनमें से कोई नहीं

527. निम्न में से कौन-सा परमाणु सर्वाधिक विद्युत ऋणात्मकता का है ?

(a) A — $1s^2, 2s^2, 2p^5$ (b) B — $1s^2, 2s^2, 2p^1$
(c) C — $1s^2, 2s^2, 2p^4$ (d) D — $1s^2, 2s^2, 2p^3$

528. भारी हाइड्रोजन साधारण हाइड्रोजन से भिन्न होती है क्योंकि :

(a) इसमें अधिक इलेक्ट्रॉन होते हैं
(b) इसका परमाणु बड़ा होता है
(c) इसमें अधिक प्रोटान होते हैं
(d) इसमें अधिक न्यूट्रान होते हैं

529. SO_2 व SO_3 में सल्फर से संयुक्त ऑक्सीजन के भारों में अनुपात 2 : 3 है। यह सम्बन्धित है :

(a) गे लुसाक के नियम से
(b) डॉल्टन के विसरण नियम से
(c) स्थिर अनुपात के नियम से
(d) गुणित अनुपात के नियम से

530. निम्न में से कौन-सा एक मिश्रित उर्वरक है ?

(a) $(NH_4)_2SO_4$ (b) $CaCN_2$
(c) यूरिया   (d) KNO_3

531. एक धातु के ऑक्साइड का सूत्र MO है। यह पाया गया कि 12 ग्राम M धातु 8 ग्राम ऑक्सीजन से संयुक्त है। धातु का परमाणु भार होगा :

(a) 12   (b) 24
(c) 36   (d) 6

532. द्रवित अमोनिया को रेफ्रिजरेशन (शीतलन) में प्रयोग होती है, क्योंकि :

(a) यह वायु से हल्की है
(b) यह दाब के अन्तर्गत ठंडी होकर द्रवित हो जाती है
(c) यह जल में अत्यधिक घुलनशील है
(d) NH_3 के वाष्पन से ठंडक हो जाती है

533. संगमरमर होता है :

(a) $CaCO_3$ (b) $MgCO_3$

(c) Na_2CO_3 (d) $NaHCO_3$

534. एक द्विबेसिक अम्ल उत्पादित करता है :

(a) लवणों की एक श्रेणी   (b) लवणों की दो श्रेणी

(c) लवणों की तीन श्रेणी   (d) लवणों की चार श्रेणी

535. एक परमाणु की संयोजकता, जिसका इलेक्ट्रानिक विन्यास $1s^2, 2s^2, 2p^3$ है, होती है :

(a) + 3   (b) – 2

(c) – 2   (d) + 2

536. निम्न में से कौन प्रबल उपाचक हैं :

(a) N_2 (b) O_2

(c) Cl_2 (d) F_2

537. N_2O तथा NO_2 में नाइट्रोजन से संयुक्त नाइट्रोजन के भारों में अनुपात है :

(a) 1 : 8   (b) 1 : 6

(c) 4 : 6   (d) 1 : 4

538. निम्न में से कौन एक मंदक के रूप में प्रयोग किया जाता है ?

(a) H_2O_2 (b) H_2O

(c) D_2 (d) D_2O

539. एक धातु M के कार्बोनेट का सूत्र MCO_3 है। इस धातु के फॉस्फेट का क्या सूत्र होगा ?

(a) MPO_4 (b) $M_2(PO_4)_2$

(c) $M_2(PO_4)_3$ (d) $M_3(PO_4)_2$

540. एक निश्चित ताप पर 10 ग्राम बर्फ को तब तक गर्म किया गया जब तक कि यह पानी नहीं बन गया। यह उदाहरण है :

(a) घोलने की प्रक्रिया का

(b) भौतिक परिवर्तन का

(c) रासायनिक परिवर्तन का

(d) ऊष्मा-उन्मोची प्रक्रिया का

541. अम्लीय $KMnO_4$ में SO_2 गुजारने से रंग क्यों खराब हो जाता है ?

(a) ओजोन के कारण

(b) नवजात क्लोरीन के कारण

(c) नवजात हाइड्रोजन के कारण

(c) नवजात ऑक्सीजन के कारण

542. अम्लीय मृदा को उर्वरक मिलाने से पहले मृदा में निम्नलिखित को मिलाकर सही किया जाता है :

(a) $CaCl_2$ (b) चूना

(c) सुपर फॉस्फेट   (c) जिप्सम

543. सोडियम एक जहरीला तत्व है जो Cl_2 से संयोग करता है जो जहरीला होता है। इनसे बनता है $NaCl$, यह किसका उदाहरण है ?

(a) एक यौगिक   (b) एक तत्व

(c) एक मिश्रण   (d) इनमें से कोई नही

544. $NaCl$ तो जलीय $AgNO_3$ के साथ सफेद अवक्षेप देता है जबकि CCl_4 नहीं। इसका कारण है :

(a) $NaCl$ में कोई बन्ध नहीं होता

(b) $NaCl$ में आयनिक बंध होता है

(c) $NaCl$ में दुर्बल बन्ध होता है

(d) $NaCl$ अधिक क्रियाशील है

545. गुब्बारों में हाइड्रोजन के स्थान पर हीलियम का उपयोग होने लगा है, क्योंकि :

(a) H_2 आसानी से उपलब्ध नहीं है

(b) H_2 बहुत दहनशील है

(c) H_2 दहनशील है

(d) हीलियम, हाइड्रोजन से हल्की है

546. कॉर्बन के बहुत अधिक यौगिक होने का कारण है :

(a) इलेक्ट्रॉन की एफिनिटी कम होना

(b) उच्च आयनीकरण ऊर्जा

(c) चरांक संयोजकता

(c) श्रृंखलन

547. हेबर प्रक्रिया का उपयोग निम्न में से किसके संश्लेषण में होता है ?

(a) NH_3 (b) HNO_3

(c) H_2SO_4 (d) इनमें से कोई नहीं

548. तेल व जल के विलयन को अलग-अलग किया जा सकता है :

(a) ऊर्ध्वपातन से

(b) तलछट के जमाव से

(c) आसवन से

(d) पृथक्करण कीप से

549. हाइड्रोजन का मोनोऑक्साइड होता है :

(a) अम्लीय तथा क्षारीय   (b) अम्लीय

(c) उदासीन   (d) अम्लीय व क्षारक

550. प्रबल विद्युत अपघट्यों के अलगाव की डिग्री होती है:

(a) एक से कम   (b) 100

(c) 1   (d) एक से अधिक

551. एक लीटर विलयन बनाने में 4 ग्रा० $NaOH$ को जल में घोला गया है। विलयन की नार्मलता क्या है ?

(a) 0.001   (b) 1

(c) 0.01   *(d)* 0.1

552. पौधों द्वारा जो तत्व नग्ण्य मात्रा में लिए जाते हैं वे हैं:

(a) अर्ध-पोषक तत्व

(b) माइक्रो पोषक तत्व

(c) प्राथमिक पोषक तत्व

(d) द्वितीयक पोषक तत्व

553. निम्न में से कौन-से युग्म समावयव हैं ?

(a) CH_3CH_2CHO व CH_3COCH_3

(b) CH_3OH व CH_3OCH_3

(c) CH_3CH_2COOH और CH_3COCH_3

(d) C_2H_5OH व $C_2H_5O\,C_2CH_5$

554. 10 ग्राम निर्जलीय $CuSO_4$ को 1 मि.ली. पानी में मिलाने पर

(a) संतृप्त विलयन बन जाएगा

(b) ऊष्मा-उन्मोचन के साथ-साथ बुरी तरह अभिक्रिया करेगा

(c) विलयन का रंग नीला हो जाएगा

(d) कोई परिवर्तन नहीं प्रदर्शित करेगा

555. ऑक्सीजन में विद्युत विसर्जन प्रवाहित करने पर ओजोन प्राप्त होती है। इस प्रक्रिया में :

(a) ऊर्जा शोषित होती है

(b) ऊर्जा निष्काषित होती है

(c) ऊर्जा में कोई परिवर्तन नहीं होता

(d) ऊर्जा में परिवर्तन हुए बिना आयतन बदलता है

556. ट्रिटियम नाभिक में होते हैं :

(a) 2 न्यूट्रॉन व 1 प्रोटान

(b) 2 प्रोटान व 2 न्यूट्रॉन

(c) एक इलेक्ट्रॉन व एक प्रोटान

(d) 2 प्रोटान व एक न्यूट्रॉन

557. ठोस $NaCl$ से गलित $NaCl$ विद्युत का अच्छा सुचालक है :

(a) परमाणु में गति के कारण

(b) इलेक्ट्रॉनों में गति के कारण

(c) आयनों में गति के कारण

(d) अणुओं में गति के कारण

558. एक काँच का गिलास गिरने पर टूट जाता है। यह उदाहरण है :

(a) भौतिक परिवर्तन का

(b) रासायनिक परिवर्तन का

(c) एक्सरगोनिक अभिक्रिया का

(d) विघटन क्रिया का

559. निम्न में कौन कार्बन का अपररूप है ?

(a) चाँदी   *(b)* सोना

(c) प्लेटिनम   *(d)* हीरा

560. भारी जल का निर्माण होता है :

(a) जल के पूरी तरह विद्युत अपघटन द्वारा

(b) जल के प्रभाजी आसवन द्वारा

(c) बर्फ के प्रभाजी क्रिस्टलन द्वारा

(d) भाप के प्रभाजी विसरण द्वारा

561. दहन जब होता है जबकि दहनशील पदार्थ सहायक पदार्थों की उपस्थिति में जलता है। तीसरी दहन की आवश्यक स्थिति है :

(a) क्रांतिक ताप प्राप्त करना

(b) गलनांक प्राप्त करना

(c) ज्वलन ताप प्राप्त करना

(d) परम ताप प्राप्त करना

562. ओजोन है :

(a) एक उपचायक

(b) एक अपचायक

(c) उपचायक व अपचायक दोनों

(d) न तो उपचायक और न ही अपचायक

563. $NaHCO_3$ है :

(a) उदासीन लवण   *(b)* एक क्षारीय लवण

(c) एक अम्लीय लवण   *(d)* अम्लीय-क्षारीय लवण

564. 44 ग्राम कार्बन डाइऑक्साइड के S.T.P. पर अणु होते हैं :

(a) 6.23×10^{23} *(b)* $.623 \times 10^{23}$

(c) 62.3×10^{23} *(d)* 62.3×10^{22}

565. ब्रोन्स्टेड लाऊरी के अनुसार एक अम्ल होता है :

(a) प्रोटान पाने वाला   *(b)* इलेक्ट्रॉन पाने वाला

(c) इलेक्ट्रॉन दाता   *(d)* प्रोटोन दाता

566. निम्न में से कौन एक उर्वरक की तरह प्रयोग किया जाता है ?

(a) सुपर फॉस्फेट   *(b)* DDT

(c) फॉस्फोराइट   *(d)* गेमैक्सीन

567. एक फैराडे विद्युत का अर्थ है :

(a) 96500 एम्पीयर   *(b)* 96500 वॉट

(c) 96500 वोल्ट   *(d)* 96500 कूलम्ब

568. NH_3 का जुड़वाँ एसिड होता है :

(a) NH_2NH_2 *(b)* H_3O^+

(c) NH_4 *(d)* NH_4Cl

569. एक तत्व जिसका इलेक्ट्रॉनिक विन्यास $1s^2\,2s^2\,3p^6\,3s^2$ है, दूसरे तत्व जिसका विन्यास है— $1s^2\,2s^2\,2p^4$ से संयोग करता है, तो बन्ध किस प्रकार का होगा?

(a) समपदी बन्ध   (b) सहसंयोजी
(c) आयनिक (वैद्युत संयोजी) (d) इनमें से कोई नहीं

570. नीचे दिए गये सूत्रों में कौन-सा एक एल्काइन का सामान्य सूत्र प्रदर्शित करता है ?
(a) $C_{2n}H_n$ (b) C_nC_{2n+2}
(c) C_nH_{2n-2} (d) $C_{2n}H_{2n+2}$

571. विद्युत अपघटन में KCl संलयित होता है तो कैथोड पर कौन-सी अभिक्रिया होती है ?
(a) K^+ अपचयित होती है
(b) Cl^- अपचयित होता है
(c) Cl^- उपचयित होता है
(d) K^+ उपचयित होता है

572. कैल्सियम साइनाइड को उर्वरक के रूप में प्रयोग करते हैं क्योंकि :
(a) यह पानी के साथ क्रिया करके NO_2 उत्सर्जित करता है
(b) पानी में घुलनशील है
(c) पानी के साथ क्रिया करके NH_3 उत्सर्जित करता है
(d) यह आसानी से उपलब्ध है

573. निम्न में से कौन जल को कीटाणुरहित करता है ?
(a) O_3 (b) O_2
(c) KOH   (d) HBr

574. एक एकल अम्लीय बेस जिसका अणुभार Z है उसका तुल्यांकी भार होगा :
(a) Z/2   (b) 2/Z
(c) Z   (d) इनमें से कोई नहीं

575. निम्न में कौन एक एरोमैटिक हाइड्रोकॉर्बन है ?
(a) साइक्लोहेक्सेन   (b) ईथेन
(c) बैंजीन   (d) एसीटीलीन

576. अमोनियम सल्फेट का फसल में बार-बार प्रयोग करने से फसल को हानि होती है क्योंकि :
(a) यह फसल को जला देता है
(b) नॉइट्रकारी बैक्टिरिया को समाप्त कर देता है
(c) मृदा को अम्लीय बना देता है

(d) यह मृदा को सल्फर देता है जोकि मिट्टी के लिए हानिकर है

577. नाइट्रस अम्ल होता है :
(a) जल में NO घुली हुई
(b) NO_2 जल में घुली हुई
(c) N_2O_3 जल में घुली हुई
(d) N_2O_5 जल में घुली हुई

578. ऑक्सीजन के समस्थानिक को दर्शाते हैं :
(a) $^{17}_8O$, $^{15}_8O$ (b) $^{14}_8O$, $^{15}_8O$
(c) $^{17}_8O$, $^{18}_8O$ (d) $^{15}_8O$ $^{20}_8O$

579. अमोनिया की निम्न में से किसके साथ क्रिया कराके N_2 प्राप्त की जा सकती है।
(a) $CaCl_2$
(b) ब्लीचिंग पॉउडर $CaOCl_2$
(c) H_2SO_4
(d) HCl

580. HCO_3 का जुड़वाँ क्षारक होता है :
(a) H_3O^+ (b) KOH
(c) OH   (d) CO_3

581. NH_3 की क्रिया निम्न के साथ कराके नाइट्रोजन प्राप्त की जा सकती है :
(a) H_2SO_4
(b) HCl
(c) ब्लीचिंग पॉउडर $CaOCl_2$
(d) $CaCl_2$

582. ऑक्सीजन दर्शाती है :
(a) प्रति चुम्बकत्व   (b) अनु चुम्बकत्व
(c) लौह चुम्बकत्व   (d) फेरी चुम्बकत्व

583. निम्न में से कौन-सा इलेक्ट्रान विन्यास क्षारीय धातु को प्रदर्शित करता है ?
(a) $1s^2, 2s^2 2p^6 3s^1$ (b) $1s^2 2s^2 2p^6$
(c) $1s^2 2s^2 2p^1$ (d) $1s^2 2s^2$

584. निम्न में से कौन माचिस बनाने में प्रयोग होता है ?
(a) गन पाउडर   (b) रोहम्बिक सल्फर
(c) लाल फास्फोरस   (d) सफेद फास्फोरस

उत्तरमाला

1	2	3	4	5	6	7	8	9	10
(b)	(c)	(b)	(b)	(a)	(c)	(a)	(b)	(a)	(c)
11	**12**	**13**	**14**	**15**	**16**	**17**	**18**	**19**	**20**
(c)	(c)	(c)	(c)	(b)	(b)	(b)	(b)	(b)	(b)
21	**22**	**23**	**24**	**25**	**26**	**27**	**28**	**29**	**30**
(a)	(a)	(d)	(c)	(b)	(a)	(a)	(b)	(c)	(b)

31	32	33	34	35	36	37	38	39	40
(a)	(c)	(a)	(c)	(c)	(c)	(a)	(a)	(d)	(c)
41	42	43	44	45	46	47	48	49	50
(d)	(c)	(c)	(b)	(b)	(a)	(b)	(d)	(b)	(c)
51	52	53	54	55	56	57	58	59	60
(a)	(a)	(c)	(b)	(d)	(c)	(c)	(b)	(a)	(d)
61	62	63	64	65	66	67	68	69	70
(b)	(b)	(b)	(c)	(b)	(c)	(c)	(a)	(a)	(b)
71	72	73	74	75	76	77	78	79	80
(a)	(b)	(d)	(c)	(c)	(c)	(b)	(d)	(c)	(b)
81	82	83	84	85	86	87	88	89	90
(d)	(d)	(d)	(d)	(b)	(a)	(c)	(b)	(d)	(b)
91	92	93	94	95	96	97	98	99	100
(a)	(b)	(a)	(b)	(a)	(c)	(c)	(b)	(c)	(c)
101	102	103	104	105	106	107	108	109	110
(a)	(c)	(c)	(b)	(a)	(c)	(d)	(a)	(a)	(a)
111	112	113	114	115	116	117	118	119	120
(c)	(a)	(d)	(a)	(b)	(a)	(b)	(a)	(a)	(c)
121	122	123	124	125	126	127	128	129	130
(b)	(a)	(b)	(b)	(b)	(d)	(d)	(b)	(b)	(c)
131	132	133	134	135	136	137	138	139	140
(a)	(a)	(b)	(c)	(c)	(b)	(b)	(c)	(b)	(b)
141	142	143	144	145	146	147	148	149	150
(a)	(b)	(d)	(c)	(b)	(b)	(c)	(b)	(b)	(a)
151	152	153	154	155	156	157	158	159	160
(d)	(a)	(d)	(c)	(c)	(b)	(d)	(c)	(b)	(c)
161	162	163	164	165	166	167	168	169	170
(d)	(c)	(a)	(c)	(a)	(b)	(b)	(d)	(a)	(a)
171	172	173	174	175	176	177	178	179	180
(a)	(c)	(c)	(c)	(b)	(b)	(d)	(d)	(b)	(d)
181	182	183	184	185	186	187	188	189	190
(d)	(c)	(c)	(a)	(b)	(a)	(a)	(b)	(b)	(d)
191	192	193	194	195	196	197	198	199	200
(b)	(c)	(a)	(d)	(d)	(b)	(d)	(a)	(a)	(c)
201	202	203	204	205	206	207	208	209	210
(c)	(a)	(c)	(c)	(c)	(d)	(a)	(a)	(b)	(b)
211	212	213	214	215	216	217	218	219	220
(d)	(b)	(c)	(a)	(b)	(c)	(b)	(a)	(a)	(b)
221	222	223	224	225	226	227	228	229	230
(c)	(b)	(b)	(a)	(a)	(b)	(b)	(a)	(b)	(a)
231	232	233	234	235	236	237	238	239	240
(a)	(c)	(a)	(a)	(a)	(b)	(a)	(b)	(a)	(d)
241	242	243	244	245	246	247	248	249	250
(a)	(b)	(d)	(a)	(a)	(a)	(a)	(c)	(a)	(b)
251	252	253	254	255	256	257	258	259	260
(b)	(a)	(a)	(c)	(b)	(a)	(c)	(c)	(a)	(a)
261	262	263	264	265	266	267	268	269	270
(b)	(c)	(a)	(c)	(b)	(c)	(b)	(a)	(a)	(c)
271	272	273	274	275	276	277	278	279	280
(b)	(c)	(c)	(a)	(a)	(a)	(b)	(b)	(a)	(b)
281	282	283	284	285	286	287	288	289	290
(c)	(a)	(a)	(b)	(b)	(a)	(c)	(c)	(a)	(d)
291	292	293	294	295	296	297	298	299	300
(c)	(c)	(b)	(a)	(b)	(a)	(b)	(c)	(a)	(c)
301	302	303	304	305	306	307	308	309	310
(a)	(a)	(a)	(a)	(a)	(c)	(b)	(a)	(a)	(a)

311	312	313	314	315	316	317	318	319	320
(c)	(b)	(a)	(c)	(b)	(c)	(a)	(d)	(d)	(c)
321	322	323	324	325	326	327	328	329	330
(a)	(a)	(a)	(a)	(a)	(a)	(a)	(b)	(d)	(b)
331	332	333	334	335	336	337	338	339	340
(a)	(a)	(c)	(b)	(c)	(a)	(c)	(b)	(a)	(a)
341	342	343	344	345	346	347	348	349	350
(a)	(a)	(a)	(a)	(a)	(b)	(c)	(c)	(a)	(a)
351	352	353	354	355	356	357	358	359	360
(a)	(d)	(a)	(d)	(b)	(c)	(a)	(b)	(c)	(a)
361	362	363	364	365	366	367	368	369	370
(c)	(c)	(a)	(d)	(b)	(c)	(d)	(a)	(c)	(c)
371	372	373	374	375	376	377	378	379	380
(b)	(a)	(a)	(b)	(d)	(c)	(b)	(c)	(c)	(a)
381	382	383	384	385	386	387	388	389	390
(d)	(d)	(b)	(c)	(a)	(c)	(c)	(c)	(b)	(a)
391	392	393	394	395	396	397	398	399	400
(c)	(c)	(a)	(a)	(a)	(c)	(b)	(c)	(a)	(c)
401	402	403	404	405	406	407	408	409	410
(c)	(b)	(c)	(b)	(b)	(c)	(c)	(d)	(c)	(a)
411	412	413	414	415	416	417	418	419	420
(c)	(a)	(d)	(a)	(d)	(b)	(c)	(c)	(b)	(a)
421	422	423	424	425	426	427	428	429	430
(d)	(d)	(d)	(b)	(c)	(c)	(a)	(c)	(b)	(c)
431	432	433	434	435	436	437	438	439	440
(d)	(a)	(c)	(b)	(a)	(c)	(a)	(a)	(c)	(b)
441	442	443	444	445	446	447	448	449	450
(d)	(c)	(c)	(c)	(b)	(c)	(b)	(c)	(c)	(c)
451	452	453	454	455	456	457	458	459	460
(a)	(c)	(b)	(c)	(b)	(c)	(a)	(a)	(a)	(a)
461	462	463	464	465	466	467	468	469	470
(c)	(b)	(c)	(b)	(d)	(a)	(c)	(b)	(d)	(a)
471	472	473	474	475	476	477	478	479	480
(c)	(b)	(a)	(a)	(c)	(a)	(b)	(c)	(a)	(a)
481	482	483	484	485	486	487	488	489	490
(c)	(b)	(a)	(a)	(c)	(a)	(a)	(c)	(d)	(d)
491	492	493	494	495	496	497	498	499	500
(b)	(c)	(c)	(d)	(c)	(c)	(c)	(d)	(d)	(c)
501	502	503	504	505	506	507	508	509	510
(a)	(a)	(d)	(a)	(a)	(d)	(a)	(c)	(d)	(c)
511	512	513	514	515	516	517	518	519	520
(b)	(c)	(c)	(c)	(a)	(c)	(d)	(c)	(a)	(d)
521	522	523	524	525	526	527	528	529	530
(b)	(b)	(c)	(a)	(d)	(b)	(a)	(d)	(d)	(d)
531	532	533	534	535	536	537	538	539	540
(a)	(d)	(d)	(d)	(c)	(d)	(d)	(d)	(d)	(d)
541	542	543	544	545	546	547	548	549	550
(d)	(b)	(a)	(b)	(c)	(d)	(a)	(d)	(c)	(c)
551	552	553	554	555	556	557	558	559	560
(d)	(d)	(a)	(c)	(b)	(a)	(c)	(a)	(d)	(a)
561	562	563	564	565	566	567	568	569	570
(c)	(a)	(c)	(a)	(d)	(a)	(d)	(c)	(c)	(c)
571	572	573	574	575	576	577	578	579	580
(a)	(c)	(a)	(c)	(c)	(c)	(c)	(c)	(b)	(d)
581	582	583	584						
(a)	(c)	(a)	(c)						

Your Space

Your Space

भौतिकी

1. *पदार्थ की अवस्थाएँ व भौतिक गुण, द्रव्यमान, भार, आयतन, घनत्व, आपेक्षिक घनत्व, आर्किमिडीज का सिद्धान्त, दाब, बैरोमीटर*

पदार्थ के भौतिक गुण

पदार्थ वह है जो स्थान घेरता है, भार रखता है तथा इन्द्रियों को प्रभावित करता हो। यह अणुओं का बना होता है। जड़त्व व गुरुत्व पदार्थ के दो भिन्न-भिन्न गुण हैं। सभी पदार्थों का द्रव्यमान होता है जो कि जड़त्व का माप होता है। पदार्थों के अन्य गुण हैं– प्रत्यास्थता, विद्युतचालकता, विशिष्ट ऊष्मा, तापीय प्रसार, ताप चालकता, श्यानता आदि।

पदार्थ की अवस्थाएँ :

पदार्थ तीन अवस्थाओं में पाया जाता है :

ठोस : इनका आकार व आयतन निश्चित होता है।

द्रव : इनका आयतन निश्चित होता है परन्तु आकार निश्चित नहीं होता।

गैस : इनका आकार व आयतन दोनों निश्चित नहीं होते।

अणु : किसी पदार्थ का वह छोटे-से-छोटा कण, जिसमें उस पदार्थ के समस्त गुण हों व स्वतंत्र अवस्था में पाया जाता हो, अणु कहलाता है। एक अणु का औसत अर्धव्यास 1.0×10^{-10} मी० होता है। अणु कई परमाणुओं से मिलकर बना होता है।

परमाणु : 19वीं शताब्दी में अंग्रेज वैज्ञानिक जॉन डाल्टन ने यह बताया कि प्रत्येक पदार्थ परमाणुओं से मिलकर बना है, और परमाणु किसी तत्व का वह छोटे-से-छोटा कण होता है जो रासायनिक क्रिया में भाग ले सके।

अणुओं के प्रकार :

1. *एकल परमाणुक :* इस प्रकार के अणु ये केवल एक परमाणु से मिलकर बने होते हैं। उदाहरणतया, Na, K, Ne, Ar..... आदि।

2. *द्वि-परमाणुक :* वे अणु जो दो परमाणुओं से मिलकर बने होते हैं द्वि-परमाणुक कहलाते हैं। जैसे– Cl_2, H_2, O_2, N_2 आदि।

3. *त्रिपरमाणुक :* इस प्रकार के अणुओं में तीन परमाणु होते हैं। जैसे– O_3, SO_2, CO_2, NO_2, H_2S आदि।

4. *बहु-परमाणुक :* वे अणु जो चार या चार से अधिक परमाणुओं से मिलकर बने होते हैं, बहु-परमाणुक कहलाते हैं। जैसे– $CaCO_3$, NH_4OH आदि।

पदार्थ की अवस्थाएँ तथा परिवर्तन :

पदार्थ को भौतिक आधार पर तीन रूपों में बाँटा गया है: 1. ठोस, 2. द्रव, 3. गैस। हम किसी भी पदार्थ को ठोस, द्रव या गैस नहीं कह सकते क्योंकि प्रत्येक पदार्थ एक या एक से अधिक अवस्थाओं में पाया जाता है; यह उनके ताप व दाब पर निर्भर करता है, जैसे बर्फ एक ठोस है; लेकिन उबालने पर (100°C के नीचे) यह द्रव अवस्था में परिवर्तित हो जाता है और फिर (100°C या इससे ऊपर) यह गैसीय अवस्था (भाप) में परिवर्तित हो जाता है। प्रायः अधिकतर वस्तुए साधारण दशा में जो जिस अवस्था में (ठोस, द्रव या गैस) पाई जाती हैं, उन्हें हम वैसा ही कहने लगते हैं। इसलिये हम CO_2 को गैस कहते हैं जबकि इसको ठोस शुष्क बर्फ के रूप में बदला जा सकता है।

ठोस : पदार्थों की इस अवस्था में आकार व आयतन निश्चित होता है। यह जिस पात्र में रखा हुआ होता है उस पर इस ठोस पदार्थ का आकार निर्भर नहीं करता।

ठोसों के गुण :

(i) इनको दबाया नहीं जा सकता।

(ii) ये द्रवों व गैसों की तुलना में कम (धीमी गति से) विसरण करते हैं।

(iii) इनके दो क्रमिक परमाणुओं के बीच अत्यधिक आण्विक बल होता है।

(iv) इनमें तन्यता, आघांतवर्धयता, कठोरता व भंगुरता का गुण पाया जाता है।

ठोसों के प्रकार :

1. *क्रिस्टलीय ठोस* : कुछ ठोस पदार्थों के कण त्रिविमीय नेटवर्क वाले नियमित ज्यामितीय पैटर्न रखे हुए होते हैं। इनमें निश्चित संख्या में सतह व तल होते हैं, जैसे साधारण नमक, चीनी क्रिस्टलीय ठोस पदार्थ है।

2. *अक्रिस्टलीय ठोस* : अक्रिस्टलीय ठोस पदार्थों के कणों में समतल सतहों की संख्या निश्चित नहीं होती। वे विशेष प्रकार से व्यवस्थित होते हैं, जैसे काँच आदि।

डी-ग्लासिंग : ऐसा समझा जाता है कि काँच एक काल के बाद क्रिस्टलीय ठोस में परिवर्तित हो जाएगा। इसे डी-ग्लासिंग कहते हैं।

द्रव : द्रव पदार्थों का आयतन निश्चित होता है परन्तु आकार निश्चित नहीं होता। इनका आकार उस बर्तन जैसा हो जाता है जिसमें ये रखे होते हैं। द्रवों में अणु गतिशील रहते हैं। एक-दूसरे पर आकर्षण बल लगाते हैं परन्तु ठोस पदार्थों में यह बल अधिक होता है।

गैस : इनकी कोई स्थायी संरचना नहीं होती। ये भी द्रवों की तरह उस बर्तन का आकार ले लेते हैं जिसमें ये रखे होते हैं। इनके अणु एक दूसरे पर निर्भर नहीं होते, गति करने के लिये स्वतंत्र होते हैं। गैसीय पदार्थों की संरचना ठोस व द्रव पदार्थों की तुलना में कमजोर होती है।

दृढ़ वस्तुएँ (Rigid body) : बाह्य बल के कार्यरत होने पर भी इनके अणुओं के बीच की दूरी नहीं बदलती अर्थात् वह स्थिर ही रहती है।

नोट : प्राकृतिक रूप से कोई भी वस्तु दृढ़ नहीं होती और सभी ठोस पदार्थ संपीडित होते हैं।

पदार्थों के गुण :

सभी वस्तुओं में कुछ विशिष्ट और कुछ सामान्य गुण होते हैं। सामान्य गुण निम्नलिखित हैं :

1. *आयतन* : वस्तु द्वारा घेरे गए स्थान को आयतन कहते हैं।

2. *द्रव्यमान* : किसी वस्तु में लगे पदार्थ के परिमाण को द्रव्यमान कहते हैं।

3. *घनत्व* : इकाई आयतन के द्रव्यमान को घनत्व कहते हैं।

$$D = M / V \text{ किग्रा०/मी०}^3$$

4. *भार* : पृथ्वी द्वारा किसी वस्तु पर लगाया गया बल उस वस्तु का भार कहलाता है।

$$W = mg \text{ न्यूटन}$$

5. *जड़त्व* : प्रत्येक वस्तु अपने ऊपर कार्यरत बल का प्रतिरोध करती है। यह उसके द्रव्यमान पर निर्भर करता है। इस प्रतिरोध को जड़त्व कहते हैं।

☐ पदार्थों के विशिष्ट गुण उनकी आन्तरिक संरचना पर आधारित होते हैं।

प्रत्यास्थता : यदि किसी वस्तु पर बाह्य बल लगाया जाये तो यह विरुपित हो जाती है। बल हटाने पर यदि वस्तु अपनी पूर्व अवस्था (आकार) में आ जाती है तो हम कहेंगे कि वस्तु प्रत्यास्थ है। वस्तु के इस गुण को **प्रत्यास्थता** कहते हैं। कोई भी वस्तु पूर्ण प्रत्यास्थ नहीं होती फिर भी किसी सीमा तक कुछ वस्तुएँ पूर्ण प्रत्यास्थ होती हैं। क्वाट्ज इसका उदाहरण है। पूर्ण रूप से प्लास्टिक की वस्तुएँ बाह्य बल हटाने पर अपनी पूर्ण अवस्था व आकार में नहीं आ पातीं। गीली मिट्टी, गीला आटा इसके उदाहरण हैं।

प्रत्यास्थ सीमा : किसी पदार्थ की प्रत्यास्थता की वह सीमा है जिसके आगे पदार्थ प्लास्टिक गुण दर्शाने लगता है।

प्रतिबल : इकाई क्षेत्रफल पर लगे बल को प्रतिबल कहते हैं।

अनुदैर्ध्य विकृति : यह लम्बाई में परिवर्तन व मूल लम्बाई का अनुपात होता है। गणितीय रूप से,

$$\text{अनुदैर्ध्य विकृति} = \frac{\Delta l}{l}$$

इसका कोई मात्रक नहीं होता।

आयतन विकृति : प्रति इकाई आयतन व आयतन परिवर्तन के अनुपात को आयतन विकृति कहते हैं। इसे इस प्रकार लिख सकते हैं,

$$\text{आयतन विकृति} = \frac{\Delta v}{V}$$

इसका कोई मात्रक नहीं है।

शियरिंग विकृति : किसी वस्तु पर स्पर्श रेखा की दिशा में लगे बल के प्रभाव से बिना आयतन में परिवर्तन हुए उसके आकार में हुए परिवर्तन को शियरिंग विकृति कहते हैं।

हुक का नियम : प्रत्यास्थता सीमा के अन्दर किसी वस्तु पर लगने वाला प्रतिबल उसमें हुई विकृति के समानुपाती होता है।

$$\text{प्रतिबल} \propto \text{विकृति}$$

$$\frac{\text{प्रतिबल}}{\text{विकृति}} = \text{स्थिरांक}$$

यह स्थिरांक उस पदार्थ का प्रत्यास्थता गुणांक कहलाता है।

यंग गुणांक (Young's Modulus) (τ) : प्रत्यास्थता सीमा के अन्दर अनुदैर्घ्य प्रतिबल व अनुदैर्घ्य विकृति के अनुपात को यंग गुणांक कहते हैं

$$\therefore \quad \tau = \frac{\text{अनुदैर्घ्य प्रतिबल}}{\text{अनुदैर्घ्य विकृति}}$$

प्रत्यास्थ विस्तार गुणांक (Bulk Modulus) (k) : आयतन प्रतिबल व आयतन विकृति के अनुपात को प्रत्यास्थ विस्तार गुणांक कहते हैं।

$$\therefore \quad k = \frac{\text{आयतन प्रतिबल}}{\text{आयतन विकृति}}$$

दृढ़ प्रत्यास्थता गुणांक (Modulus of Rigidity) (η): स्पर्शरेखीय प्रतिबल व शियरिंग विकृति के अनुपात को दृढ़ प्रत्यास्थता गुणांक कहते हैं।

$$\eta = \frac{\text{स्पर्शरेखीय प्रतिबल}}{\text{शियरिंग विकृति}}$$

प्रत्यास्थता गुणांक का S.I. मात्रक न्यूटन प्रति मीटर^2 (N/m^2) होता है।

श्यानता (Viscosity) : द्रव की दो सतहों के बीच आन्तरिक घर्षण के कारण आकार परिवर्तन को श्यानता कहते हैं। ताप बढ़ने के साथ-साथ द्रवों की श्यानता घटती है और ताप घटने पर श्यानता बढ़ती है। शहद व अरंडी के तेल की श्यानता अधिक होती है जब कि एल्कोहल व गैसोलीन की श्यानता कम होती है।

पृष्ठ तनाव (Surface Tension) : द्रव्य पदार्थों की सतहों में आन्तरिक आण्विक बलों के कारण तनाव बल को पृष्ठ तनाव कहते हैं। पृष्ठ तनाव के कारण मुक्त पृष्ठ का क्षेत्रफल न्यूनतम होता है।

ससंजकता (Cohesion) : एक ही पदार्थ के अणुओं के बीच आकर्षण बल ससंजकता (Cohesion) कहलाता है।

असंजकता (Adhesion) : दो विभिन्न पदार्थों के बीच अणुओं के बीच लगने वाला बल असंजक बल तथा गुण को असंजकता कहते हैं।

पदार्थ की गतिज ऊर्जा सिद्धान्त : इसके अनुसार पदार्थ की सभी अवस्थाओं में विद्यमान कण लगातार गतिमय होते हैं। कणों की कम्पित गति के कारण पदार्थ में ऊर्जा होती है, जिससे उसका ताप बढ़ता है। विसरण, वाष्पन, अधिशोषण और ब्राउनन गति इसके साक्ष्य हैं।

विसरण (Diffusion) : गैसों के मिलने (मिश्रित होने) व प्रवेशक (Penetrating) होने की प्रक्रिया को विसरण कहते हैं।

वाष्पन (Evaporation) : द्रव के मुक्त पृष्ठ से अति गतिशील अणुओं के पलायन की प्रक्रिया को वाष्पन कहते हैं।

अधिशोषण (Adsorption) : एक बन्द परखनली में समय के साथ-साथ दाब कम होने की प्रक्रिया को अधिशोषण कहते हैं।

ब्राउनन गति : किसी भी द्रव (तरल) पदार्थ के छोटे-छोटे कण हर समय गतिमान रहते हैं। यह अनियमित गति ब्राउनन गति कहलाती है।

आपेक्षिक घनत्व : 4°C पर निश्चित आयतन के पदार्थ का द्रव्यमान और उसी आयतन के जल के द्रव्यमान के अनुपात को आपेक्षिक घनत्व कहते हैं।

गणितीय रूप से,

$$\text{आ० घ०} = \frac{\text{पदार्थ का घनत्व}}{4°C \text{ पर जल का घनत्व}}$$

C.G.S. प्रणाली में यह संख्यात्मक रूप से घनत्व के समान होता है।

उत्प्लावन बल : कुछ वस्तुएँ जल में तैरती हैं और कुछ एल्कोहल में तैर सकती हैं। सभी द्रव विभिन्न सीमा तक विशेष गुणों का प्रभुत्व रखते हैं। जब एक वस्तु को तरल में डुबोया जाता है तो उस पर ऊपर की ओर एक बल लगता है जिससे उस वस्तु के भार में कमी आ जाती है और यह कमी उसी वस्तु द्वारा हटाए गए द्रव के भार के समान होती है। यह घटना उत्प्लावन बल की उपस्थिति दर्शाती है।

आर्किमिडीज का सिद्धान्त : जब किसी वस्तु को द्रव में पूरा या आंशिक रूप से डुबोया जाता है तो उसके भार में आभासी कमी आ जाती है। यह कमी उस वस्तु के द्वारा हटाए गए द्रव के भार के बराबर होती है।

प्लवन का सिद्धान्त : जब किसी वस्तु द्वारा हटाए गए तरल का भार उस वस्तु (स्वयं) के भार के समान हो तो वस्तु सन्तुलित अवस्था में तैरने लगती है।

दाब : इकाई क्षेत्रफल पर कार्यरत बल को दाब कहते

हैं। इसका मात्रक न्यूटन प्रति वर्ग मीटर (Nm^{-2}) या पास्कल है।

पास्कल का नियम : 17वीं शताब्दी में फ्रांस के वैज्ञानिक ब्लेयर पास्कल ने यह खोज की कि किसी बन्द पात्र में दाब भी कार्यरत रहता है और यह दाब द्रव के समस्त भागों में समान तीव्रता से चारों ओर कार्य करता है। यह एक अदिश राशि है।

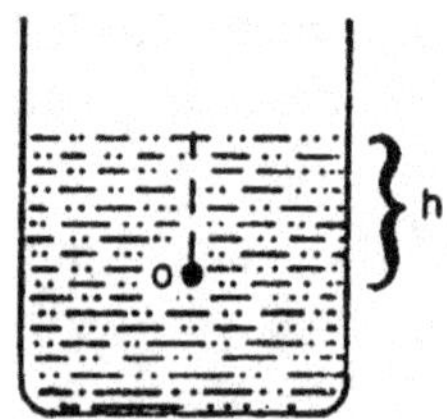

पृष्ठ तल से h दूरी पर स्थित बिन्दु O पर दाब $= hdg + A$ यहाँ पर h, d, g, A क्रमशः पृष्ठतल से O तक की दूरी, घनत्व, गुरुत्वजनित त्वरण तथा वायुमण्डलीय दाब को व्यक्त करते हैं।

प्रणोद (Thrust) : किसी तरल पदार्थ के अन्दर पृष्ठ सतह के लम्बवत् जो बल लगता है वह प्रणोद है। यह दाब व क्षेत्रफल के गुणनफल के समान होता है। यह एक सदिश राशि है।

सामान्य वायुमण्डलीय दाब : 0°C पर समुद्रतल पर m kg के 76 सेमी० ऊँचे स्तम्भ द्वारा डाला गया दाब एक वायुमण्डलीय दाब के बराबर होता है। गणितीय रूप से

$$P = h \cdot d \cdot g = 76 \times 13.6 \times 981$$
$$= 1.014 \times 10^6 \text{ डायन/सेमी}^2$$
$$= 1.014 \times 10^5 \text{ N/m}^2$$

दाबमापी बैरोमीटर : यह वायुमण्डलीय दाब मापने का यंत्र होता है। प्रयोगशालाओं में अत्यन्त प्रभावशाली रूप से दाब मापने में फोर्टीन बैरोमीटर का प्रयोग किया जाता है। यह किसी स्थान की समुद्र तल से ऊँचाई ज्ञात करने में व मौसम की भविष्यवाणी करने में प्रयोग किया जाता है।

बैरोग्राफ : यह वायुमण्डलीय दाब को रिकार्ड करने वाला यंत्र है।

एनरायॅड बैरोमीटर : यह पोर्टेबल बैरोमीटर होता है जिसमें कोई द्रव प्रयोग नहीं होता।

---

2. वस्तुओं की गति, वेग तथा त्वरण, न्यूटन के गति के नियम, बल व संवेग, बला. का समान्तर चतुर्भुज का नियम, वस्तुओं का सन्तुलन व स्थिति, गुरुत्वाकर्षण, कार्य, शक्ति व ऊर्जा का सामान्य ज्ञान

वस्तु की गति : एक लिए गए फ्रेम के सापेक्ष किसी वस्तु की स्थिति में परिवर्तन होना वस्तु का गतिशील होना है।

सरलरेखीय गति : जब कोई वस्तु एक सरल रेखा में गति करती है तो उसकी इस गति को सरलरेखीय गति कहते हैं।

दूरी : बिना किसी दिशा के बोध के किसी वस्तु द्वारा एक बिन्दु से दूसरे तक की स्थिति परिवर्तन को दूरी कहते हैं।

विस्थापन : दो बिन्दुओं के बीच की न्यूनतम दूरी को विस्थापन कहते हैं।

चाल : इकाई समय में तय की गई दूरी को चाल कहते हैं। यह एक अदिश राशि है तथा इसकी विमाएं LT^{-1} होती हैं।

$$\therefore \text{ चाल} = \frac{\text{वस्तु द्वारा तय की गई कुल दूरी}}{\text{वस्तु द्वारा लिया गया समय}}$$

समान गति : जब कोई वस्तु समान समय अन्तरालों में समान दूरी तय करती है तो हम कहते हैं कि वस्तु समान गति से चल रही है।

वेग (Velocity) : यदि t से० में किसी वस्तु में s विस्थापन होता है तो उसका वेग,

$$v = \frac{s}{t}$$

यह एक सदिश राशि है।

क्षणिक वेग : समय के सापेक्ष विस्थापन के परिवर्तन की दर को क्षणिक वेग कहते हैं। गणितीय रूप से,

$$v = \frac{ds}{dt}$$

यह एक सदिश राशि है।

त्वरण : वेग परिवर्तन की दर को त्वरण कहते हैं। यदि किसी वस्तु का वेग t सैकेण्ड में u से v हो जाता है तब त्वरण

$$a = \frac{\text{वेग परिवर्तन}}{\text{समय}} = \frac{v - u}{t}$$

यह एक सदिश राशि है। इसकी विमाएं $[LT^{-2}]$ होती हैं।

औसत चाल : एक इकाई समय अन्तराल में वस्तु द्वारा तय की गई कुल दूरी को औसत चाल कहते हैं।

$$\text{औसत चाल} = \frac{\text{कुल तय की गई दूरी}}{\text{कुल लिया गया समय}}$$

समान त्वरण : जब कोई वस्तु समान समय अन्तरालों में समान वेग से परिवर्तन करती है तो कहते हैं कि वस्तु समान त्वरण से गतिशील है।

गति के समीकरण : किसी गतिशील वस्तु के वेग, त्वरण तथा समय अन्तराल के बीच कुछ सम्बन्ध होते हैं जिन्हें गति के समीकरण कह सकते हैं।

माना एक वस्तु u वेग से गतिशील है और समान त्वरण a से t सैकेण्ड अन्तराल में s विस्थापन तय कर लेती है। t सैकेण्ड के बाद उसका वेग v हो जाता है

(a) $\quad v = u + at$

(b) $\quad s = ut + \dfrac{1}{2}\,at^2$

(c) $\quad v^2 = u^2 + 2as$

(d) $\quad S_n = u + \dfrac{a}{2}(2n-1)$

यहाँ पर n^{th} सैकेण्ड में तय की गई दूरी 'S_n' है।

स्वतंत्र रूप से गिरती वस्तुओं के लिए गति के समीकरण :

माना गुरुत्वजनित त्वरण $= g$

प्रारम्भिक वेग $= u$

अन्तिम वेग $= v$

समय अन्तराल $= t$

विस्थापन $= s$

यदि वस्तु ऊपर की ओर गति करती है तब

$$v = u + gt$$
$$s = ut + \frac{1}{2}\,gt^2$$
$$v^2 = u^2 + 2gs$$

जब वस्तु नीचे की ओर गति करती है–

$$v = u - gt$$
$$s = ut - \frac{1}{2}\,gt^2$$
$$v^2 = u^2 - 2gs$$

ऊपर जाने का समय = नीचे आने का समय

अदिश : वे भौतिक राशियाँ जिनमें केवल परिमाण होता है जैसे चाल, दूरी, विभव आदि।

सदिश : वे भौतिक राशियाँ जिनमें परिमाण व दिशा दोनों होते हैं जैसे वेग, त्वरण, बल तथा संवेग आदि।

बल : बल वह बाह्य कारण है जो किसी वस्तु की स्थिति बदल दे या बदलने का प्रयत्न करे। यह एक सदिश राशि है। इसका मात्रक न्यूटन है तथा विमाएं $[MLT^{-2}]$ होती हैं। गणितीय रूप से,

$$F = ma$$

यहाँ पर m और a वस्तु का द्रव्यमान व त्वरण हैं।

संवेग : किसी वस्तु के द्रव्यमान व वेग के गुणनफल को संवेग कहते हैं।

गणितीय रूप से,

$$p = mv$$

यह एक सदिश राशि है और इसका मात्रक kg-m/s है तथा विमाएं $[MLT^{-1}]$ हैं।

आवेग : बल व समय अन्तराल के गुणनफल को आवेग कहते हैं। गणितीय रूप में,

$$\text{आवेग} = \text{बल} \times \text{समय अन्तराल}$$
$$= F \cdot \Delta t$$
$$= \int_{t_1}^{t_2} F \cdot \Delta t$$

यह एक सदिश राशि है। इसका मात्रक kg-m/s तथा विमाएं $[MLT^{-1}]$ होती हैं।

न्यूटन के गति के नियम :

पहला नियम : कोई भी वस्तु स्थिर है तो स्थिर रहेगी, गतिशील है तो गतिशील रहेगी जब तक कि उस पर कोई असन्तुलित (बाह्य) बल न लगाया जाय।

दूसरा नियम : किसी वस्तु में संवेग परिवर्तन की दर उस पर आरोपित बल के समानुपाती होती है और वह बल की दिशा में होती है। गणितीय रूप से,

$$F \quad \propto \frac{\Delta p}{\Delta t}$$

$$\text{या} \qquad F \quad \propto \frac{m \cdot \Delta v}{\Delta t}$$

$$\text{या} \quad F = k \cdot m \cdot \frac{\Delta v}{\Delta t} \qquad [k \text{ स्थिरांक है}]$$

या $\qquad F = kma$

यदि $m = 1$ kg, $a = 1$ ms^{-1}, $F = 1$ N

$\qquad \therefore \qquad k = 1$

या $\qquad F = ma$

तीसरा नियम : प्रत्येक क्रिया के समान व विपरीत प्रतिक्रिया होती है।

संवेग संरक्षण का नियम : जब दो वस्तुएँ एक दूसरे पर क्रिया करती हैं तो उनके संवेग का योग स्थिर रहता है, यदि उन पर कोई बाहरी बल आरोपित न हो।

गणितीय रूप में,

$$mv = \text{स्थिरांक}$$

यदि m_1 तथा m_2 द्रव्यमान की दो वस्तुओं के वेग क्रमशः v_1 तथा v_2 हैं तब

$$m_1 v_1 + m_2 v_2 = \text{स्थिरांक}$$

न्यूटन के नियम व वृत्तीय गति :

वृत्तीय पथ में गति करने को वृत्तीय गति कहते हैं। यह समान व असमान दोनों प्रकार की होती है। दोनों ही दशाओं में वेग की दिशा स्पर्शरेखीय होती है।

$$\therefore \qquad \theta = \omega \cdot t$$

यहाँ θ व ω क्रमशः कोणीय विस्थापन व कोणीय वेग हैं तथा कोणीय वेग का मात्रक रेडियन प्रति सै० है।

अभिकेन्द्र त्वरण : यह त्वरण केन्द्र की ओर वृत्ताकार पथ की त्रिज्या के अनुदिश होता है।

$$\therefore \text{अभिकेन्द्र त्वरण} = \frac{v^2}{R}$$

अभिकेन्द्र बल : वह वृत्ताकार गति करती वस्तु पर केन्द्र की ओर लगने वाला बल होता है। गणितीय रूप से

$$\text{अभिकेन्द्र बल,} \quad F_c = \frac{M v^2}{R} = MR\omega^2$$

यहाँ $\qquad v = \omega R$

अपकेन्द्र बल : वृत्तीय गति में गतिशील वस्तु पर लगने वाला अभिकेन्द्र बल अपकेन्द्र बल कहलाता है। यह परिमाण में भी अभिकेन्द्र बल के समान होता है।

ऊर्ध्वाधर वृत्तीय गति : यह असमान वृत्तीय गति होती है और इसमें अभिकेन्द्र त्वरण भी असमान होता है।

$\therefore$ वृत्त के ऊपरी सिरे पर न्यूनतम वेग $= \sqrt{gr}$

वृत्त के नीचे वाले सिरे पर न्यूनतम वेग $= \sqrt{5gr}$

बल की गति या आघूर्ण : बल के दिशा बदलने के प्रभाव को आघूर्ण कहते हैं। यह बल तथा बल भुजा के गुणनफल के बराबर होता है। गणितीय रूप से

$$\tau = F \times l$$

यहाँ पर l बल की घूर्णन बिन्दु से दूरी है।

बल युग्म : जब दो समान व विपरीत बल किसी वस्तु पर विभिन्न बिन्दुओं पर कार्यरत होते हैं तो वे युग्म कहलाते हैं।

सदिशों का समान्तर चतुर्भुज नियम :

माना OA और OB दो सदिश $\vec{a}$ तथा $\vec{b}$ बिन्दु O पर कार्यरत हैं और इनका परिणामी सदिश $\vec{R}$ से प्रदर्शित है।

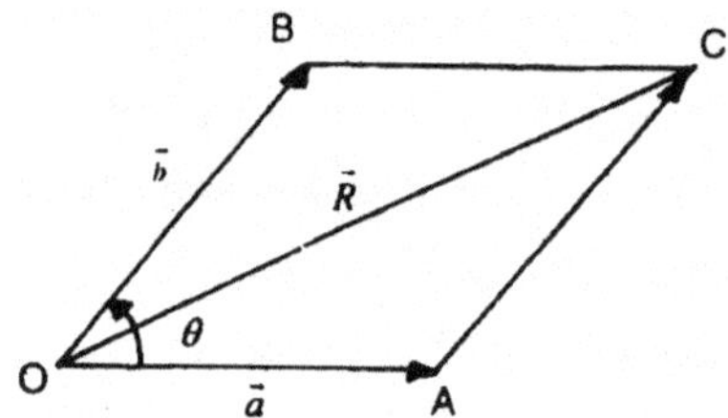

या $\qquad \vec{R} = \vec{a} + \vec{b}$

$$|\vec{R}| = |\vec{a}| + |\vec{b}|$$

$$|\vec{R}| = \sqrt{|\vec{a}|^2 + |\vec{b}|^2 + 2|\vec{a}||\vec{b}|\cos\theta}$$

यहाँ पर θ दोनों सदिशों a तथा b के बीच कोण है।

बलों का त्रिभुज का नियम : यदि तीन बल एक बिन्दु पर कार्य कर रहे हैं और उन्हें एक त्रिभुज की भुजा से दर्शाया जाय तो वे सन्तुलन में होते हैं।

वस्तुओं में स्थिरता : वह बिन्दु जहाँ पर गुरुत्व केन्द्र कार्यरत होता है वह वस्तु की स्थिरता निश्चित करता है।

गुरुत्व केन्द : किसी वस्तु का गुरुत्व केन्द्र वह बिन्दु है जहाँ पर उस वस्तु का समस्त भार केन्द्रित माना जा सकता है। गुरुत्व केन्द्र से कोई वस्तु लटकाने पर वह सन्तुलित रहती है।

स्थिर सन्तुलन : यदि हर किसी वस्तु को थोड़ा विस्थापित कर दें और वह अपनी पूर्व अवस्था में आ जाए तो वह वस्तु स्थिर सन्तुलन में कही जाती है।

अस्थिर सन्तुलन : किसी वस्तु को थोड़ा विस्थापित करने पर वह पूर्व अवस्था में न आ पाए तो वह वस्तु अस्थिर सन्तुलन में होती है।

उदासीन सन्तुलन : यदि किसी वस्तु को विस्थापित कर दें और इसका गुरुत्व केन्द्र ऊपर हो या नीचे हो, उदासीन सन्तुलन में कही जाती है।

गुरुत्वाकर्षण :

गुरुत्व : जिस बल से पृथ्वी किसी वस्तु को अपनी ओर खींचती है गुरुत्व कहलाता है।

गुरुत्वाकर्षण का नियम : इस नियम के अनुसार विश्व में प्रत्येक वस्तु एक दूसरे पर बल आरोपित करती है। दो वस्तुओं के बीच लगने वाला बल उनकी दूरी के वर्ग के विलोमानुपाती तथा दोनों के द्रव्यमानों के गुणनफल के समानुपाती होता है। माना दो वस्तुएँ जिनके द्रव्यमान m_1 तथा m_2 एक दूसरे से 'd' दूरी पर स्थित हैं, तो इनके बीच लगने वाला बल

$$F \propto \frac{m_1 m_2}{d^2}$$

या

$$G = G \cdot \frac{m_1 m_2}{d^2}$$

यहाँ पर G गुरुत्वाकर्षण स्थिरांक होता है। इसका मान 6.6×10^{-11} Nm^2 kg^2 होता है, इसकी विमाएं $[M^{-1}L^{-3}T^{-2}]$ होती हैं।

पृथ्वी की सतह पर गुरुत्वजनित त्वरण 'g' :

$$g = \frac{G \cdot M}{R^2}$$

यहाँ पर M व R क्रमशः पृथ्वी की द्रव्यमान व त्रिज्या हैं।

ग्रहों की गति के केप्लर के नियम :

पहला नियम : इस नियम के अनुसार प्रत्येक ग्रह एक दीर्घ वृत्ताकार कक्ष में सूर्य के चारों ओर घूम रहा है जिसके एक नाभिक पर सूर्य होता है। इन कक्षों को दीर्घवृत्ताकार कक्ष भी कहते हैं।

दूसरा नियम : इस नियम के अनुसार सूर्य व ग्रह को मिलाने वाली सदिश रेखा समान आवर्तकाल में समान क्षेत्रफल तय करती है। यह क्षेत्रफल का नियम कहलाता है।

तीसरा नियम : इस नियम के अनुसार प्रत्येक ग्रह के घूर्णन काल का वर्ग उसकी सूर्य से दूरी के घन के समानुपाती होता है। यह आवर्तों का नियम कहलाता है। गाणितीय रूप से,

$$T^2 \propto r^3$$

अर्थात् $$\frac{T_1^2}{r_1^3} = \frac{T_2^2}{r_2^3} = \dots\dots = \frac{T_n^2}{r_n^3}$$

कार्य : जब कोई बल किसी वस्तु को विस्थापित कर देता है तो हम कहेंगे कि बल ने कार्य किया है। यदि कोई बल F किसी पिंड को 'd' दूरी पर विस्थापित करता है तो

$$\text{कार्य} = W = F \cdot d$$

यह एक अदिश राशि है। इसका मात्रक जूल या न्यूटन मीटर है। इसकी विमाएं $[ML^2T^{-2}]$ होती हैं।

ऊर्जा : कार्य करने की क्षमता को ऊर्जा कहते हैं।

गतिज ऊर्जा : गति के कारण कार्य करने की क्षमता को गतिज ऊर्जा कहते हैं। गाणितीय रूप से,

$$\text{K.E.} = \frac{1}{2}mv^2$$

यहाँ पर m और v वस्तु के क्रमशः द्रव्यमान व वेग हैं।

स्थितिज ऊर्जा : स्थिति के कारण कार्य करने की क्षमता को स्थितिज ऊर्जा कहते हैं।

$$\text{गुरुत्व स्थितिज ऊर्जा} = mgh.$$

यहाँ पर m, g तथा h वस्तु के क्रमशः द्रव्यमान, गुरुत्व के जनित त्वरण तथा पृथ्वी की ऊँचाई हैं।

शक्ति : समय के सापेक्ष कार्य करने की दर को शक्ति कहते हैं। गाणितीय रूप से,

$$P = \frac{W}{t}$$

यह एक अदिश राशि है। इसका मात्रक Js या वाट होती है। इसकी विमाएं $[ML^2T^{-3}]$ होती हैं।

एक अश्व शक्ति 746 वाट के समान होती है।

---

3. ऊष्मा के प्रभाव, ऊष्मा व ताप का मापन, अवस्था परिवर्तन, गुप्त ऊष्मा, ऊष्मा संचरण के प्रकार

ऊष्मा :

यह एक प्रकार की ऊर्जा है। इसके प्रभाव हैं :

(i) ताप का बढ़ना।

(ii) लम्बाई, क्षेत्रफल तथा आयतन बढ़ना।

(iii) भौतिक गुणों व अवस्था में परिवर्तन लाना।

(iv) कुछ परिस्थितियों में रासायनिक परिवर्तन करना।

ऊष्मा का मात्रक कैलोरी होता है। एक कैलारी ऊष्मा एक ग्राम जल का ताप 1°C बढ़ा देती है।

ताप :

यह गर्माहट या ठण्डेपन की माप होता है।

ताप का मापन : ताप को निम्न पैमाना. पर मापा जा सकता है :–

    (i) सेन्टीग्रेड या सेल्सियस पैमाना

(ii) फैरनहाइट पैमाना

(iii) रयूमर पैमाना

(iv) केल्विन या परमताप या गैस पैमाना

जल के गलनांक व क्वथनांक इन पैमाना. पर निम्नलिखित हैं –

	गलनांक	क्वथनांक
सेल्सियस	$0°$	$100°$
फैरनहाइट	$32°$	$212°$
रयूमर	$0°$	$80°$
केल्विन	273	373

दिन के समय का न्यूनतम व उच्चतम ताप मापने के लिये न्यूनतम उच्चतम थर्मामीटर प्रयोग होता है।

मानव शरीर का सामान्य ताप $98.6°F$ या $37°C$ होता है। इस ताप को डाक्टरी थर्मामीटर द्वारा मापते हैं। यह कम परास ($95°$ से $110°F$)का बहुत सूक्ष्मग्राही थर्मामीटर होता है।

चारों पैमानों का आपस में सम्बन्ध निम्नलिखित है

$$\frac{C}{100} = \frac{F-32}{180} = \frac{R}{180} = \frac{K-273}{100}$$

विशिष्ट ऊष्मा : एक ग्राम पदार्थ की $1°C$ ताप वृद्धि के लिये आवश्यक ऊष्मा उस पदार्थ की विशिष्ट ऊष्मा कहलाती है।

जल की विशिष्ट ऊष्मा 1 है।

शुद्ध लोहे की वि० ऊ० $= 0.11$

पारे की वि० ऊ० $= 0.033$

तथा सोने की वि० ऊ० $= 0.0316$ होती है।

प्रसार (Expansion) : जब किसी पदार्थ को गर्म किया जाता है तो वह लम्बाई, चौड़ाई और आयतन में फैलता है। जब ठंडा करते हैं तो सिकुड़ता है।

रेखीय प्रसार गुणांक : यह लम्बाई में प्रति इकाई के रूप में परिभाषित किया जा सकता है जबकि ताप वृद्धि $1°C$ होती हो। यहाँ पर

$$= \frac{l_t - l_0}{l_0 \cdot \Delta t}$$

या $l_t = l_0(1 - l\Delta t)$

यहाँ पर α रेखीय प्रसार गुणांक, l_t और $l_0 = t°C$ और $0°C$ पर $\Delta t = $ ताप में वृद्धि ($°C$ में)

क्षेत्रफलीय प्रसार गुणांक : यह प्रति इकाई क्षेत्रफल में वृद्धि के समान होता है जबकि ताप वृद्धि $1°C$ हो। यहाँ पर

$$\beta = \frac{A_t - A_0}{A_0 \cdot \Delta t}$$

$$A_t = A_0[1 - \beta \cdot \Delta t]$$

A_t तथा $A_0 = $ पृष्ठ क्षेत्रफल (क्रमशः $t°C$ व $0°C$ पर)

$\Delta t = $ ताप में परिवर्तन ($°C$)

घनीय प्रसार गुणांक : यह प्रति इकाई आयतन में वृद्धि के समान होता है जबकि ताप वृद्धि $1°C$ हो। यहाँ पर

$$\therefore \quad \gamma = \frac{V_t - V_0}{V_0 \cdot \Delta t}$$

$$V_t = V_0(1 + \gamma \cdot \Delta t)$$

यहाँ पर V_t तथा V_0 क्रमशः $t°C$ व $0°C$ पर आयतन हैं।

$$\Delta t = \text{ताप में परिवर्तन} (°C)$$

α, β तथा γ में सम्बन्ध

$$\alpha = \beta/2 = \gamma/3$$

द्रवों के लिए घनीय प्रसार गुणांक के दो मान होते हैं

1. आभासी घनीय प्रसार गुणांक γ_a

$$\gamma_a = \frac{\text{आयतन में आभासी प्रसार}}{\text{प्रारम्भिक आयतन} \times \text{ताप में परितर्वन}}$$

2. वास्तविक घनीय प्रसार गुणांक γ_r

$$\gamma_r = \frac{\text{आयतन में वास्तविक प्रसार}}{\text{प्रारम्भिक आयतन} \times \text{ताप में परिवर्तन}}$$

γ_0 तथा γ_r में सम्बन्ध

$$\gamma_0 = \gamma_r + \gamma_g$$

यहाँ पर $\gamma_g = $ उस पात्र का (ग्लास प्रायः) घनीय प्रसार गुणांक है जिसमें पदार्थ रखा है।

गुप्त ऊष्मा $= $ किसी पदार्थ का ताप बदले बिना उसकी अवस्था में परिवर्तन के लिये आवश्यक ऊष्मा को गुप्त ऊष्मा कहते हैं। दूसरे शब्दों में, एक ग्राम बर्फ को $0°C$ (ताप स्थिर) पर पानी में बदलने के लिये पर्याप्त ऊष्मा की मात्रा को गुप्त ऊष्मा (बर्फ की) कहते हैं।

बर्फ की गलन गुप्त ऊष्मा $= 80$ कैलोरी/ग्राम

वाष्प की गुप्त ऊष्मा = 540 कैलोरी प्रति ग्राम

न्यूटन का शीतलन का नियम : किसी गर्म वस्तु से ली गई ऊष्मा उसके तथा चारों ओर के तापान्तर के समानुपाती होती है। यह नियम थोड़े तापान्तर के लिये सत्य है। इससे किसी भी द्रव की विशिष्ट ऊष्मा ज्ञात कर सकते हैं।

गैसों की विशिष्ट ऊष्मा :

स्थिर दाब पर गैस की विशिष्ट ऊष्मा = C_p

स्थिर ताप पर गैस की विशिष्ट ऊष्मा = C_v

दोनों विशिष्ट ऊष्मा में सम्बन्ध

$$C_p - C_v = \frac{R}{J}$$

यहाँ पर $\qquad R -$ गैस स्थिरांक

$\qquad\qquad J -$ ऊष्मीय यांत्रिक तुल्यांक

ऊष्मा संचरण के प्रकार : ऊष्मा संचरण की तीन प्रमुख रीतियां हैं :

(a) **चालन** : इस प्रक्रिया में ऊष्मा एक कण से दूसरे कण की ओर गिरते ताप की दिशा में चलती है।

जब कण आपस में टकराते हैं तो ऊष्मा संचरण होता रहता है।

(b) **संवहन** : इस प्रक्रिया में एक कण ऊष्मा लेकर उच्च से निम्न ताप की ओर चला जाता है फिर उसका दूसरा कण भी यही करता है।

(c) **विकिरण** : इस प्रक्रिया में ऊष्मा उच्च ताप से निम्न ताप की ओर संचरित होती है। इसमें किसी माध्यम की आवश्यकता नहीं है। ऊष्मा की चाल प्रकाश के वेग के समान होती है।

चालन के द्वारा ऊष्मा का संचरण : कोई 'A' अनुप्रस्थ काट क्षेत्रफल वाली छड़ से ऊष्मा का संचरण हो रहा है जिसके सिरों का ताप क्रमशः θ_2 और θ_1 हैं। तब 't' सै० में संचरित ऊष्मा की मात्रा

$$\theta = \frac{K \cdot A(\theta_2 - \theta_1)t}{d}$$

यहाँ पर $K =$ ताप चालकता गुणांक तथा 'd' छड़ की लम्बाई।

---

4. ध्वनि तरंगें और उनके गुण, साधारण संगीत वाद्य-यंत्र

ध्वनि तरंगें : ये किसी स्रोत से उत्पन्न होती हैं जैसे, आवाज, वादन यंत्र या इंजन आदि, जिससे कि सुनने की संवेदना होती है। यह कम्पनों से शुरू होती है। प्रत्येक कम्पित वस्तु ध्वनि उत्पन्न करती है और ये ध्वनि तरंगें माध्यम के द्वारा तरंग की तरह गति करती हैं। ठोस व द्रव में ध्वनि तरंगें अनुप्रस्थ तरंगें होती हैं जबकि गैसों में अनुदैर्घ्य तरंगें होती हैं।

ध्वनि संचरण : ध्वनि किसी माध्यम के द्वारा गमन करती है। ध्वनि की गति माध्यम पर निर्भर करती है। गणितीय रूप में,

$$v = n\lambda$$

$v =$ वेग तथा $\lambda =$ तरंगदैर्ध्य तथा $n =$ आवृत्ति।

तरंगदैर्ध्य : दो क्रमागत सम्पीडनों, विरलनों, शीर्षों या गर्तों के बीच की दूरी को तरंग की तरंगदैर्ध्य कहते हैं।

आवृत्ति : एक सैकेण्ड में लिए गए कम्पनों की संख्या को आवृत्ति कहते हैं।

कला : यह तरंग में कणों की गति करने की दिशा दर्शाता है कि कण अपनी मूल स्थिति से किस ओर गतिमान है।

न्यूटन का सूत्र : वायु में ध्वनि के वेग के लिए सूत्र

$$v = \sqrt{\frac{P}{d}}$$

यहाँ पर $P =$ दाब

तथा $\qquad d =$ माध्यम का घनत्व

लेप्लैस का शुद्धिकरण

$$v = \sqrt{\frac{\gamma P}{d}}$$

यहाँ पर γ गैसों की दो विशिष्ट ऊष्माओं का अनुपात है।

$$\therefore \qquad \gamma = \frac{C_p}{C_v}$$

ध्वनि का वेग : ध्वनि का वेग निम्नलिखित घटकों पर निर्भर करता है :

(a) **ताप का प्रभाव** : ताप बढ़ने के साथ-साथ वेग बढ़ता है।

$$v \propto \sqrt{t}$$

(b) **दाब का प्रभाव** : दाब का वेग पर प्रभाव नहीं पड़ता बशर्ते कि ताप स्थिर हो।

(c) **आर्द्रता का प्रभाव** : घनत्व बढ़ने पर वेग घटता

है।

$$v \propto \frac{1}{\sqrt{d}}$$

ध्वनि के लक्षण : ध्वनि के तीन लक्षण होते हैं–

(a) **ध्वनि की प्रबलता या तीव्रता** : ध्वनि की तीव्रता उसके कणों के कम्पनों के आयाम पर निर्भर करती है। यह स्रोत और प्रेक्षक के बीच की दूरी पर भी निर्भर करती है।

(b) **आवृत्ति** : प्रबल ध्वनि की आवृत्ति अधिक होती है। यह ध्वनि के कणों की कम्पन गति पर निर्भर करती है।

(c) **गुणता** : इस लक्षण से ध्वनि की भिन्नता को पहचाना जा सकता है।

ध्वनि का परावर्तन :

प्रतिध्वनि (Echo) : जब परावर्तित ध्वनि को अलग से सुना जा सके तो उसे प्रतिध्वनि कहते हैं।

ध्वनि का अपवर्तन : ध्वनि एक माध्यम से दूसरे माध्यम में जाने पर अपवर्तित हो जाती है।

ध्वनि का अनुनाद : जब प्रणोदित कम्पनों की आवृत्ति प्राकृतिक कम्पनों की आवृत्ति बराबर हो जाती है तब इस घटना को अनुनाद कहते हैं। इसमें तरंग की तीव्रता व आयाम दोनों अधिक बढ़ जाते हैं।

संगीतमय ध्वनि : जब ध्वनि का प्रभाव कानों पर अच्छा लगे तब हम कहेंगे कि ध्वनि संगीतमय है अन्यथा वह ध्वनि शोर कहलाती है।

स्पंदन (बीट) : जब दो लगभग समान आवृत्तियों की तरंगें व्यतिकरण (Interfere) करती हैं तो बीट बनते हैं।

बीटों की संख्या = आवृत्ति में अन्तर

$$= (n_1 - n_2)$$

मेलॉडी व हारमोनी : विभिन्न प्रकार के तारत्वों के स्तर के मध्य तालमेल होता है। जब दो स्वरों का पूर्ण संख्या में संयोजन होता है तो सुरीलापन होता है अन्यथा संगीत में सुरीलापन नहीं होता। मधुर संगीत के लिए यह आवश्यक है कि डोरी में स्वरों को एक साथ तारत्व करने पर विभिन्न स्वर निकलें।

---

5. प्रकाश का सरल रेखा में चलना, परावर्तन और अपवर्तन, गोलीय दर्पण और लैंस तथा मानव आँख

प्रकाश का सरल रेखा में चलना :

प्रकाश एक सरल रेखा में चलता है। जब इसके बीच में कोई अपारदर्शक वस्तु आ जाती है तो परछाई बन जाती है। यदि एक साफ तीव्र परछाई बनती है तो इससे यह स्पष्ट होता है कि जल तरंगों व ध्वनि की तरह, यह अवरोधों के कारण मुड़ती नहीं है।

परावर्तन :

जब एक आपतित किरण दर्पण कर पड़ती है तो यह उसी माध्यम से एक निश्चित दिशा में विशेष नियमानुसार परावर्तित हो जाती है।

परावर्तन के नियम :

(a) आपतित किरण, परावर्तित किरण तथा अभिलम्ब तीनों एक ही तल में होते हैं।

(b) आपतित कोण *(i)* और परावर्ति कोण *(r)* समान होते हैं। परावर्तित कोण अभिलम्ब दूसरी ओर होता है।

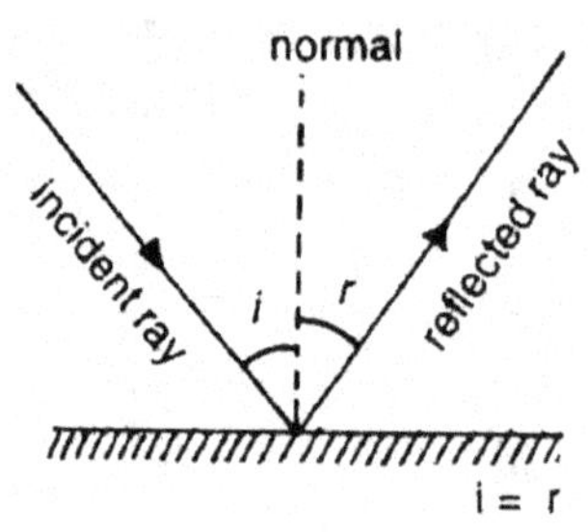

अपवर्तन :

जब प्रकाश किरण एक माध्यम से दूसरे माध्यम में जाती है तो वह अभिलम्ब की ओर मुड़ती है या दूर हटती है तो इस घटना को अपवर्तन कहते हैं।

अपवर्तन के नियम :

(a) आपतित किरण, अपवर्तित किरण तथा तल के आयतन बिन्दु पर अभिलम्ब तीनों एक ही तल में होते हैं।

(b) आपतन कोण की ज्या (sine) तथा अपवर्तन कोण की ज्या (sin) का अनुपात एक स्थिरांक होता है जिसे अपवर्तनांक (μ) कहते हैं ।

$$\mu = \frac{\sin i}{\sin r}$$

यदि μ_1 व μ_2 क्रमश विरल व सघन माध्यम के अपवर्तनांक हैं तो

$$\frac{\mu_2}{\mu_1} = \mu = \frac{\sin i}{\sin r} = {}_1\mu^2$$

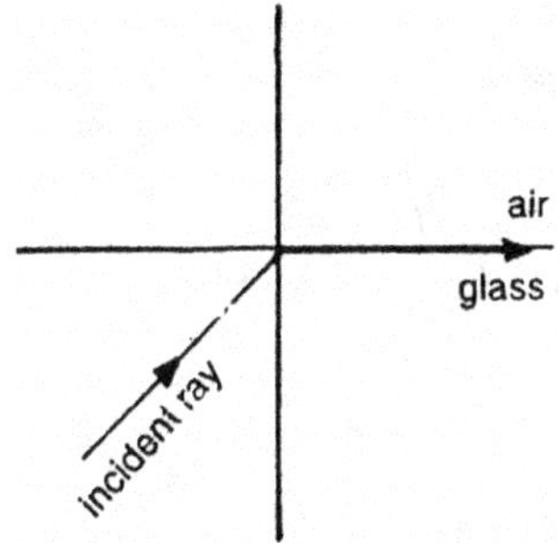

पूर्ण आन्तरिक परावर्तन व क्रांतिक कोण :

यदि सघन माध्यम में आपतन कोण इतना हो जाए कि उसके लिए अपवर्तित कोण 90° हो तो वह आपतन कोण क्रांतिक कोण (C) कहलाता है ।

जब आपतन कोण क्रान्तिक कोण से अधिक हो जाता है तो अपवर्तित किरण सघन माध्यम में परावर्तित हो जाती है। इस घटना को पूर्ण आन्तरिक परावर्तन कहते हैं।

गणितीय रूप से,

$${}_D\mu^R = \frac{\sin C}{\sin 90} = \sin C$$

$${}_R\mu^D = \frac{1}{\sin C} \qquad (C = \text{क्रान्तिक कोण})$$

प्रिज्म में अपवर्तन :

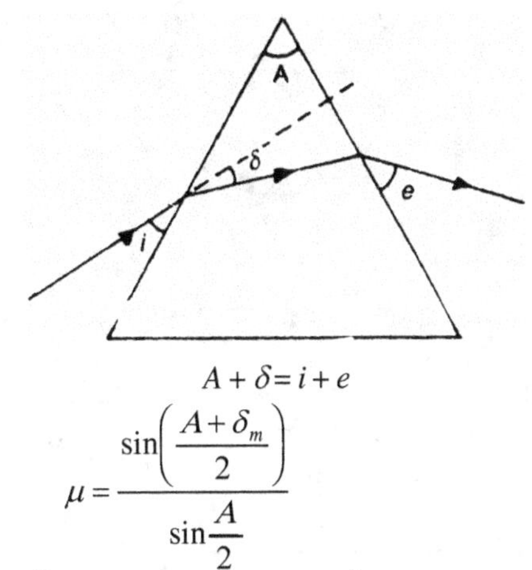

$$A + \delta = i + e$$

$$\mu = \frac{\sin\left(\dfrac{A + \delta_m}{2}\right)}{\sin \dfrac{A}{2}}$$

यहाँ पर A = प्रिज्म का कोण

δ_m = न्यूनतम विचलन कोण

i = आपतन कोण;

e = निर्गत कोण

पतले प्रिज्म के लिए

विचलन कोण $\delta = A(\mu - 1)$

काँच का अपवर्तनांक वायु के सापेक्ष = ${}_a\mu^g$

पानी का अपवर्तनांक वायु के सापेक्ष = ${}_a\mu^w$

∴ काँच का जल के सापेक्ष अपवर्तनांक

$${}_w\mu^g = {}_w\mu^a \times {}_a\mu^g = \frac{{}_a\mu^g}{{}_a\mu^w} \qquad \left\{ {}_w\mu^a = \frac{1}{{}_a\mu^w} \right\}$$

यहाँ पर g = काँच (glass), w = जल, a = वायु

दर्पण : यह उच्चकोटि का पालिश किया हुआ तल है जो कि अधिकतर प्रकाश को परावर्तित कर देता है। यह आभासी प्रतिबिम्ब दर्पण के पीछे बनाता है। अवनत या समान्तर दर्पणों के बीच बनने वाले प्रतिबिम्बों की संख्या

$$= \left[\frac{360}{\text{कोण (दर्पणों के बीच)}} - 1 \right]$$

गोलीय दर्पण

गोलीय दर्पण काँच के खोखले गोले के भाग होते हैं जिसकी आन्तरिक या बाहरी सतह को परावर्तन बनाने के लिये पालिश किया जाता है। गोले के केन्द्र (C) को घर्षण का वक्रता केन्द्र कहते हैं। गोले के केन्द्र व ध्रुव से जाने वाली अक्ष को मुख्य अक्ष कहते हैं।

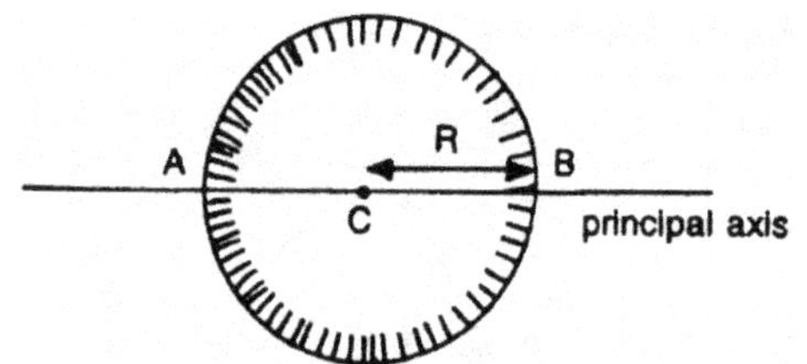

दर्पण की वक्रता त्रिज्या $(R) = 2f$

$f =$ फोकस दूरी

अवतल दर्पण : अन्दर की सतह परावर्तक होती है जबकि बाहरी सतह पर पालिश होती है। जब वस्तु दर्पण के सामने होती है तो प्रतिबिम्ब की विभिन्न स्थितियाँ होती हैं।

(i) जब प्रकाश की किरणें अनन्त से आ रही होती हैं तो प्रतिबिम्ब फोकस पर बनता है।

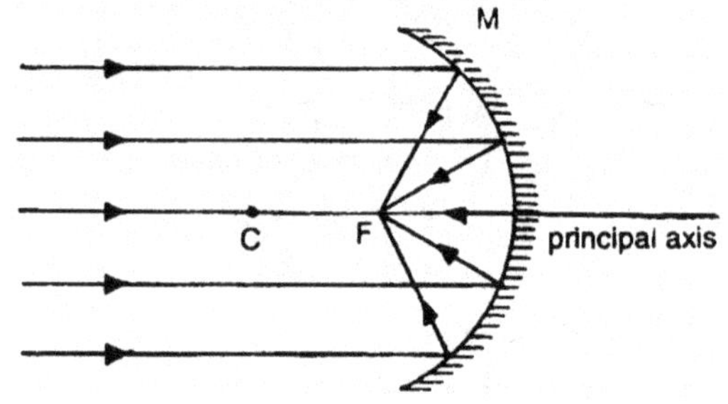

(ii) जब वस्तु वक्रता केन्द्र पर होती है तब उसका प्रतिबिम्ब वक्रता केन्द्र पर वास्तविक, उलटा तथा उसी आकार का बनता है।

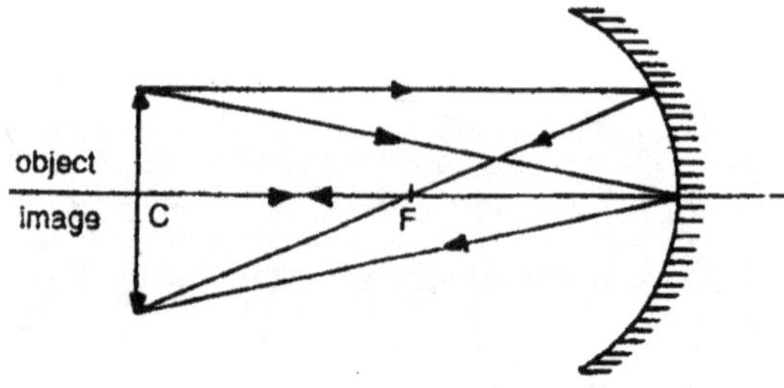

(iii) जब वस्तु वक्रता केन्द्र व फोकस के बीच होती है तो प्रतिबिम्ब वक्रता केन्द्र से परे बड़ा, वास्तविक तथा उलटा बनता है।

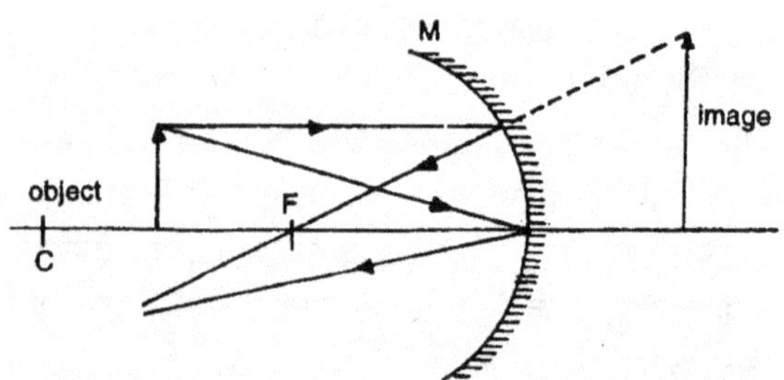

(iv) जब वस्तु वक्रता केन्द्र से दूर रखी होती है तो उसका प्रतिबिम्ब छोटा, उलटा तथा वास्तविक बनता है।

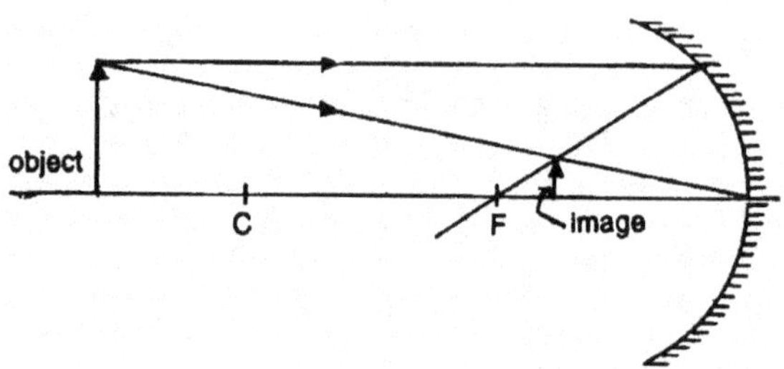

उत्तल दर्पण : बाहरी सतह परावर्तक होती है जबकि अन्दर की सतह पर पालिश की हुई होती है। इस पर जो प्रकाश किरणें मुख्य अक्ष के समान्तर आपतित होती हैं वे परावर्तन के बाद फैल जाती हैं।

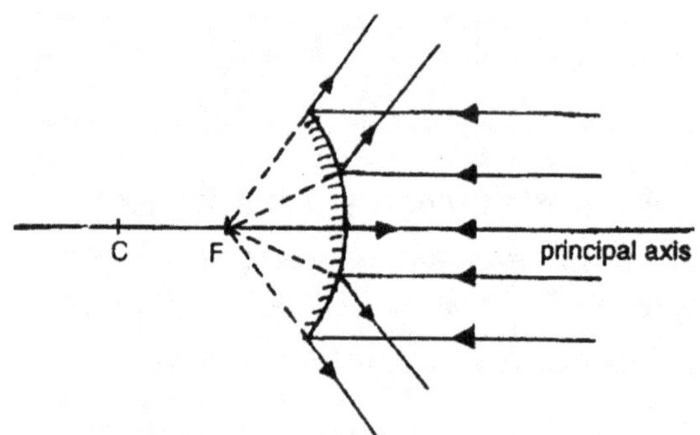

दर्पण का सूत्र :

$$\frac{1}{v} + \frac{1}{u} = \frac{1}{f} \;\Rightarrow\; f = \frac{u \cdot v}{u+v}$$

यहाँ पर $u =$ दर्पण से बिम्ब की दूरी

$v =$ दर्पण से प्रतिबिम्ब की दूरी

$f =$ फोकस दूरी

आवर्धन :

$$m = \frac{I}{O} = \frac{v}{u} = \frac{v-f}{f} = \frac{f}{u-f}$$

यहाँ पर $I =$ प्रतिबिम्ब का आकार

$O =$ बिम्ब का आकार

लैंस : यह पारदर्शी पदार्थ का वह भाग है जो अपवर्तन के सिद्धान्त के अनुसार कार्य करता है।

गोलीय लैंस : यह पारदर्शी गोले से बनता है। गोले का केन्द्र इसका वक्रता केन्द्र होता है।

गोलीय सतहों पर अपवर्तन :

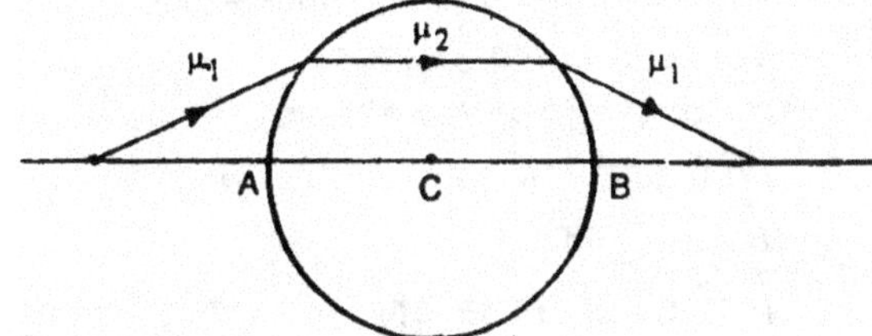

$$\frac{\mu_2}{v} - \frac{\mu_1}{u} = \frac{\mu_2 - \mu_1}{R}$$

या $\quad \dfrac{\mu}{v} - \dfrac{1}{u} = \dfrac{\mu - 1}{R}$

लैंस निर्माण सूत्र :

$$\frac{1}{f} = \frac{\mu_2 - \mu_1}{\mu_1}\left[\frac{1}{R_1} - \frac{1}{R_2}\right]$$

या $\quad \dfrac{1}{f} = (\mu_0 - 1)\left[\dfrac{1}{R_1} - \dfrac{1}{R_2}\right]$

लैंस सूत्र, $\quad \dfrac{1}{f} = \dfrac{1}{v} - \dfrac{1}{u} = P$

यहाँ पर $P =$ लैंस की शक्ति और इसका मात्रक डॉप्टर होता है।

$$\text{आवर्धन} = \frac{v}{u} = \frac{I}{O} = 1 - \frac{v}{f}$$

अपसारी (अवतल) लैंस द्वारा प्रतिबिम्ब बनना :

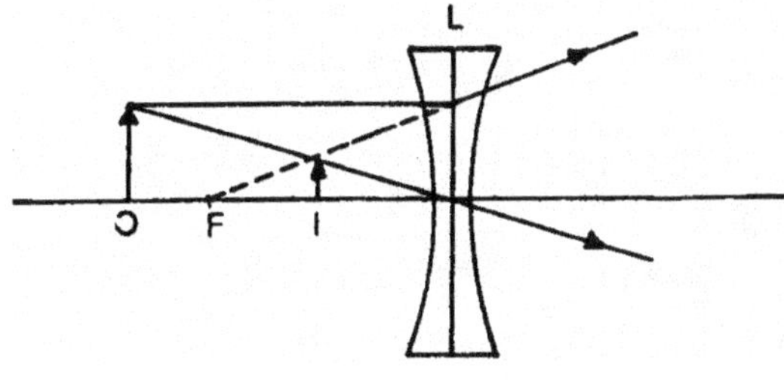

प्रतिबिम्ब छोटा, आभासी तथा सीधा होता है।

अभिसारी (उत्तल) लैंस द्वारा प्रतिबिम्ब बनना :

(a) जब बिम्ब वक्रता केन्द्र से दूर होता है तब लैंस द्वारा प्रतिबिम्ब वास्तविक, उल्टा तथा लैंस की दूसरी ओर F तथा 2F के बीच बनेगा।

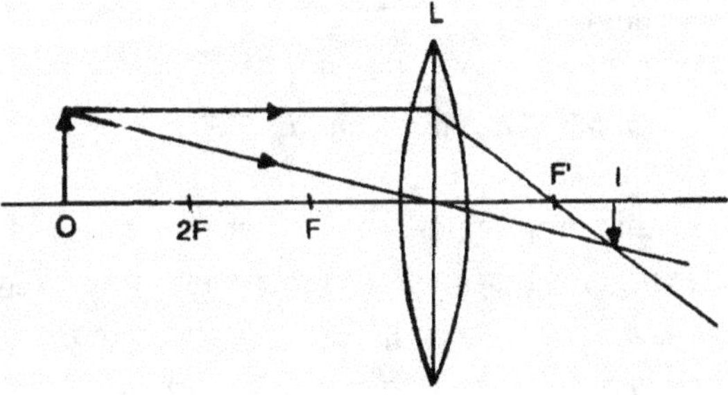

(b) जब बिम्ब F तथा 2F के बीच रखा हो तो प्रतिबिम्ब बड़ा, वास्तविक, उलटा तथा दूसरी ओर 2F से दूर बनेगा।

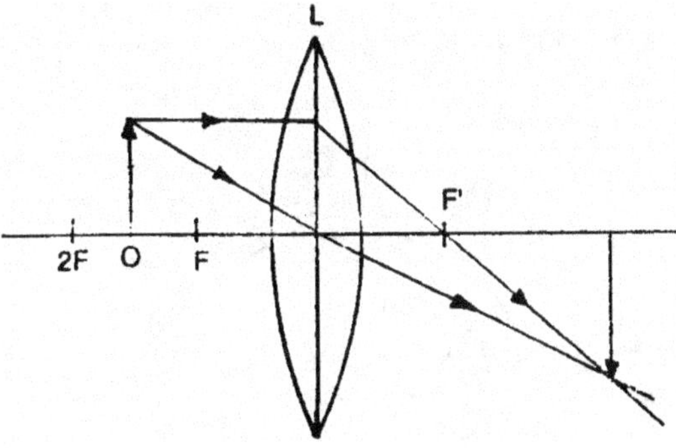

(c) जब बिम्ब लैंस व F के बीच रखा जाता है तो उसका प्रतिबिम्ब लैंस की दूसरी ओर बडा, आभासी तथा सीधा बनता है।

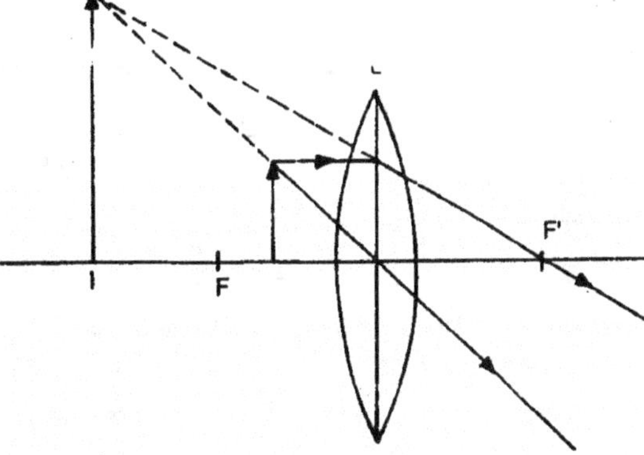

मानव नेत्र :

इसे सजीव कैमरा भी कहा जा सकता है। इसमें एक नेत्रिका लैंस होता है जो नेत्र के पर्दे (रेटिना) पर वास्तविक प्रतिबिम्ब बनाता है। नेत्र की पेशियाँ नेत्र में प्रवेश करने वाले प्रकाश को नियंत्रित करने के लिए इसके द्वारा (पुतली) के आकार को समायोजित करती हैं।

मानव नेत्र लगभग गोलाकार होता है जैसा कि चित्र में दर्शाया गया है। इसके मुख्य भाग निम्नलिखित होते हैं–

(i) कोर्निया *(ii)* परितारिका *(iii)* नेत्रलैंस *(iv)* दृष्टिपटल (रेटिना)

दृष्टि दोष : सामान्य नेत्र दूर की वस्तु व पास रखी वस्तुओं के प्रतिबिम्ब को समायोजित कर लेता है जैसे सामान्य नेत्र द्वारा 25 सेमी० दूरी पर रखी पुस्तक को पढ़ा जा सकता है; एक विज्ञापन बोर्ड जो 3000 या 4000 सेमी० दूरी पर है, अच्छी प्रकार देखा जा सकता है और पढ़ा जा सकता है। परन्तु कभी-कभी एक व्यक्ति 10 से 12 सेमी० की दूरी से ही पुस्तक पढ़ सकता है। इसी प्रकार हम कह सकते हैं कि उसकी दृष्टि का क्षेत्र घट गया है। यह सब दृष्टिदोष के कारण होता है जिनको विभिन्न प्रकार के लैंसों का उपयोग करके दूर किया जा सकता है।

(i) मायोपिया (निकट दृष्टिदोष)

(ii) हाइपरमेट्रोपिया (दूर दृष्टिदोष)

(iii) प्रेजबायोपिया

(iv) अबिन्दुकता

(i) **मायोपिया (निकट दृष्टिदोष)** : निकट दृष्टिदोष वाला व्यक्ति दूर की वस्तुओं को साफ नहीं देख पाता। इस लिये दृष्टि पटल पर स्पष्ट प्रतिबिम्ब बनाने के लिये उचित फोकस दूरी का अवतल लैंस (अपसारी लैंस) प्रयोग करना होता है।

(ii) **हाइपरमेट्रोपिया (दूर दृष्टिदोष)** : ऐसे व्यक्ति निकट की वस्तुओं को स्पष्ट नहीं देख पाते। इस दोष का निवारण उचित फोकस दूरी के उत्तल लैंस (अभिसारी लैंस) के उपयोग से किया जा सकता है।

(iii) **प्रेजबायोपिया** (Presbyopia) : (वृद्ध अवस्था का रोग) यह रोग वृद्धावस्था में ऐसे लोगों को होता है जिन्हें मायोपिया व हाइपरमेट्रोपिया दोनों दोष हो जाते हैं; अतः ऐसे व्यक्ति को दोनों प्रकार के लैंस उपयोग करने होते हैं। एक प्रकार के लैंस से यह दोष ठीक नहीं होता।

(iv) **अबिन्दुकता** (Astigmatism) : इस प्रकार का व्यक्ति ऊपर, नीचे, दाहिने या बायें एकदम स्पष्ट नहीं देख पाता। इस दोष का निवारण बेलनाकार लैंसों को उपयोग करने पर होता है।

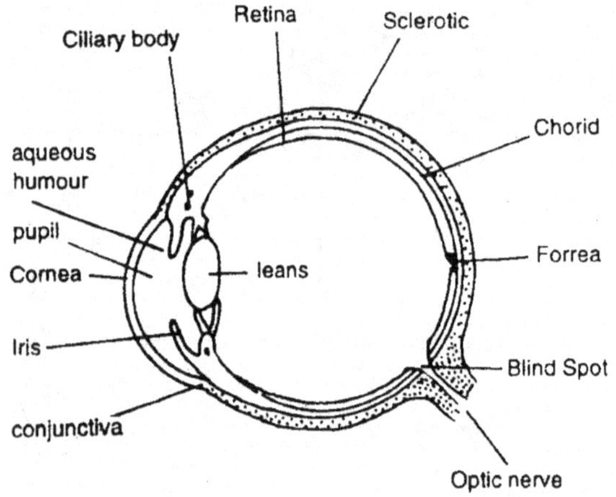

---

6. प्राकृतिक व कृत्रिम चुम्बक, चुम्बक के गुण, पृथ्वी एक चुम्बक के रूप में

चुम्बकत्व :

लोहे, निकल, कोबाल्ट व इनकी कुछ मिश्र धातुओं में प्राकृतिक बल होता है जो लोहे को अपनी ओर खींचता है। इसे चुम्बकत्व कहते हैं।

प्राकृतिक चुम्बक : प्रकृति में पाये जाने वाले खनिज लोडस्टोन को प्राकृतिक चुम्बक कहते हैं।

कृत्रिम चुम्बक : ये चुम्बकीय पदार्थ होते हैं जिनमें चुम्बकत्व गुण को कृत्रिम रूप से बढ़ा दिया जाता है। स्टील को आसानी से चुम्बक बनाया जा सकता है।

चुम्बकत्व के नियम : m_1 व m_2 दो ध्रुवीय प्रबलताएं एक दूसरे से r दूरी पर हैं। उनके बीच लगने वाला बल

$$F = \frac{1}{\mu} \cdot \frac{m_1 m_2}{r^2}$$

यहाँ पर μ एक स्थिरांक है जो कि माध्यम की पारगम्यता होती है।

चुम्बकत्व : लोहे, निकल व कोबाल्ट धातुएं तथा इनकी कुछ मिश्र धातुओं में प्राकृतिक बल होता है जो लोहे के टुकड़ों को आकर्षित करता है। इसे चुम्बकत्व कहते हैं।

चुम्बकीय क्षेत्र : वह क्षेत्र जहाँ पर चुम्बक का प्रभाव अनुभव किया जा सके।

चुम्बकीय क्षेत्र की तीव्रता :

$$E = \frac{m}{\mu \cdot r^2}$$

चुम्बक के गुण :

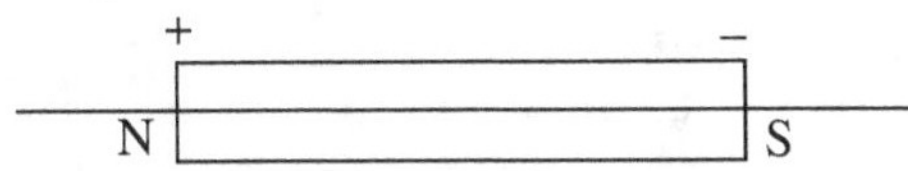

(a) ध्रुवों पर आकर्षण बल अधिक होता है।

(b) प्रत्येक चुम्बक– प्राकृतिक या कृत्रिम अपने चारों ओर चुम्बकीय क्षेत्र का निर्धारण करता है।

(c) चुम्बक को स्वतंत्रतापूर्वक लटकाने पर उत्तर-दक्षिण दिशा में ठहरता है।

(d) उत्तर की ओर वाले ध्रुव को उत्तरी ध्रुव या +ve ध्रुव तथा दक्षिण वाले ध्रुव को दक्षिणी ध्रुव या –ve ध्रुव कहते हैं।

(e) समान ध्रुव प्रतिकर्षित करते हैं तथा असमान ध्रुव आकर्षित करते हैं।

(f) छड़ चुम्बक की तुलना में घोड़े की नाल की तरह वाला चुम्बक अधिक शक्तिशाली होता है।

प्रतिचुम्बकीय : वे पदार्थ जो चुम्बकीय क्षेत्र से प्रतिकर्षित होते हैं अर्थात् जिन पर अधिक चुम्बकीय क्षेत्र के भाग से कम क्षेत्र के भाग की ओर बल कार्य करता है। ये बल रेखाएं माध्यम को बेधन नहीं कर सकत , वायु या निर्वात का बेधन कर सकती हैं। जैसे, विस्मथ, एन्टीमनी आदि।

अनुचुम्बकीय : वे पदार्थ जो चुम्बकीय क्षेत्र द्वारा क्षीण आकर्षण बल अनुभव करते हैं। इनकी बल रेखाएं माध्यम का बेधन कर सकती हैं। जैसे लोहा, द्रवित आक्सीजन आदि।

लौह-चुम्बकीय : ये पदार्थ चुम्बकीय क्षेत्र की ओर अधिक तीव्र आकर्षण बल अनुभव कर सकते हैं। जैसे निकल, कोबाल्ट, लोहा आदि।

चुम्बकीय आघूर्ण : ध्रुव, प्रबलता व चुम्बकीय लम्बाई के गुणनफल को चुम्बकीय आघूर्ण कहते हैं। गणितीय भाषा में

$$M = m \times x$$

यह एक सदिश राशि है।

पृथ्वी चुम्बकत्व :

पृथ्वी एक बहुत बड़ा चुम्बक है जिस कारण अन्य दूसरे चुम्बक इससे प्रभावित होते हैं। उत्तरी ध्रुव, दक्षिणी ध्रुव व चुम्बकीय अक्ष तथा बल क्षेत्र पृथ्वी के चारों ओर फैला हुआ है। चुम्बकीय बल रेखाएँ भूमध्य रेखा पर पृथ्वी की सतह के समान्तर होती हैं।

चुम्बकीय याम्योत्तर : जब एक चुम्बकीय सुई को गुरुत्व केन्द्र पर लटकाया जाता है तो ऊर्ध्वाधर तल जोकि चुम्बकीय सुई की अक्ष से गुजरता है, चुम्बकीय याम्योत्तर कहलाता है।

दिकपात कोण : किसी स्थान पर चुम्बकीय याम्योत्तर व भौगोलिक याम्योत्तर के बीच बने कोण को दिकपात कोण कहते हैं।

नतिकोण : किसी स्थान पर नतिकोण वह कोण है जो पृथ्वी चुम्बकत्व क्षेत्र की तीव्रता और क्षैतिज दिशा के बीच बनता है। गणितीय रूप से,

$$\theta = \tan^{-1}\left[\frac{V}{H}\right]$$

यहाँ पर V = पृथ्वी चुम्बकीय क्षेत्र का ऊर्ध्वाधर घटक

H = पृथ्वी चुम्बकीय क्षेत्र का क्षैतिज घटक

---

7.   *स्थैतिक व धारा विद्युत, कुचालक व सुचालक, ओम का नियम, विद्युत परिपथ, धारा के ऊष्मीय, प्रकाशीय तथा चुम्बकीय प्रभाव, विद्युत शक्ति का मापन, प्राइमरी तथा सैकण्डरी सैल, एक्स-रे के उपयोग*

स्थैतिक विद्युत :

जब दो पदार्थों को आपस में रगड़ते हैं तो उन पर घर्षण के कारण आवेश आ जाता है। विज्ञान की वह शाखा जिससे इनका अध्ययन किया जाता है स्थैतिक विद्युत कहलाती है। दूसरे शब्दों में, हम कह सकते हैं कि यह स्थिर विद्युत आवेश का अध्ययन क्षेत्र है।

धारा विद्युत :

विद्युत आवेश का चालकों में गति करना धारा विद्युत कहलाता है।

चालक व कुचालक :

जिन पदार्थों में विद्युत धारा प्रवाहित हो सकती है वे सुचालक होते हैं, जैसे सिल्वर, कॉपर, लोहा आदि। वे पदार्थ जिनमें विद्युत धारा प्रवाहित नहीं हो सकती, कुचालक कहलाते हैं। जैसे रबर, माइका, काँच, आदि।

कूलॉम का नियम : इस नियम के अनुसार स्थिर अवस्था में दो विद्युत आवेश एक-दूसरे पर बल लगाते हैं।

वह बल उनके आवेशों के मान के गुणनफल के समानुपात से तथा उन आवेशों के बीच की दूरी के वर्ग के विलोमानुपाती होता है। गणितीय भाषा में,

$$F = \frac{1}{4\pi\varepsilon_0} \cdot \frac{q_1 q_2}{r^2}$$

यहाँ पर q_1 तथा q_2 आवेश हैं
r उनके बीच की दूरी है
ε_0 निर्वात की विद्युतशीलता है।

आवेश का मात्रक कूलॉम होता है। यह 3×10^9 e.s.u. आवेश के बराबर होता है।

आवेश व विभवान्तर : किसी चालक में आवेश तभी प्रवाहित होते हैं जबकि विभवान्तर होता है। ऋणात्मक (–ve) आवेश कम विभव से उच्च विभव की ओर गति करता है।

ओम का नियम :

इस नियम के अनुसार किसी चालक के सिरों के बीच विभवान्तर व उसमें प्रवाहित धारा का अनुपात स्थिर होता है। गणितीय रूप से,

$$\frac{V}{I} = \text{स्थिरांक} \qquad \text{अर्थात्} \ \frac{V}{I} = R$$

यहाँ पर R समानुपाती स्थिरांक है। इसे चालक का प्रतिरोध कहते हैं। इसका मात्रक ओम होता है।

चालक का विद्युत प्रतिरोध (R)

$$R = \rho \cdot \frac{l}{A}$$

यहाँ पर ρ = चालन के पदार्थ का विशिष्ट प्रतिरोध
l = चालक की लम्बाई
A = अनुप्रस्थ काट का क्षेत्रफल

चालकता : यह प्रतिरोध (विशिष्ट प्रतिरोध) का विलोम होता है। इसे महो प्रति मीटर में मापते हैं। गणितीय रूप से,

$$\text{चालकता} = \frac{1}{\rho}$$

प्रतिरोधों का संयोजन :

श्रेणीक्रम में : श्रेणीक्रम में प्रतिरोध जोड़ने पर कुल प्रतिरोध प्रत्येक को जोड़ने पर प्राप्त होता है। अर्थात्

$$R = R_1 + R_2 + R_3 + \ldots$$

समान्तर क्रम में : समान्तर क्रम में प्रतिरोध जोड़ने पर कुल प्रतिरोध का विलोम सब प्रतिरोधों के अलग-अलग विलोम के योग के बराबर होता है। अर्थात्

$$\frac{1}{R} = \frac{1}{R_1} + \frac{1}{R_2} + \frac{1}{R_3} + \ldots$$

साधारण विद्युत परिपथ :

क्रिचौफ के नियम :

पहला नियम : इस नियम के अनुसार किसी जंक्शन पर धाराओं का बीजगणितीय योग शून्य होता है, अर्थात्

$$\Sigma i = 0$$

दूसरा नियम : किसी भी बन्द परिपथ के प्रत्येक भाग में प्रवाहित धारा व प्रतिरोध के गुणनफलों का योग उस परिपथ में कुल विद्युत वाहक बल के योग के बराबर होता है।

$$\Sigma E = \Sigma I \cdot R$$

व्हीटस्टोन ब्रिज : यह चार भुजा वाला एक सेतु है जिसकी प्रत्येक भुजा में एक प्रतिरोध जुड़ा है। यह अज्ञात प्रतिरोध ज्ञात करने के लिये प्रयोग होता है। सन्तुलित अवस्था में ब्रिज (सेतु) की दशा $\dfrac{P}{Q} = \dfrac{R}{S}$ होती है।

यहाँ पर P, Q, R तथा S चारों भुजाओं के प्रतिरोध हैं।

विद्युत धारा का ऊष्मीय प्रभाव : जब किसी चालक में विद्युत धारा प्रवाहित होती है तो उसमें ऊष्मा उत्पन्न होती हैं और यह ऊष्मा

(i) धारा के वर्ग

(ii) चालक के प्रतिरोध

तथा (iii) धारा प्रवाहित होने के समय के समानुपाती होती है।

गणितीय रूप से,

$$H = \frac{I^2 R t}{4.2} \ \text{कैलोरी}$$

यह जूल का ऊष्मा का नियम भी कहलाता है।

प्रकाशीय प्रभाव : पदार्थ चालक में धारा प्रवाहित होने पर प्रकाशमान हो जाता है जैसे इलैक्ट्रिक डिस्चार्ज लैम्प।

धारा का चुम्बकीय प्रभाव : जब किसी चालक में धारा प्रवाहित होती है तो चालक के चारों ओर चुम्बकीय क्षेत्र स्थापित हो जाता है। धारा की दिशा व चुम्बकीय क्षेत्र की दिशा जानने के लिये कुछ नियम हैं।

(a) **एम्पीयर का तैरने का नियम** : इसके अनुसार यदि हम यह मान लें कि एक व्यक्ति चालक के ऊपर धारा की दिशा में तैर रहा है तथा उसका चेहरा नीचे की ओर है तब उसका दाहिना हाथ चुम्बकीय क्षेत्र को निर्देशित करता है।

(b) **दाहिने हाथ का नियम** : यदि हम धारा प्रवाहित चालक को दाहिने हाथ में पकड़ लें और अंगूठा

धारा की दिशा में हो तो अंगुलिया. के सिरे चुम्बकीय क्षेत्र की रेखाओं की दिशा प्रदर्शित करेंगे ।

(c) **मैक्समैल का कार्क स्क्रू नियम** : जब हम किसी पेंच को कसने के लिये घुमाते हैं तो पेंच आगे खिसकता है । पेंच के आगे बढ़ने की दिशा यदि धारा की दिशा में हो तो घुमाने की दिशा चुम्बकीय क्षेत्र की रेखाओं की दिशा प्रदर्शित करेगी ।

धारामापी (Galvanometer) : यह एक यंत्र है जो कम-से-कम धारा को माप सकता है जोकि धारा व चुम्बक के चुम्बकीय क्षेत्रों के मध्य यांत्रिक प्रतिक्रिया द्वारा कुण्डली में विक्षेप दिखलाता है ।

एमीटर : यह एक मीटर है जो परिपथ में प्रवाहित धारा को मापता है । गैल्वैनोमीटर से एमीटर बनाने के लिये एक कम मात्रा का प्रतिरोध धारामापी की कुण्डली में समान्तर क्रम में जोड़ दिया जाता है ।

वोल्टमीटर : यह भी एक मीटर है जो विद्युत विभव मापने के काम आता है । एक उच्च मान का प्रतिरोध धारामापी की कुण्डली के श्रेणी क्रम में जोड़ने पर यह वोल्टमीटर में बदल जाता है ।

ट्रांसफार्मर : यह एक ऐसा विद्युत यंत्र है जो विभव की मात्रा को कम या अधिक कर सकता है । पावर ट्रॉंसफार्मर का उपयोग विद्युत उत्पाद स्टेशन से घरों या कारखानों आदि को पावर देने के लिये किया जाता है ।

विद्युत शक्ति का मापन : विद्युत धारा की शक्ति को वाट में मापा जाता है । एक वोल्ट के प्रभाव से 1 एम्पीयर धारा को उत्पन्न करने की शक्ति एक वाट होती है । गणितीय रूप से,

$$P = v \times i = \text{वोल्ट} \times \text{एम्पीयर} = \text{वाट}$$

1 वाट घंटा = 1 वाट × 3600 सै०

= 3600 जूल

$$1 \text{ kWh} = 3.6 \times 10^6 \text{ जूल}$$

एक कि० वा० घं० विद्युत ऊर्जा की व्यावसायिक मात्रक है ।

सैल :

यह एक ऐसा यंत्र है जिसमें रासायनिक ऊर्जा को विद्युत ऊर्जा में बदला जाता है । इसके प्रायः तीन भाग होते हैं :

(i) विद्युत अपघट्य *(ii)* धनात्मक इलैक्ट्रोड *(iii)* ऋणात्मक इलैक्ट्रोड

सैल दो प्रकार के होते हैं –

(a) **प्राइमरी सैल (प्राथमिक सैल)** : इस सैल में रासायनिक ऊर्जा को विद्युत ऊर्जा में परिवर्तित किया जाता है । यह सैल दोबारा प्रयोग नहीं किए जा सकते जैसे डेनियल सैल, शुष्क सैल, वोल्टीय सैल आदि ।

(b) **सैकेण्डरी सैल (द्वितीयक सैल)** : इन सैलों में विद्युत ऊर्जा को रासायनिक ऊर्जा में भण्डारित किया जाता है और फिर रासायनिक ऊर्जा को विद्युत ऊर्जा में बदला जाता है । ये सैल दोबारा प्रयोग किये जा सकते हैं । जैसे– एडीसन एल्कलाइन सैल, अम्लीय और क्षारीय लैड एकुमुलेटर्स आदि ।

एक्स-रे (X-Ray)

यह कम तरंगदैर्ध्य (0.1Å से 100Å) तक का विद्युत चुम्बकीय विकिरण होता है । जब उच्च ऊर्जा वाले इलैक्ट्रान टारगेट rd igzuseaÅt kd hgkfu d jrsgåc ,Dl-रे निकलती है ।

एक्स-रे के उपयोग

(a) सर्जरी (चिकित्सा में)

(b) रेडियोथेरापी में

(c) इंजीनियरिंग व इण्डस्ट्री में

(d) अनुसंधान कार्यों में

तथा *(e)* कस्टम विभाग में

---

8. *निम्नलिखित के कार्य सिद्धान्त : सरल लोलक, सरल घिरनी, साइफन, उत्तोलक, गुब्बारा, पम्प, हाइड्रोमीटर (आर्द्रतामापी), प्रेशर कुकर, थरमस फ्लास्क, ग्रामोफोन, टेलीग्राफ, टेलीफोन, परिदर्शी, टेलिस्कोप (दूरबीन), सूक्ष्मदर्शी, समुद्री कम्पास, तड़ित चालक, सुरक्षित फ्यूज*

सरल लोलक :

यह छड़ आधार से लटका हुआ द्रव्यमान है जो भारहीन है और जो लचीली नहीं है और रस्सी के एक सिरे पर बंधा होता है ।

$$\text{दोलन काल } (T) = 2\pi\sqrt{\frac{l}{g}} \text{ सैकेण्ड}$$

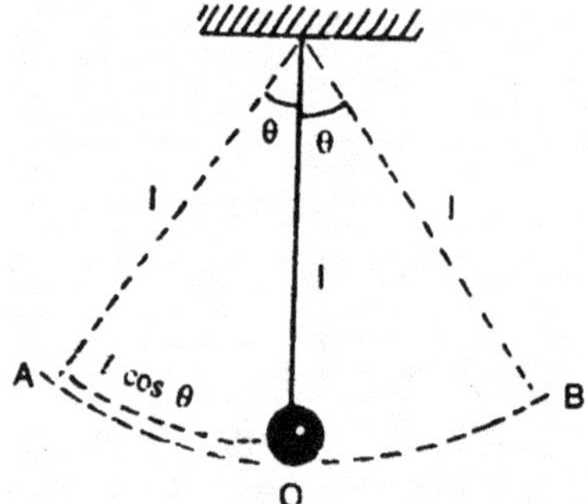

सरल घिरनी : यह एक सरल मशीन होती है, जो कि कार्यरत बल की दिशा बदल देती है। साधारणतया यह लकड़ी या धातु का एक तस्तरी के आकार की बनी होती है जो कि अपने अक्ष पर आसानी से घूम सकती है।

साइफन : वायुमण्डलीय दाब पर जब कोई द्रव एक नलिका में उच्च दाब से निम्न दाब की ओर बहने लगता है तो इस घटना में प्रयुक्त पाइप (नलिका) को साइफन कहते हैं।

उत्तोलक : यह भी एक सरलतम मशीन है जो कम बल लगाकर अधिक कार्य करती है। एक दृढ़ छड़ की सहायता से एक आलम्ब पर टिका कर हम भारी भार उठा सकते हैं। ये मुख्यतः तीन प्रकार के होते हैं :

(a) **पहले प्रकार का उत्तोलक** : इस उत्तोलक में आलम्ब (F) बीच में होता है। एक ओर बल (E) तथा दूसरी ओर भार (L) होता है।

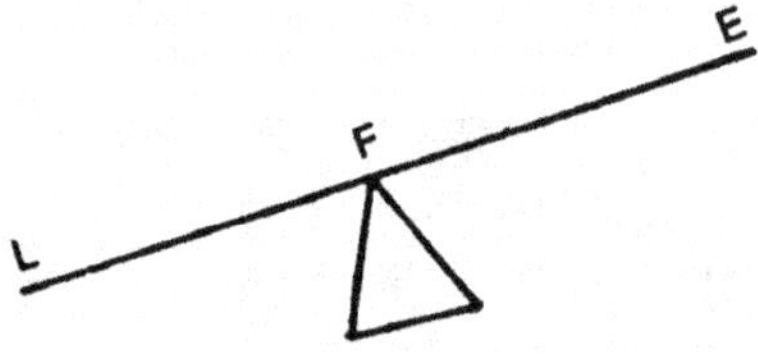

(b) **दूसरे प्रकार का उत्तोलक** : इस उत्तोलक में आलम्ब एक सिरे पर होता है तथा भार (L) बीच में व बल (E) दूसरे सिरे पर कार्यरत होता है।

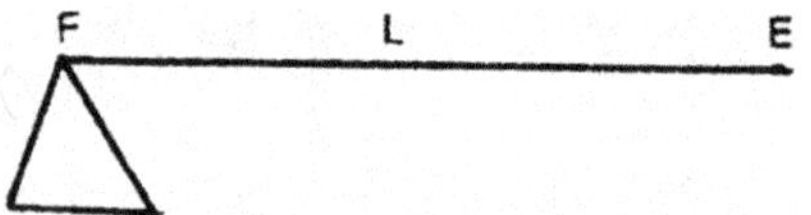

(c) **तीसरे प्रकार का उत्तोलक** : इस उत्तोलक में आलम्ब एक सिरे पर तथा भार (L) दूसरे सिरे पर व बल (E) बीच में लगाया जाता है।

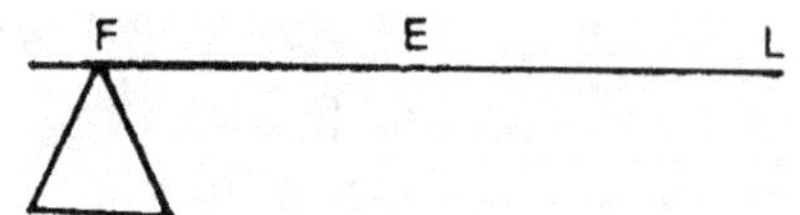

गुब्बारा : यह वायु अवरोधी एक बड़ा थैला है जो कि रेशमी कपड़े का बना होता है जिसमें वायु से हल्की गैस भरी होती हैं। इससे यात्रियों से भरी कार और रेत से भरे थैले भी ले जाए जाते हैं। यह आर्किमिडीज के सिद्धान्त पर कार्य करता है।

ऊपर उठाने वाला बल

= गुब्बारे का भार – विस्थापित वायु का भार

पम्प : यह एक ऐसा यन्त्र है जिससे पात्र में दाब कम या अधिक कर सकते हैं।

वायु पम्प : यदि किसी पात्र के प्रारम्भिक दाब व आयतन क्रमशः P तथा V हैं और v पम्प के बैरल का आयतन है तब n स्ट्रोक के पश्चात् पात्र में दाब होगा,

$$P_n = D\left[\frac{V}{V+v}\right]^n$$

$$D_n = D\left[\frac{V}{V+n}\right]^n$$

($\because$ दाब व घनत्व समानुपाती होते हैं)

सम्पीडन पम्प : यदि किसी ग्राही का आयतन V तथा बैरल का आयतन v है तो n स्ट्रोक में गैस का दाब

$$P_n = P\left[1+\frac{nv}{V}\right]$$

$$D_n = d\left[1+\frac{nv}{V}\right]$$

हाइड्रोमीटर : यह एक ऐसा पात्र है जिसकी सहायता से किसी तरल पदार्थ का आपेक्षिक घनत्व ज्ञात किया जा सकता है। यह तरल में तैरता है और प्लवन के सिद्धान्त पर कार्य करता है। यदि हाइड्रोमीटर अधिक डूबा है तो तरल का घनत्व कम होता है और यदि हाइड्रोमीटर कम डूबा हो तो तरल अधिक घनत्व वाला है।

प्रेशर कुकर : दाब के साथ-साथ द्रव का क्वथनांक भी बढ़ता है। यही सिद्धान्त है प्रेशर कुकर का। जल 120°C तक उबाला जा सकता है और दाब को 2 वायुमण्डलीय दाब तक किया जा सकता है। यह ताप व दाब खाना पकाने के

लिये लाभदायक है। प्रेशर कुकर में एक सुरक्षा प्लग लगा होता है; भारित वाल्व भी होता है। जहाँ पर दाब कम होता है (पहाड़ों आदि पर) ये प्रेशर कुकर अधिक उपयोगी हैं।

थर्मस फ्लास्क : यदि ऊष्मा का संचरण वातावरण में चारों ओर न हो तो थर्मस के अन्दर रखी गर्म वस्तु गर्म तथा ठंडी वस्तु ठंडी ही रहेगी। यही थर्मस का सिद्धान्त है।

ग्रामोफोन : यह रिकार्ड की हुई ध्वनि को फिर से सुनाने वाला यंत्र है। इसके मुख्य भाग हैं– ध्वनि बाक्स, टोन आर्म तथा रिकार्ड।

टेलीफोन : यह ऐसा यंत्र है जिसके द्वारा ध्वनि एक स्थान से दूसरे स्थान पर जा सकती है। इसमें एक माइक्रोफोन तथा एक ग्राही घंटी वाला, तथा एक ट्रांसमीटर होता है।

टेलीग्राफ : यह एक ऐसा यंत्र है जो कोई भी संदेश एक स्थान से दूसरे स्थान पर भेज सकता है। यह विद्युत चुम्बकीय गुणों पर आधारित होता है। इसमें एक मोर्स कुंजी तथा एक मोर्स ध्वनित्र होता है।

परिदर्शी : यह एक ऐसा यंत्र है जो ऐसी वस्तुओं को देख सकता है जिन्हें हम सीधा नहीं देख सकते। फौजी इसकी सहायता से छिपे सैनिकों को देख लेते हैं। पनडुब्बी के अन्दर बैठा व्यक्ति समुद्री सतह की सभी वस्तुओं को देख सकते हैं।

दूरबीन (Telescope) : इस यंत्र की सहायता से हम दूर की वस्तुओं को स्पष्ट देख सकते हैं। खगोलीय दूरदर्शी में एक नेत्रिका लैंस होता है तथा एक अभिदृश्यक। अभिदृश्यक लैंस की फोकस दूरी अधिक होती है। दूरदर्शी में दूर की वस्तुओं का प्रतिबिम्ब उलटा, वास्तविक तथा छोटा बनता है जो कि नेत्रिका लैंस से समायोजन के बाद बड़ा व आभासी दिखाई देता है।

सूक्ष्मदर्शी : यह एक ऐसा यंत्र है जो बहुत छोटी वस्तुओं को बड़ा करके दिखाता है। इसमें एक उत्तल लैंस होता है जो आभासी तथा सीधा व बड़ा प्रतिबिम्ब बनाता है, जबकि वस्तु फोकस व लैंस के बीच रखी हो। प्रतिबिम्ब द्वारा आंख पर बने कोण व वस्तु द्वारा आंख पर बने कोण के अनुपात को आवर्धन क्षमता कहते हैं।

$$\text{आवर्धन क्षमता } (M) = \frac{\beta}{\alpha}$$

जहाजों के दिशासूचक (Mariner's Compass) : ये चुम्बक के दिशासूचक गुण पर निर्भर करते हैं। जल में दिशा का बोध कराने के लिये जहाजों में इनका उपयोग होता है। इसमें एक छोटी चुम्बकीय सुई होती है। इसके मुख्य गुण हैं: (a) सुई को शीघ्र रुक जाना चाहिए (b) अधिक कम्पन नहीं होना चाहिए (c) उत्तरी दक्षिणी अक्ष से संगति होनी चाहिए (d) स्थायी चुम्बक।

तड़ित चालक : यह एक तांबे की मोटी पट्टी होती है। ऊपरी सिरे नुकीले बने होते हैं। नीचे वाला सिरा पूरे भवन के साथ चिपका हुआ नीचे कॉपर की प्लेट से जुड़ा होता है जोकि पृथ्वी में दाब दी जाती है। यह आवेशहीन प्रक्रिया पर आधारित है जो इलैक्ट्रॉन आसमान में बिजली के चमकने से स्वतंत्र होते हैं, इसके द्वारा पृथ्वी में जाकर उदासीन हो जाते हैं।

सुरक्षित फ्यूज : ये विस्मथ, लैड मिश्रधातु के तार के टुकड़े होते हैं जो कम गलनांक के कारण विद्युत परिपथ को तोड़ देते हैं। जब विद्युत परिपथ में अधिक लोड जोड़ दिया जाता है जो अधिक धारा के कारण गर्म होकर परिपथ को हानि पहुंचा सकता है। उस समय ये फ्यूज तार पिघल कर टूट जाते हैं और परिपथ सुरक्षित रहता है।

———

अभ्यास प्रश्न

1. एक ही पदार्थ के अणुओं के बीच आकर्षण बल को कहते हैं :
   - (a) आन्तरिक आण्विक बल
   - (b) आन्तरिक परमाणु बल
   - (c) या तो आन्तरिक आण्विक बल या आन्तरिक परमाणु बल
   - (d) ससंजक बल

2. एक ठोस पिंड को कमानीदार तुला से लटकाया गया है। इसका पैमाना न्यूटन में है जो कि 45 न्यूटन मापता है। तब पिंड का द्रव्यमान होगा :
   - (a) 4.6 किग्रा०
   - (b) 2.3 किग्रा०
   - (c) 8.2 किग्रा०
   - (d) 6.9 किग्रा०

3. एक वस्तु जब पानी में तैर रही है तो उसके आयतन का $\frac{1}{4}$ भाग पानी के बाहर रहता है। जब वस्तु किसी द्रव में तैरती है तो $\frac{3}{4}$ भाग द्रव से बाहर रहता है। द्रव का घनत्व है :
   - (a) $\frac{8}{3}$
   - (b) $\frac{2}{3}$
   - (c) $\frac{4}{3}$
   - (d) $\frac{6}{3}$

4. निम्नलिखित में से विमाओं के संदर्भ में कौन ठीक है ?
   - (a) दाब – इकाई आयतन की ऊर्जा
   - (b) दाब – इकाई क्षेत्रफल की ऊर्जा
   - (c) दाब – इकाई आयतन का बल
   - (d) दाब – इकाई आयतन प्रति इकाई समय का संवेग

5. एक स्कूल बस विरामावस्था से चलना प्रारम्भ करती है और 200 मी० तय करने के बाद उसका वेग 20 मी०/सै० हो जाता है। इसका त्वरण है :
   - (a) 4 मी/सै०²
   - (b) 2 मी/सै०²
   - (c) 1 मी/सै०²
   - (d) 20 मी/सै०²

6. एक भवन से एक पत्थर गिराया जाता है जो एक सै० में पृथ्वी पर पहुँच जाता है। भवन की ऊँचाई होगी : ($g = 9.8$ मी०/सै०²)
   - (a) 5 मी०
   - (b) 10 मी०

7. यमुना के पुल पर खड़ा एक लड़का एक पत्थर 5 मी०/सै० से नीचे की ओर फेंकता है जो एक सै० बाद पानी से जाकर टकराता है। यमुना पुल की ऊँचाई होगी :
   - (a) 15 मी०
   - (b) 10 मी०
   - (c) 5 मी०
   - (d) 2.5 मी०

8. निम्नलिखित में से कौन-सा मात्रक सदिश राशि से सम्बन्धित है ?
   - (a) किग्रा०-सै०
   - (b) घण्टा
   - (c) किमी०-घण्टा
   - (d) सभी सही है।

9. एक पिण्ड वृत्तीय पथ पर समान समय-अन्तरालों ने समान दूरी तय करता है ?
   - (a) इसकी चाल समान है
   - (b) इसका वेग समान है
   - (c) इसका त्वरण समान है
   - (d) सभी सत्य हैं

10. किग्रा०-मी०/सै०² में मापी जाने वाली राशि है :
    - (a) संवेग
    - (b) आवेग
    - (c) कार्य
    - (d) बल

11. एक जैट विमान हवा में उड़ता है क्योंकि :
    - (a) जैट के पंखों के चारों ओर वायु के प्रवाह से ऊपर की ओर बल उत्पन्न होता है जो कि गुरुत्व बल को उदासीन कर देता है
    - (b) जैट पर एक प्रणोद कार्य करता है जो गुरुत्व बल को उदासीन कर देता है
    - (c) बहुत तेज गतिशील वस्तुओं पर गुरुत्व बल नहीं लगता
    - (d) उस वायु का भार जैट के भार से अधिक होता है जिसका आयतन जैट विमान के आयतन के समान होता है

12. एक शहर से दूसरे शहर जाने के लिए एक कार 75 किमी० उत्तर पश्चिम की ओर तथा 20 किमी० पूर्व की ओर चलती है। दोनों शहरों के बीच दूरी (लगभग) कितनी होगी ?
    - (a) 137 किमी०
    - (b) 140 किमी०

(c) 121 किमी०   *(d)* 170 किमी०

13. एक नाविक दूसरी ओर ठीक सामने किनारे पर पहुँचना चाहता है। तब उसे नाव :

(a) किनारे से एक कोण बनाते हुए बहाव की दिशा में चलानी होगी

(b) बहाव की दिशा में चलानी होगी

(c) किनारे से उचित कोण बनाते हुए बहाव के विपरीत दिशा में चलानी होगी

(d) सभी गलत हैं

14. किसी वस्तु के संवेग को दर्शाया जा सकता है :

(a) त्वरण द्वारा

(b) जड़त्व द्वारा

(c) वेग द्वारा

(d) द्रव्यमान व वेग के गुणनफल द्वारा

15. जब हम पानी में रुकी नाव से कूदते हैं तो नाव की गति होगी :

(a) एक ओर को   *(b)* पीछे की ओर को

(c) आगे की ओर को   *(d)* सभी सत्य हैं

16. किसी गतिशील वस्तु का द्रव्यमान परिवर्तित करने का सूत्र है :

(a) $M = F \times A$ *(b)* $M = a/F$

(c) $M = F/a$ *(d)* सभी सत्य हैं

17. $F = kma$ सम्बंध में $k = 1$; यह तभी सत्य है जबकि :

(a) बल वस्तु को रोक देता है

(b) जब इकाई द्रव्यमान में इकाई बल इकाई त्वरण उत्पन्न करे

(c) सेमी० ग्राम सै० प्रणाली में (C.G.S)

(d) सभी सत्य हैं

18. एक गोली मेज पर रखे ठोस ब्लॉक में घुस जाती है। इस परिस्थिति में क्या संरक्षण होता है :

(a) न तो संवेग और न ही गतिज ऊर्जा

(b) केवल संवेग

(c) संवेग व ऊर्जा दोनों ही

(d) केवल गतिज ऊर्जा

19. किसी वस्तु पर एक समान बल आरोपित है; इसका वेग

(a) समान रहता है

(b) समान दर से बढ़ता है

(c) समान दर से घटता है

(d) सभी सत्य हैं

20. एक किग्रा० की वस्तु पर $6\,N$ का एक बल कुछ समय के लिए कार्य करता है। इस समय के दौरान वस्तु का वेग 30 मी०/सै० हो जाता है। वस्तु पर बल लगने का समय (सैकेण्ड) में होगा :

(a) 5   *(b)* 2

(c) 26   *(d)* 6

21. वस्तु का जड़त्व सीधा निर्भर करता है :

(a) द्रव्यमान पर   *(b)* आयतन पर

(c) वेग पर   *(d)* सभी सत्य हैं

22. जब एक चलती ट्रेन अचानक रुक जाती है तो उसमें बैठे एक व्यक्ति के गिरने की सम्भावना है :

(a) आगे की ओर   *(b)* पीछे की ओर

(c) ऊपर की ओर   *(d)* सभी सत्य हैं

23. 1 किग्रा० भार बराबर है

(a) 19.6 न्यूटन   *(b)* 9.8 अर्ग

(c) 9.8 जूल   *(d)* 9.8 न्यूटन

24. एक बल F का मुड़ने का प्रभाव है T जबकि घूर्णन अक्ष से l मीटर दूरी पर बल लगा है तब F को स्थिर रखते हुए T समानुपाती होगा :

(a) l के प्रत्यक्ष समानुपाती

(b) l के विलोमानुपाती

(c) R के विलोमानुपाती

(d) R के प्रत्यक्ष समानुपाती

25. निम्न कथनों में से कौन सा सत्य है ?

(a) जब कोई वस्तु गति करती है तो इसका गुरुत्व केन्द्र वस्तु के सापेक्ष बदलता है

(b) गुरुत्व केन्द्र का वस्तु के अन्दर होना आवश्यक नहीं है

(c) गुरुत्व केन्द्र हमेशा वस्तु का ज्यामितीय केन्द्र होना चाहिए

(d) यदि वस्तु का आकार बदलता है तो गुरुत्व केन्द्र नहीं बदलता

26. किसी वस्तु को थोड़ा-सा विस्थापित करने पर उसके गुरुत्व केन्द्र व पृथ्वी के बीच की दूरी नहीं बदलती। तब वस्तु :

(a) उदासीन सन्तुलन में है

(b) स्थायी सन्तुलन में है

(c) अस्थायी सन्तुलन में है

(d) यह निश्चित नहीं है

27. निम्नलिखित युग्म. में से कौनसे युग्म का मात्रक व विमाएँ समान हैं ?

(a) आवेग व संवेग

(b) गुरुत्व विभव व ऊर्जा

(c) दाब व घनत्व

(d) प्रतिबल व विकृति

28. G को सार्वत्रिक गुरुत्वाकर्षण स्थिरांक कहते हैं क्योंकि :

(a) यह प्रकृति में पाया जाता है

(b) यह विश्व से संबंधित है

(c) यह विश्व की व्याख्या करता है

(d) सभी दशाओं में इसका मान स्थिर है

29. जिस बल से पृथ्वी, चन्द्रमा को खींचती है वह गुरुत्व बल :

(a) उस बल से कम है जिससे चन्द्रमा पृथ्वी को खींच रहा है

(b) उस बल से अधिक है जिससे चन्द्रमा पृथ्वी को खींच रहा है

(c) उस बल के समान है जिससे चन्द्रमा पृथ्वी को आकर्षित कर रहा है

(d) यह अभी निश्चित नहीं हो पाया है

30. एक वस्तु पृथ्वी पर पड़ी हुई है मान लो कि पृथ्वी अचानक आकर्षण करने की शक्ति खो देती है तब :

(a) वस्तु का द्रव्यमान व भार अनन्त हो जाएंगे

(b) वस्तु का भार शून्य हो जाएगा

(c) वस्तु का द्रव्यमान शून्य होगा

(d) वस्तु का द्रव्यमान व भार दोनों शून्य हो जाएंगे

31. गुरुत्वाकर्षण का न्यूटन का नियम :

(a) केवल हल्की वस्तुओं के लिए है

(b) परमाणुओं तक ही सीमित है

(c) सार्वत्रिक है

(d) भारी वस्तुओं के लिए है

32. कौन-से ग्रह का कोई भी चन्द्रमा नहीं है ?

(a) पृथ्वी

(b) प्लूटो

(c) मंगल

(d) शनि

33. यह किसने खोज की कि पृथ्वी सूर्य के चारों ओर घूमती है ?

(a) न्यूटन

(b) गैलीलियो

(c) कॉपरनिक्स

(d) सभी सत्य हैं

34. व्यंजन ML^2T^{-1} प्रदर्शित करता है :

(a) ऊर्जा

(b) कोणीय संवेग

(c) रेखीय संवेग

(d) बल

35. यांत्रिक ऊर्जा को बदल सकते हैं :

(a) विद्युत ऊर्जा व ऊष्मीय ऊर्जा में

(b) ऊष्मीय ऊर्जा व विद्युत ऊर्जा में

(c) प्रकाश ऊर्जा व ध्वनि ऊर्जा में

(d) सभी सत्य हैं

36. जब किसी गतिशील वस्तु की गति दुगुनी हो जाती है तब :

(a) स्थितिज ऊर्जा दुगुनी हो जाती है

(b) बल दुगुना हो जाता है

(c) गतिज ऊर्जा चार गुना हो जाती है

(d) वेग दुगुना हो जाता है

37. निम्नलिखित में से किस युग्म की विमाएं समान होती हैं ?

(a) बल आघूर्ण व कोणीय संवेग

(b) कार्य व गतिज ऊर्जा

(c) संवेग व बल

(d) दाब व पृष्ठ तनाव

38. एक वाटरपंप 10 मी० गहरे कुएँ से 10 किग्रा० पानी प्रति सैकेण्ड निकाल रहा है। जल पंप के मोटर की शक्ति है :

(a) 980 वाट

(b) 9800 वाट

(c) 0.98 वाट

(d) 9.8 वाट

39. एक अश्वशक्ति निम्न में किसके समान है ?

(a) 546 वाट

(b) 64 वाट

(c) 89 वाट

(d) 746 वाट

40. एक राकेट ऊपर उठने में किस ऊर्जा की खपत करता है ?

(a) नाभिकीय ऊर्जा

(b) सौर ऊर्जा

(c) पृथ्वी की ऊष्मा

(d) सूर्य की ऊष्मा

41. वह भौतिक राशि है, जिसकी विमाएँ MLT^{-2} होती हैं :

(a) दाब

(b) ऊर्जा

(c) रेखीक संवेग

(d) बल

42. कोणीय वेग का विमीय सूत्र होता है :

(a) $M^0L^0T^{-1}$

(b) MLT^{-1}

(c) $M^0L^0T^0$

(d) LT^{-1}

43. श्यानता के गुणांक के मात्रक का M.K.S. प्रणाली व C.G.S. प्रणाली का अनुपात होता है :

(a) 100

(b) 10^{-2}

(c) 10   *(d)* 10^{-3}

44. प्रकाश वर्ष किस का मात्रक है ?

(a) समय   *(b)* दूरी

(c) चाल   *(d)* ऊर्जा

45. प्लैंक स्थिरांक का मात्रक C.G.S. प्रणाली में होता है :

(a) सैकेण्ड   *(b)* अर्ग सैकेण्ड

(c) अर्ग प्रति सैकेण्ड   *(d)* अर्ग/सै०/सै०

46. निम्नलिखित में से कौन-सा मूलभूत मात्रक का लक्षण नहीं है ?

(a) उन्हें आसानी से पुनः नहीं बनाया जा सकता

(b) उन्हें अच्छी प्रकार परिभाषित किया जाता है

(c) ताप, गति की अवस्था, दाब आदि बदलने पर नहीं बदलते

(d) एक दूसरे से संबंधित नहीं होते

47. यदि प्रकाश का वेग $C = 3 \times 10^8$ m/s से, गुरुत्वजनित त्वरण $g = 10$ m/s^2 लें, सामान्य वायुमण्डलीय दाब $P = 10^{-5}$ N/m^2 लें तब लम्बाई की विमाएं होंगी :

(a) $\dfrac{C}{P}$ *(b)* $\dfrac{C^2}{g}$

(c) gPC *(d)* C/g

48. निम्न में कौन-सी दूरी परमाणु के तुल्य है ?

(a) 10^{-8} सेमी०   *(b)* 10^4 सेमी०

(c) 10^8 सेमी०   *(d)* 10^{-4} सेमी०

49. नाभिकीय त्रिज्या मापने के लिये कौन सही है ?

(a) मिमी०   *(b)* फर्मी

(c) माइक्रोन   *(d)* एंगस्ट्राम

50. एक एंगस्ट्राम का पिको मीटर से सम्बन्ध है :

(a) 1 पिको मी० = 100 एंगस्ट्राम

(b) 10^4 पिको मी० = 1 एंगस्ट्राम

(c) 1 एंगस्ट्राम = 10^4 पिको मी०

(d) 1 एंगस्ट्राम = 100 पिको मी०

51. एक माइक्रोन का सेमी० से सम्बन्ध है :

(a) 1 माइक्रोन = 10^{-4} सेमी०

(b) 1 माइक्रोन = 10^{-5} सेमी०

(c) 1 माइक्रोन = 10^{-7} सेमी०

(d) 1 माइक्रोन = 10^{-4} सेमी०

52. दो सदिश राशियों के परिमाण भिन्न हैं तो :

(a) उनका परिणामी सदिश शून्य नहीं हो सकता

(b) उनका परिणामी सदिश शून्य हो सकता है

(c) उनकी दिशा विपरीत होगी

(d) सभी सत्य हैं

53. एक पारसेक किसका मात्रक है ?

(a) समय   *(b)* कक्षीय वेग

(c) दूरी   *(d)* दाब

54. दो सदिशों का परिणामी उनमें से एक के समान है तो उनके बीच का कोण होगा :

(a) 120°   *(b)* 60°

(c) 30°   *(d)* 90°

55. कुल मूल इकाइयाँ कितनी हैं ?

(a) 5   *(b)* 7

(c) 6   *(d)* 3

56. एक बेलनाकार छड़ का आधा भाग पीतल का तथा आधा भाग स्टील का बना है तब छड़ का गुरुत्व केन्द्र कहाँ होगा ?

(a) कहीं पीतल वाले भाग में

(b) पूरी छड़ के मध्य में

(c) छड़ के बाहर कहीं भी

(d) कहीं भी स्टील वाले भाग में

57. साधारण तुला किसके समानता के सिद्धान्त पर कार्य करती है ?

(a) न्यूटन का नियम   *(b)* उत्प्लावकता

(c) बलों का आघूर्ण   *(d)* आर्कमीडिज

58. दो वस्तुओं के बीच गुरुत्वाकर्षण होता है :

(a) तुलनात्मक बल   *(b)* परस्पर बल

(c) एकतरफा बल   *(d)* कुल शुद्ध बल

59. यदि पृथ्वी की सूर्य से दूरी अब की दूरी का तीन गुना हो जाती, तथा तब दोनों के बीच आकर्षण बल :

(a) वर्तमान बल का तीन गुना हो जाता

(b) छः गुना हो जाता

(c) 1/9 गुना हो जाता

(d) नौ गुना हो जाता

60. किसी वस्तु का जड़त्व द्रव्यमान व गुरुत्व द्रव्यमान दोनों :

(a) अलग-अलग राशियाँ हैं

(b) विमाएं रहित राशियाँ हैं

(c) अभी तक मालूम नहीं

(d) समान राशियाँ हैं

61. सौरमण्डल को समझने के लिए पोल्मी के सिद्धान्त को कहते हैं :

(a) भू-केन्द्रीय सिद्धान्त

(b) हाइजिन तरंग सिद्धान्त

(c) हेली-केन्द्रीय सिद्धान्त

(d) निओ-केन्द्रीय सिद्धान्त

62. गुरुत्वाकर्षण के नियम द्वारा दो वस्तुओं के बीच आकर्षण बढ़ता है जब उनकी बीच की दूरी :

(a) घटती है

(b) पहले बढ़ती है और फिर घटती है

(c) बढ़ती है

(d) वही रहती है

63. सरल लोलक का दोलन काल दुगुना हो जाता है जब :

(a) लम्बाई को चार गुना कर दिया जाय

(b) लम्बाई को दुगुना कर दिया जाय

(c) दोलक का द्रव्यमान दुगुना कर दिया जाय

(d) दोलक का द्रव्यमान व लोलक की लम्बाई दोनों को दुगुना कर दिया जाय

64. बल को परिभाषित करने वाला नियम :

(a) गति का दूसरा नियम

(b) गति का तीसरा नियम

(c) गति का पहला नियम

(d) न्यूटन का गुरुत्वाकर्षण का नियम

65. स्थानान्तरण गति में बल का वही स्थान है जो घूर्णन गति में है :

(a) त्वरण का   (b) आवेग का

(c) जड़त्व का   (d) टार्क (Torque) का

66. अभिकेन्द्रीय मशीन का उपयोग किस पर आधारित है ?

(a) घर्षण बल   (b) गुरुत्वाकर्षण बल

(c) प्रत्यास्थ बल   (d) अभिकेन्द्रीय बल

67. बल का मात्रक न्यूटन होता है :

(a) M.K.S. प्रणाली में   (b) C.G.S. प्रणाली में

(c) इनमें से कोई भी नहीं   (a) दोनों प्रणाली में

68. जैट इंजन किसके संरक्षण नियम पर कार्य करता है ?

(a) ऊर्जा   (b) कोणीय संवेग

(c) द्रव्यमान   (d) रेखीय संवेग

69. अस्थायी सन्तुलन निम्न में से किस दशा में होता है ?

(a) एक छात्र एक पैर पर खड़ा है

(b) एक फुटबाल

(c) एक सोता हुआ व्यक्ति

(d) सभी सत्य हैं

70. तापमान मापन में आजकल जो मानक स्थिरांक प्रयुक्त किया जाता है :

(a) एक वायुमंडलीय दाब पर शुद्ध बर्फ तथा शुद्ध जल में संतुलन

(b) एक वायुमंडलीय दाब पर बर्फ का गलनांक

(c) वह जिस पर बर्फ, द्रव जल तथा जल वाष्प प्राप्त होते हैं

(d) सभी सत्य हैं

71. सेल्सियस पैमाने में परम शून्य ताप है :

(a) – 32°C   (b) 0°C

(c) – 273.15°C   (d) 100°C

72. परमशून्य वह ताप है जिस पर :

(a) एक परिवर्तनीय रुद्धोष्म प्रक्रिया में ऊष्मा का आदान-प्रदान नहीं होता

(b) गैस के अणु गति करना बन्द कर देते हैं

(c) एक परिवर्तनीय समतापीय प्रक्रिया में ऊष्मा का आदान-प्रदान नहीं होता

(d) सभी सत्य हैं

73. हाइड्रोजन गैस थर्मामीटर का ताप मापने का परास है:

(a) – 200°C से 500°C   (b) – 200°C से 800°C

(c) – 60°C से 500°C   (a) – 300°C से 800°C

74. एक आयरन के ब्लॉक का ताप 140°F है। इसका ताप सेल्सियस पैमाने पर कितना है :

(a) 140°   (b) 36°

(c) 72°   (d) 60°

75. एक सेल्सियस इकाई बराबर है :

(a) डिग्री सेन्टीग्रेड   (b) त्रिकोणमितीय

(c) डिग्री केल्विन   (d) विद्युत विभवान्तर

76. द्रव थर्मामीटर की अपेक्षा गैस थर्मामीटर अधिक सूक्ष्म-ग्राही है, क्योंकि :

(a) गैसें द्रवों की तुलना में अधिक प्रसरित होती हैं

(b) गैसें आसानी से अपनी अवस्था नहीं बदलतीं

(c) गैसें अधिक हल्की होती हैं

(d) ऊपर दिए कारणों में से कोई भी नहीं

77. निम्न दिए थर्मामीटरों में एक थर्मामीटर को हम अत्याधिक उच्च ताप मापने में प्रयोग में लाते हैं, वह है :

(a) विकिरण पाइरोमीटर

(b) प्लेटिनम प्रतिरोध थर्मामीटर

(c) द्रव थर्मामीटर

(d) ताप-विद्युत थर्मामीटर

78. निम्नलिखित थर्मामीटरों में से एक थर्मामीटर जब प्रयोग होता है जबकि ताप तेजी से बदलता है :
(a) चुम्बकीय थर्मामीटर
(b) ताप-विद्युत थर्मामीटर
(c) द्रव थर्मामीटर
(d) प्लेटिनम प्रतिरोध थर्मामीटर

79. एक किग्रा० जल का ताप 1°C वृद्धि के लिए उष्मा की आवश्यकता होगी :
(a) किलो कैलोरी   *(b)* जूल
(c) कैलोरी   *(d)* इनमें से कोई नहीं

80. ....पर पारा जम जाता है।
(a) 30°C   *(b)* 0°C
(c) – 150°C   *(d)* – 39°C

81. जिस ताप पर एल्कोहल जमता है वह है :
(a) – 130°C   *(b)* – 39°C
(c) – 39°F   *(d)* – 73°C

82. .... ताप पर पारा उबलने लगता है।
(a) – 357°R   *(b)* –357°R
(c) – 375°F   *(d)* – 357°C

83. जिस ताप पर एल्कोहल उबलने लगता है वह है :
(a) 78°R   *(b)* 100°C
(c) 78°C   *(d)* 78°F

84. 68°F, 5°F व 176°F का मान सेल्सियस में होगा :
(a) – 20°C, 80°C, 15°C
(b) 15°C, 20°C, –80°C
(c) 20°C, 15°C, –180°C
(d) 20°C, –15°C, 8°C

85. रेखीय प्रसार गुणांक व कम्पेसेटिड लोलक में लिए गए दो धातुओं की लम्बाई का अनुपात होता है :
(a) 2/3   *(b)* विलोमानुपात
(c) 1/3   *(d)* समानुपात

86. –195.5°C और 706°C को फैरनहाइट में बदलो :
(a) – 319.9°F, व –3101°F
(b)   319.9°F, व   3101°F
(c)   319.9°F, व –3101°F
(d) – 319°F,   व –3101°F

87. 30°C, 5°C तथा – 20°C को फैरनहाइट में बदल कर प्राप्त होगा :
(a) 86°F, – 41°F, –4°F
(b) – 86°F, 41°F, – 4°F
(c) 86°F, 41°F, – 4°F
(d) 86°F, – 41°F, 4°F

88. सेन्टीग्रेड थर्मामीटर में निम्न स्थिर बिन्दु जिस ताप पर होता है वह है :
(a) जल बर्फ में बदलता है
(b) शुद्ध बर्फ 76 सेमी० दाब पर पिघलती है
(c) बर्फ जमने लगती है
(d) पदार्थ पिघलने लगती है

89. किस ताप पर सैल्सियस फैरनहाइट का मापन समान होता है ?
(a) 0°C   *(b)* – 40°C
(c) – 4°C   *(d)* 20°C

90. एक वस्तु से दूसरी वस्तु में ऊष्मा प्रवाह होने की दिशा से निश्चित होता है :
(a) ऊष्मा की प्रकृति   *(b)* ऊष्मा की गुणता
(c) ऊष्मा की मात्रा   *(d)* इनमें से कोई नहीं

91. थर्मामीटर में उच्च स्थिर बिन्दु वह है जिस पर :
(a) 76 सेमी० दाब पर पानी उबलता है
(b) पदार्थ उबलने लगता है
(c) पानी भाप में बदलने लगता है
(d) पानी उबलने लगता है

92. ऊष्मीय विकिरण को पता लगाने के लिए यंत्र प्रयुक्त होता है :
(a) बोलोमीटर   *(b)* थर्मोपाइल
(c) रेडियो माइक्रोमीटर   *(d)* सभी सत्य हैं

93. किसी छड़ का रेखीक प्रसार गुणांक ज्ञात करने के लिए उपकरण है :
(a) बोलोमीटर
(b) ड्यूलांग तथा पेटिट उपकरण
(c) पुलिंगर उपकरण
(d) भार थर्मामीटर

94. ऊष्मा का यांत्रिक प्रभाव जाँचने के लिए यंत्र प्रयोग होता है :
(a) थर्मोपाइल
(b) अवकलन वायु ताप युग्म
(c) रेडियोमीटर
(d) पाइरोमीटर

95. गैस का प्रसार गुणांक ज्ञात करने के लिए उपकरण प्रयोग होता है :
(a) कैलेण्डर व कम्पेंसेटिड गैस थर्मामीटर
(b) भार थर्मामीटर
(c) शीतलन का पुलिंजर नियम
(d) सभी सत्य हैं

96. द्रव का वास्तविक प्रसार गुणांक ज्ञात करने के लिए उपकरण प्रयोग होता है :

(a) रेनाल्ट उपकरण

(b) भार थर्मामीटर

(c) ड्यूलांग व पेटिट उपकरण

(d) जोली का उपकरण

97. गैस प्रसार गुणांक के लिए कौन-सा उपकरण प्रयोग होता है ?

(a) कैलेण्डर व कम्पेंसेटिड गैस थर्मामीटर

(b) फ्रैंकलिन उपकरण

(c) रेनाल्ट उपकरण

(d) सभी सत्य हैं

98. पारे व काँच के प्रसार के बारे में कौन से कथन सत्य हैं ?

(a) पारे व कांच का प्रसार समान होता है

(b) पारे का प्रसार कांच की तुलना में कम होता है

(c) पारे का प्रसार कांच की तुलना में अधिक होता है

(d) पारे का प्रसार कांच के प्रसार का 7 गुना होता है

99. निम्न में से कौन-सा कथन सत्य है ?

(a) स्थिर आयतन पर यदि जल वाष्प का ताप बढ़ता है तो दाब कम होता है

(b) यदि परम आर्द्रता बढ़ती है तो ओस कम पड़ती है

(c) किसी द्रव का सन्तृप्त वाष्प दाब उसके आयतन पर निर्भर नहीं होता

(d) स्थिर आयतन पर यदि जल वाष्प का ताप घटता है तो दाब बढ़ता है

100. समान ताप व दाब पर नम वायु व शुष्क वायु के घनत्व में अनुपात दीजिए :

(a) कुछ अंश तक समान रहता है और फिर जल वाष्प बढ़ने के साथ-साथ बढ़ता है

(b) नम वायु का घनत्व शुष्क वायु की तुलना में कम होता है

(c) नम वायु का घनत्व शुष्क वायु की तुलना में अधिक होता है

(d) नम वायु व शुष्क वायु के घनत्व समान होते हैं

101. एक ग्राम भार बराबर है :

(a) 0.98 डाइन   (b) 980 डाइन

(c) 98 डाइन   (d) 9.8 डाइन

102. एक किग्रा० की वस्तु पर 1 न्यूटन बल लगाया जाता है। यदि वस्तु गति करने के लिए स्वतंत्र है तो उसका त्वरण (m/s^2) होगा :

(a) $\dfrac{1}{9.8}$ (b) 9.8×9.8

(c) 9.8   (d) 1

103. 150 ग्राम की गेंद 20 मी०/सै० से गतिशील है जिसे खिलाड़ी पकड़ता है। यदि पकड़ने में 0.1 सै० समय लगता है तो क्रिकेट गेंद खिलाड़ी के हाथों पर कितना बल लगाती है ?

(a) 30,000 N   (b) 3000 N

(a) 30 N   (a) 300 N

104. तैरना सम्भव है गति के

(a) दूसरे नियमानुसार   (b) पहले नियमानुसार

(c) तीसरे नियमानुसार   (d) सभी सत्य हैं

105. एक पत्थर को 20 सेमी० लम्बी रस्सी से बांधकर क्षैतिज वृत्त में स्थिर कोणीय वेग से घुमाया जाता है। यदि अभिकेन्द्र बल 980 सेमी०/सै०^2 हो तो कोणीय वेग होगा :

(a) 16 रेडियन प्रति सै०   (b) 7 रेडियन/सै०

(c) 14 रेडियन/सै०   (d) 20 रेडियन/सै०

106. क्रिकेट खिलाड़ी गेंद को पकड़ते समय हाथ पीछे की ओर करता है :

(a) ऊर्जा प्राप्त करने के लिए

(b) अधिक आवेग होने के कारण

(c) समय को बढ़ाने के लिए

(d) अच्छा प्रदर्शन करने के लिए

107. एक सीसे की गेंद दीवार से टकराकर गिर जाती है जबकि टेनिस की गेंद दीवार से टकराकर वापस लौटती है। इससे क्या शिक्षा मिलती है ?

(a) सीसे की गेंद में संवेग नहीं होता

(b) सीसे की गेंद का संवेग टेनिस की गेंद की तुलना में कम होता है

(c) टेनिस गेंद में संवेग परिवर्तन अधिक होता है

(d) दोनों प्रकार की गेदों में संवेग परिवर्तन समान होता है

108. एक पत्थर को धागे से बाँधकर घुमाया जाता है फिर उसे छोड़ दिया जाता है तो यह वृत्त की स्पर्शरेखीय दिशा में जाता है, क्योंकि

(a) विराम जड़त्व के कारण

(b) दिशात्मक जड़त्व के कारण

(c) गति के जड़त्व के कारण

(d) सभी सत्य हैं

109. घोड़ा अपनी गाड़ी को खींच पाता है क्योंकि :

(a) घोड़ा पृथ्वी पर बल लगता है

(c) घोड़ा, गाडी पर बल लगाता है

(c) पृथ्वी घोड़े पर बल लगाती है

(d) गाड़ी घोड़े पर बल लगाती है

110. निम्नलिखित बलों के सैटों में कौन-सा वस्तु को सन्तुलन में रखेगा ?

(a) 10 N, 60 N, 6 N   (b) 10 N, 6 N, 8 N

(b) 10 N, 10 N, 10 N   (d) सभी सत्य हैं

111. किसी युग्म का आघूर्ण होता है

(a) युग्म बनाने वाले बलों का योग

(b) किसी बिन्दु के सापेक्ष किसी एक बल का आघूर्ण

(c) युग्म बनाने वाले बलों का गुणनफल

(d) किसी एक बल व दोनों के बीच लम्बवत् दूरी का गुणनफल

112. एक खोखले गोले में पारा भर कर उसे सरल लोलक का रूप दिया गया है। यदि पारे की बूंद निकल जाय तो लोलक का दोलन काल :

(a) घटता है   (b) नहीं बदलता

(c) अनिश्चित है   (d) बढ़ जाता है

113. यदि किसी लोलक की लम्बाई 2% बढ़ा दी जाये तो उसका दोलन काल

(a) 10% घट जाता है   (b) 2% बढ़ जाता है

(c) 20% घट जाता है   (d) 10% बढ़ जाता है

114. किसी स्थान पर खान के अन्दर लोलक का दोलन काल एक स्थिर लम्बाई के लिए

(a) वही होगा जो कि चन्द्रमा की सतह पर होता है

(b) पृथ्वी की सतह पर दोलनकाल से कम होता है

(c) पृथ्वी की सतह पर दोलनकाल से अधिक होता है

(d) पृथ्वी की सतह पर दोलनकाल के समान होता है

115. न्यूटन-सैकेण्ड मात्रक होता है :

(a) ऊर्जा का   (b) बल का

(c) संवेग का   (d) कार्य का

116. एक घड़ी जो समुद्र तल पर सही समय बताती है उसे समुद्र तल से 1 किमी० नीचे ले जाया जाता है तो घड़ी :

(a) 7 सै० प्रतिदिन तेज हो जाएगी

(b) 13.5 सै० प्रतिदिन सुस्त हो जाएगी

(d) 23.5 सै० प्रतिदिन तेज होगी

(d) 17 सै० प्रतिदिन सुस्त होगी

117. ग्रहों के सूर्य के चारों ओर घूमने का कारण है :

(a) सूर्य व ग्रहों के मध्य गुरुत्वाकर्षण

(b) अपकेन्द्री बल

(b) सूर्य व ग्रह के मध्य आकर्षण व प्रतिकर्षण

(d) अभिकेन्द्र बल

118. एक व्यक्ति 10 किमी० उत्तर को तथा फिर 20 किमी० पूर्व को जाता है। उसने चलने के स्थान से कुल कितना विस्थापन किया ?

(a) 12.36 किमी०   (b) 30 किमी०

(c) 22.36 किमी०   (d) 10 किमी०

119. यांत्रिकी गति विज्ञान की वह शाखा है जिसमें गति का वर्णन होता है :

(a) ऊर्जा के पदों में   (b) बलों के रूप में

(c) वेग के रूप में   (d) सभी सत्य हैं

120. अग्नि अलार्म निम्न में से किस एक सिद्धान्त पर आधारित है ?

(a) धातुओं का रेखीय प्रसार

(b) न्यूटन का शीतलन का नियम

(c) द्विधात्विक छड़ गर्म होने पर मुड़ जाती है

(d) धातुओं का क्षेत्रीय प्रसार

121. तापीय अवस्था (Thermostat) का सिद्धान्त है :

(a) द्विधात्विक छड़ गर्म होने पर मुड़ जाती है

(b) विभिन्न धातुओं की अलग-अलग प्रसार गति है

(c) ठोस गर्म होने पर फैलते है ठंडा होने पर सिकुड़ते हैं

(d) उपरोक्त सभी

122. हाइड्रोजन के लिए गैस स्थिरांक R का मान होता है:

(a) 1.5 कैलोरी/मोल/K

(b) 1 कैलोरी/मोल/K

(c) 2 कैलोरी/मोल/K

(d) 3 कैलोरी/मोल/K

123. तांबा व लोहे के प्रसारों की तुलना करने पर यह पाया गया है कि :

(a) दोनों के प्रसार बराबर होते हैं

(b) लोहे में तांबे से अधिक प्रसार होता है

(c) लोहे में तांबे से कम प्रसार होता है

(d) उपरोक्त में से कोई नहीं

124. जो गैस वॉयल का नियम व चार्ल्स के नियम दोनों का पालन करती है, उसे कहते हैं :

(a) वास्तविक गैस   *(b)* आदर्श गैस

(c) सामान्य गैस   *(d)* सभी सत्य हैं

125. C.G.S. प्रणाली में ऊष्मा की मात्रक क्या है ?

(a) थर्म   *(b)* कैलोरी

(c) B.Th.U   *(d)* ऊष्माधारिता

126. थोड़े से पेट्रोल को पहले सर्दियों में तोला गया फिर गर्मियों में तोला गया तो पाया गया कि :

(a) इसका भार गर्मियों में सर्दियों की तुलना में अधिक है

(b) गर्मियों में इसका भार सर्दियों की तुलना में कम है

(c) दोनो भारों में कोई अन्तर नहीं पाया

(d) उपरोक्त में से कोई सत्य नहीं

127. घड़ी का क्षतिपूरत सन्तुलन व्हील निम्न सिद्धान्त पर आधारित है :

(a) द्विधात्विक छड़ गर्म होने पर मुड़ जाती है

(b) विभिन्न धातुओं का गर्म होने पर भिन्न-भिन्न प्रसार होना

(c) ठोस गर्म होने पर फैलते हैं, ठंडा होने पर सिकुड़ते हैं

(d) सभी सत्य हैं

128. किस ताप पर फैरनहाइट व र्‍यूमर पैमाने पर एक ही माप होगा ?

(a) 35.6°C   *(a)* 356°C

(c) – 25.6°C   *(d)* कोई भी नहीं

129. निम्नलिखित में से ऊष्मा की मात्रक कौन-सी है ?

(a) थर्म   *(b)* कैलोरी

(c) B.Th.U.   *(c)* ऊष्माधारिता

130. एक ग्राम जल का ताप 1°C बढ़ाने के लिये आवश्यक ऊष्मा की मात्रा को कहते हैं :

(a) जल तुल्यांक   *(b)* विशिष्टि ऊष्मा

(c) ऊष्मा धारिता   *(d)* किलो कैलोरी

131. एक पाउंड जल का ताप 1°F बढ़ाने के लिए आवश्यक ऊष्मा की मात्रा को कहते हैं :

(a) B.Th.U.   *(b)* विशिष्ट ऊष्मा

(c) किलोकैलोरी   *(d)* इनमें से कोई नहीं

132. निम्न में से कौन-सा मात्रक विशिष्ट ऊष्माओं को परिभाषित करता है ?

(a) B.Th.U. प्रति ग्रा०/°C

(b) कैलोरी प्रति ग्रा०/°C

(c) कैलोरी/°C

(a) B.Th.U./°F

133. 1000 पौंड जल का ताप 100°F बढ़ाने के लिये आवश्यक ऊष्मा की मात्रा को कहते हैं :

(a) जूल   *(b)* किलोकैलौरी

(c) किलोथर्म   *(d)* थर्म

134. वर्षा के मौसम में वायु में आर्द्रता हो जाती है :

(a) 50%   *(b)* 80%

(c) 100%   *(d)* सभी सत्य हैं

135. जब जल-वाष्प का संघनन वायु के या धूल के कणों पर होता है तब :

(a) कोहरा बनता है   *(b)* पाला पड़ता है

(c) ओले पड़ते हैं   *(d)* धुंध हो जाती है

136. एक गुब्बारा 5 मी०/सै० के वेग से ऊपर की ओर बढ़ता है तथा हॉल की छत को 5 सै० में छू लेता है। तो हॉल की ऊँचाई है :

(a) 20 मी०   *(b)* 15 मी०

(c) 10 मी०   *(d)* 5 मी०

137. एथलीट कोच अपनी टीम को बताता है कि पेशीय समय वेग को शक्ति कहा जाता है। पेशीय शब्द की उसके मस्तिष्क में क्या विमाएं रही होंगी ?

(a) ML^2T^{-2} *(b)* L

(c) ML^2T^2 *(d)* MT^{-2}

138. एक ट्रेन का वेग 4 घंटे में 20 किमी०/घं० से 60 किमी०/घं० हो जाता है। ट्रेन के द्वारा तय की गई दूरी होगी :

(a) 1.6 मी०   *(b)* 160 मी०

(c) 160 कि/मी०   *(d)* 10 किमी०

139. यदि एक वस्तु का त्वरण स्थिर है तो :

(a) वेग-समय ग्राफ वक्र होगा

(b) यह शून्य वेग से प्रारम्भ होता है

(c) वेग-समय ग्राफ एक सरल रेखा होगी

(d) वह वस्तु स्वतंत्र रूप से गिर रही है

140. दो वस्तुएं समान रूप से त्वरित हैं तब उनका

तुलनात्मक त्वरण है :

(a) असमान

(b) कभी समान कभी असमान

(b) समान

(d) कभी-कभी समान

141. एक वस्तु को समान त्वरण से गति करती हुई कहा जाता है जब

(a) उसकी चाल समान दर से बदलती है

(b) उसका वेग समान दर से बदल रहा है

(c) उसका द्रव्यमान समान दर से बदल रहा है

(d) सभी सत्य हैं

142. एक लड़का एक के बाद एक गेंद ऊपर की ओर फेंकता है। दूसरी गेंद तब फेंकता है जब पहली गेंद अपनी अधिकतम ऊंचाई पर होती है। यदि वह एक सैकेण्ड के बाद हर दूसरी गेंद फेंकता है तब पहली गेंद कितनी ऊँचाई पर पहुँच चुकी होती है ?

(a) 49 मी०   (b) 196 मी०

(c) 98 मी०   (d) 24.5 मी०

143. एक वस्तु जो गति करने के लिए स्वतंत्र है उस पर एक नियत बल लगाया जाता है, तब वस्तु गति करेगी :

(a) समान ऊर्जा से   (b) समान वेग से

(c) समान संवेग से   (d) समान त्वरण से

144. गति विज्ञान, यांत्रिकी की वह शाखा है जिसमें गति का वर्णन होता है :

(a) ऊर्जा के रूप में   (b) बल को छोड़कर

(c) बल के रूप में   (d) सभी सत्य हैं

145. वायु में प्रकाश का वेग 3×10^{10} सेमी०/सै० है। प्रकाश वर्ष का मान होता है :

(a) 9.5×10^{17} मी०   (b) 9.5×10^{17} सेमी०

(c) 9.5×10^{27} सेमी०   (d) 9.5×10^{7} सेमी०

146. जड़त्व...............का गुण है।

(a) सामर्थ्य   (b) आयतन

(c) पदार्थ   (d) द्रव्यमान

147. एक वस्तु पर दो बल 10N तथा 6N कार्यरत हैं। उनकी दिशाएं अज्ञात हैं तो वस्तु पर परिणामी बल वस्तु पद का कितना होगा ?

(a) 6N से अधिक

(b) 6N और 16N के बीच

(c) 4N व 16N के बीच

(d) 10N से अधिक

148. ध्वनि तरंग निम्न में से किसमें अनुदैर्घ्य रूप से नहीं गमन करती ?

(a) ठोस   (b) गैसों के मिश्रण

(c) वायु   (d) निर्वात्

149. एक सैकेण्ड लोलक की लम्बाई पृथ्वी तल से 1 मी० है तो उसकी लम्बाई चन्द्रमा की सतह पर क्या होगी यदि चन्द्रमा पर g का मान पृथ्वी तल पर g के मान का 1/6 भाग है ?

(a) 36 मी०   (b) 1/6 मी०

(c) 1/36 मी   (d) 16 मी०

150. एक नाव उत्तर पूर्व दिशा में 5 किमी०/घं० से एक नदी में गति करती है। नदी का बहाव दक्षिण की ओर 3 किमी०/घं० है। पृथ्वी तल के सापेक्ष नाव के वेग का परिमाण क्या होगा ?

(a) 7.4 किमी०/घं०   (a) 3.6 किमी०/घं०

(a) 60 किमी०/घं०   (a) 5.3 किमी०/घं०

151. वायु में किसी वस्तु का घनत्व मापने के लिए कौन-सा यंत्र प्रयुक्त होता है ?

(a) पोलरीमीटर   (b) हाइग्रोमीटर

(c) हाइड्रोमीटर   (d) बैरोमीटर

152. गुब्बारे का ऊपर उठना किस नियम से संबंधित है ?

(a) न्यूटन का गति का नियम

(b) आर्किमिडीज का नियम

(c) गुरुत्वाकर्षण का नियम

(d) केप्लर का नियम

153. निम्न में कौन क्रिस्टलीय ठोस का उदाहरण है ?

(a) काँच   (b) प्लास्टिक

(c) पुटी   (d) क्वॉर्ट्ज

154. किसी पदार्थ का यंग गुणांक बढ़ जाता है :

(a) प्रतिबल बढ़ाकर

(b) बल लगा कर

(c) विकृति से

(d) उपरोक्त में से कोई नहीं

155. बताइए कौन-सा बैरोमीटर हल्का तथा आसानी से इधर-उधर ले जाया जा सकता है ?

(a) एनरायड बैरोमीटर   (b) फोर्टिन बैरोमीटर

(c) मरकरी बैरोमीटर   (d) सभी सत्य हैं

156. एक सूई पानी में डूब जाती है जबकि एक जहाज पानी में तैरता है। कारण है :
(a) न्यूटन का गति का नियम
(b) गुरुत्वाकर्षण का नियम
(c) प्लवन का नियम
(d) आर्किमिडीज का नियम

157. ध्वनि उत्पन्न होती है :
(a) आघात से
(b) तरंगों के अध्यारोपण से
(c) वस्तु के कम्पन से
(d) माध्यम में तरंग के गमन से

158. अनुनाद होता है जब :
(a) संपीड़न संपीड़न पर अध्यारोपित है
(b) विरलन विरलन पर अध्यारोपित होता है
(c) संघनन का अध्यारोपण विरलन पर होता है
(d) उपरोक्त में से कोई नहीं

159. लाप्लस के अनुसार संघनन व विरलन किसके अन्तर्गत होते हैं ?
(a) रुद्धोष्म स्थिति में   (b) समतापीय स्थिति में
(d) उच्च दाब पर   (d) उच्च आर्द्रता में

160. ध्वनि तरंगें अनुदैर्ध्य के रूप में गमन नहीं करती हैं :
(a) निर्वात में   (b) गैसों के मिश्रण में
(c) वायु में   (d) ठोसों में

161. ठोसों के अन्तर्गत ध्वनि का गमन सम्भव है :
(a) केवल अनुप्रस्थ तरंगों के कारण
(b) केवल अनुदैर्ध्य तरंगों के कारण
(c) दोनों में किसी के कारण नहीं
(d) अनुप्रस्थ व अनुदैर्ध्य दोनों के ही कारण

162. दूर के स्रोत से ध्वनि अच्छी प्रकार सुनी जा सकती है :
(a) प्रातःकाल में   (b) अर्धरात्रि में
(c) सायं को   (d) दोपहर में

163. ध्वनि का वेग होगा :
(a) शुष्क वायु की तुलना में आर्द्र वायु में अधिक
(b) शुष्क वायु की तुलना में आर्द्र वायु में कम
(c) आर्द्र वायु व शुष्क वायु में समान
(d) वेग घनत्व पर निर्भर नहीं होता

164. ध्वनि तरंग का गमन तभी सम्भव है यदि माध्यम है :
(a) निर्वात   (b) संघनन

(c) माध्यम (कोई भी)   (d) विरलन

165. तरंगों द्वारा किसका संचरण होता है ?
(a) ऊर्जा   (b) माध्यम
(c) वेग   (d) संवेग

166. ध्वनि का 0°C पर वायु में वेग होता है :
(a) 3332 गज प्रति मिनट
(b) 332 गज प्रति सै०
(c) 330 गज प्रति सै०
(d) 3332 मी० प्रति सै०

167. स्वरित्र भुजाओं में कम्पन हमेशा होता है :
(a) $\pi/4$ कालान्तर में   (b) कालान्तर में
(c) $\pi/2$ के कालान्तर में   (d) विपरीत कालान्तर में

168. ध्वनि का ठोसों में वेग :
(a) वही होता है जो ध्वनि वेग निर्वात में होता है
(b) वही होता है जो ध्वनि का वेग वायु में होता है
(c) वायु के वेग से अधिक होता है
(d) इनमें से कोई भी नहीं

169. यदि स्वरित्र की आवृत्ति दुगुनी कर दी जाए तो उत्पन्न ध्वनि का वेग :
(a) दुगुना हो जाएगा   (b) आधा हो जाएगा
(c) वही रहेगा   (d) कम हो जायेगा

170. किसी तरंग में उसके एक कला में दो बिन्दुओं की बीच की दूरी होती है :
(a) तरंगदैर्ध्य   (b) विस्थापन
(c) आवृत्ति   (d) वेग

171. यदि किसी माध्यम के घनत्व को प्रारम्भिक व घनत्व का 1/6 कर दिया जाये तो उस माध्यम में ध्वनि का वेग हो जाता है :
(a) प्रारम्भिक वेग का 5 गुना
(b) प्रारम्भिक वेग का 16 गुना
(a) प्रारम्भिक वेग का 1/6 गुना
(d) प्रारम्भिक वेग का 1/4 गुना

172. किसी माध्यम में ध्वनि को वेग....... के वर्गमूल के समानुपाती होता है।
(a) °F में माध्यम का ताप
(b) °C में माध्यम का ताप
(c) परम पैमाने पर माध्यम का ताप
(d) इनमें से कोई भी नहीं

173. यदि किसी माध्यम में दो तरंगों (समान आवर्तकाल,

आवृत्ति व आयाम) के शीर्ष एक दूसरे के शीर्ष पर पड़ें तो परिणामी तरंग का आयाम होगा :

(a) दोनों के आयामों का अनुपात

(b) दोनों के आयामों का अन्तर

(c) आवृत्तियों का योग

(d) इनमें से कोई नहीं

174. कम्पित वस्तु से उत्पन्न ध्वनि का वेग होता है :

(a) माध्यम के घनत्व का विलोमानुपाती

(b) कम्पित वस्तु की आवृत्ति के समानुपाती

(c) वस्तु की आवृत्ति के विलोमानुपाती

(d) माध्यम के घनत्व के समानुपाती

175. ठोस पदार्थों में ध्वनि का वेग होता है :

(a) वायु में ध्वनि के वेग के बराबर

(b) ध्वनि के निर्वात में वेग के समान

(c) वायु में ध्वनि के वेग से अधिक

(d) इनमें से कोई भी नहीं

176. विस्पन्द की घटना तभी होती है जब आवृत्तियों में अन्तर होता है :

(a) 26 से अधिक   (b) शून्य

(c) 10 से कम   (d) बहुत ज्यादा

177. कमरे में हम प्रतिध्वनि नहीं सुन सकते क्योंकि प्रति-ध्वनि के लिए स्रोत व अवरोध के बीच की दूरी होनी चाहिए :

(a) 56 फुट   (b) 56 सेमी०

(c) 56 मी०   (d) 5.6 मी०

178. अग्रगामी तरंगों में दो पास के निस्पंदों या प्रस्पंदों के बीच की दूरी होती है :

(a) λ (b) 2λ

(c) $\lambda/2$ (d) $\lambda/4$

179. लाप्लस ने जो सही सूत्र दिया था उसने माध्यम को माना था :

(a) रूद्धोष्म   (b) उदासीन

(c) समतापीय   (d) सभी गलत हैं

180. ताप में 1°C परिवर्तन होने से ध्वनि का वेग बदल जाता है :

(a) 61 मी०/सै०   (b) 61 मिमी०/सै०

(c) 61 सेमी०/सै०   (d) 16 मी०/सै०

181. अग्रगामी तरंगें वे होती हैं जिनमें :

(a) माध्यम के सभी कण विरामावस्था में आ जाते हैं

(b) कुछ कण विराम अवस्था में होते हैं

(c) हलचल की आगे की ओर गति नहीं होती

(d) (a) तथा (b) दोनों सत्य हैं

182. बोलने वाले के शब्दों की पुनरावृत्ति को प्रतिध्वनि कहते हैं, कारण है :

(a) व्यतिकरण   (b) विवर्तन

(c) तल से परावर्तन   (d) तल पर अपवर्तन

183. दो स्वरित्र एक मेज पर कसे हैं, उनमें से एक को कम्पित होने जाता है, कुछ समय पश्चात् दूसरा भी कम्पित होने लगता है, यह घटना होती है।

(a) प्रणोदित कम्पनों के कारण

(b) न्यूटन के तृतीय नियम से

(c) अनुनाद से

(d) विवर्तन से

184. दो निस्पंदों के अन्तराल को निम्न प्रकार परिभाषित किया जा सकता है :

(a) दो स्रोतों से उत्पन्न आवृत्तियों के योग से

(b) दो स्रोतों से उत्पन्न आवृत्तियों के अन्तर से

(c) दो निस्पंदों के तरंगदैर्घ्यों के योग से

(d) दो स्रोतों से उत्पन्न आवृत्तियों के अनुपात से

185. एक व्यक्ति विद्युत कड़कने के 6 सैकेण्ड बाद उसकी आवाज सुनता है। वायु का ताप 20°C है। यह बिजली कितनी दूरी पर कड़की जबकि ध्वनि का वायु में वेग 0°C पर 332 मी०/सै० है ?

(a) 1660 मी०   (b) 2332 मी०

(c) 2088 मी०   (d) इनमें से कोई नहीं

186. दिए गए ताप पर वायु में ध्वनि का वेग :

(a) दाब के बढ़ने के साथ बढ़ता है

(b) दाब बदलने पर कोई अन्तर नहीं आता

(c) दाब बढ़ने पर घटता है

(c) सभी सत्य हैं

187. ध्वनि का वेग

(a) दाब के विलोमानुपाती होता है

(b) वायुमण्डलीय दाब के सीधा समानुपाती होता है

(c) दाब पर निर्भर नहीं करता

(d) दाब के वर्गमूल के सीधा समानुपाती होता है

188. दो स्वरित्र n_1 व n_2 आवृत्ति की ध्वनियां उत्पन्न करते हैं। उनसे बनने वाले विस्पंदों की संख्या होगी :

(a) n_2/n_1 (b) n_1/n_2

$(c)\ n_1 - n_2$ $(d)\ n_1 + n_2$

189. हवा का प्रवाह पूर्व से पश्चिम की ओर है और दो व्यक्ति विपरीत दिशाओं में खड़े हैं अर्थात् एक पूर्व तथा दूसरा पश्चिम की ओर। कौन-सा व्यक्ति ध्वनि पहले सुनेगा ?

(a) पश्चिम की ओर वाला व्यक्ति

(b) पूर्व की ओर वाला व्यक्ति

(c) दोनों एक ही समय पर सुनेंगे

(d) यह अभी निश्चित नहीं हुआ है

190. जब कोई डोरी भिन्न-भिन्न भागों में कम्पन करती है तो वह उत्पन्न करती है :

(a) मूल आवृत्तियाँ   (b) प्रथम संनादी

(c) प्रथम अधिस्वरक   (d) द्वितीय अधिस्वरक

191. ध्वनि का वेग :

(a) ताप बढ़ने पर कम होता है

(b) ताप वृद्धि पर निर्भर नहीं करता

(c) ताप बढ़ने पर बढ़ता है

(d) सभी सत्य हैं

192. खुले आर्गन पाइप में मूल स्वरक उत्पन्न होता है जब कि पाइप की लम्बाई

(a) तरंगदैर्घ्य की आधी होती है

(b) तरंगदैर्घ्य के समान होती है

(c) तरंगदैर्घ्य की दुगुनी होती है

(d) तरंगदैर्घ्य की एक-चौथाई होती है

193. ध्वनि की प्रबलता में होता है :

(a) उद्देश्यात्मक अस्तित्व

(b) कोई अस्तित्व नहीं

(d) आत्मीय अस्तित्व

(d) (a) तथा (b) दोनों सत्य हैं

194. न्यूटन के अनुसार किसी माध्यम में ध्वनि का वेग ज्ञात किया जा सकता है :

(a) द्रव्यमान व घनत्व से

(b) आकार व घनत्व से

(c) प्रत्यास्थता से

(d) सभी सत्य हैं

195. तरंग के गमन की दिशा को निश्चित करता है :

(a) तरंगाग्र के लम्बवत् रेखा

(b) तरंगाग्र (wavefront) से 45° कोण बनाती रेखा

(c) तरंगाग्र की स्पर्श रेखा

(d) इनमें से कोई भी नहीं

196. एक इंजन सीटी बजाता हुआ प्रेक्षक की ओर बढ़ रहा है तो प्रेक्षक अनुभव करेगा :

(a) ध्वनि की आवृत्ति में कोई परिवर्तन नहीं

(b) सीटी की आवृत्ति में वृद्धि

(c) सीटी की आवृत्ति में कमी

(d) (a) तथा (b) दोनों सत्य हैं

197. डोरी में तरंग की गति निर्भर करती है :

(a) डोरी के तनाव के वर्ग पर

(b) डोरी की लम्बाई पर

(c) डोरी के तनाव के वर्गमूल पर

(d) चारों ओर के माध्यम के घनत्व पर

198. दूर स्थित स्रोत से ध्वनि को अधिक स्पष्ट सुना जा सकता है :

(a) सायंकाल में   (b) दोपहर में

(c) अर्धरात्रि में   (d) प्रातःकाल में

199. सही कथन को चिह्नित कीजिए :

(a) कम्पित डोरी की आवृत्ति उसमें तनाव के समानुपाती होती है :

(b) कम्पित डोरी की आवृत्ति उसकी लम्बाई के समानुपाती होती है

(c) कम्पित डोरी की आवृत्ति उसके व्यास के विलोमानुपाती होती है

(d) कम्पित डोरी की आवृत्ति उसके घनत्व के समानुपाती होती है

200. वर्षा के दिन ध्वनि का वेग अधिक होता है क्योंकि :

(a) नम वायु का घनत्व शुष्क वायु के घनत्व से कम होता है

(b) नम वायु का घनत्व शुष्क वायु से अधिक होता है

(c) नमता और शुष्कता का कोई प्रभाव नहीं होता

(d) (a) तथा (b) दोनों सत्य हैं

201. ध्वनि की प्रबलता को मापा जाता है :

(a) साइकिल/सै० में   (b) अर्ग में

(c) घंटियों में   (d) कोई मात्रक नहीं

202. मच्छर की गुनगुन होती है :

(a) एक सरल ध्वनि   (b) तेज ध्वनि

(c) कम्पित ध्वनि   (d) सभी गलत हैं

203. ध्वनि की गति किसमें अधिक होती है ?

$(a)\ O_2$ में $(b)\ CO_2$ में

$(c)\ H_2$ में   (d) वायु में

204. ध्वनि चट्टानों में किस रूप में गति करती है ?
(a) अनुप्रस्थ ऊर्जा के रूप में
(b) अनुदैर्घ्य ऊर्जा के रूप में
(c) अनुप्रस्थ व अनुदैर्घ्य ऊर्जा दोनों रूपों में ही
(d) अप्रत्यास्थ तरंगों के रूप में

205. ध्वनि का वेग :
(a) वर्षा के मौसम में सर्दियों की अपेक्षा कम होता है
(b) वर्षा के मौसम में सर्दियों की अपेक्षा अधिक होता है
(c) वर्षा के मौसम व गर्मियों में समान होता है
(d) कोई भी सही नहीं है

206. जिन व्यक्तियों का गला सुरीला होता है उनके स्वर में :
(a) अधिस्वरकों की संख्या कम होती है
(b) अधिस्वरकों की संख्या अधिक होती है
(c) कोई अधिस्वरक नहीं होता
(d) (a) तथा (b) दोनों सत्य हैं

207. ध्वनि का वेग :
(a) सर्दियों की तुलना में गर्मियों में कम होता है
(b) सर्दियों व गर्मियों में समान होता है
(c) सर्दियों की तुलना में गर्मियों में अधिक होता है
(d) मौसम से प्रभावित नहीं होता है

208. किसी वस्तु का वेग व ध्वनि के वेग का अनुपात होता है :
(a) लाप्लस संख्या   (b) वुड संख्या
(c) प्राकृतिक संख्या   (d) मैजिक संख्या

209. एक तरंग में गति करती है :
(a) ऊर्जा   (b) आयाम
(c) संवेग   (d) वेग

210. यदि एक ब्लॉक से गुजरने पर ध्वनि की तीव्रता 20% कम हो जाती है तब दो ऐसे ब्लॉकों से गुजरने पर ध्वनि की तीव्रता रह जाएगी :
(a) 84%   (b) 16%
(c) 64 %   (d) 80%

211. द्विपरमाणु पैमाने पर अर्धस्वरक होता है :
(a) 8/9   (b) 1/9
(c) 9/8   (d) 16/15

212. एक सरल लोलक को एक तरफ ले जाकर छोड़ दिया जाए तो उसके द्वारा होने वाले दोलन कहलाते हैं :
(a) प्रणोदित कम्पन   (b) अनुनाद कम्पन
(c) मुक्त कम्पन   (d) डेम्प्ड (दबे हुए) कम्पन

213. मुख्य द्विपरमाण्विक पैमाना कहलाता है, क्योंकि
(a) मुख्य आवृत प्रयोग किए जाते है
(b) कालांश, मुख्य लय कई बार दोहरायी जाती है
(c) मुख्य इश्यू निहित होते हैं
(d) (a) तथा (b) दोनों सत्य हैं

214. ध्वनि की तीव्रता में होता है :
(a) आत्मीय अस्तित्व
(b) उद्देश्यशील अस्तित्व
(c) कोई अस्तित्व नहीं
(d) (a) तथा (b) दोनों सत्य हैं

215. जब आपका मित्र आपको बाहर से पुकारता है तब आप उसके स्वर को पहचान लेते हैं क्योंकि स्वर विशेष में होती है :
(a) गुणता   (b) तारत्व
(c) प्रबलता   (d) सभी सत्य

216. असत्य कथन को चुनिए :
ध्वनि गमन करती है
(a) तरंगों के रूप में
(b) सरल रेखा में
(c) ऊर्जा के रूप में
(d) वायु की अपेक्षा निर्वात में तेज गति से

217. स्वरक का तारत्व :
(a) प्रबलता
(b) आकार
(c) वस्तु की आवृत्ति के प्रत्यक्ष समानुपाती
(d) इनमें से कोई नहीं

218. पराश्रव्यी तरंगों की आवृत्ति होती है :
(a) 2,000 प्रति सै० से कम
(b) 20,000 प्रति सै० के समान
(c) 20,000 प्रति सै० से अधिक
(d) केवल 20,000 प्रति सै०

219. जब कोई मिलिट्री का ग्रुप किसी पुल से गुजर रहा होता है तो उसे 'कदम तोड़ने' के लिए कहा जाता है क्योंकि :
(a) सिपाहियों को आराम की आवश्यकता है
(b) पुल को प्रणोदित कम्पनों से बचाना है
(c) पुल को कम्पित होने से बचाना है
(d) उपरोक्त में से कोई भी नहीं

220. शेर की दहाड़ मच्छर की गुनगुन से भिन्न होती है क्योंकि :
(a) दोनों विभिन्न तारत्वों की ध्वनि उत्पन्न करते हैं
(b) दोनों का आकार भिन्न है
(c) दोनों से उत्पन्न ध्वनियों का तारत्व समान है
(d) सभी सत्य हैं

221. ध्वनि की प्रबलता व तीव्रता के बीच सम्बन्ध रखने वाला नियम किसने बताया ?
(a) वेबर और व्हीलर   (b) ग्राहम बैल
(c) वेबर और फेशनर   (d) न्यूटन

222. एक साथ ध्वनित होते हुए दो स्वरों का प्रभाव मनभावना होती है, जिसे कहते हैं
(a) हारमोनी   (b) कर्कश ध्वनि
(c) मेलौडी (सुगम संगीत) (d) सुरीला

223. तुम्हारे पास दो घड़ियाँ हैं जो भिन्न-भिन्न समय देती हैं। जब दोनों को मेज पर रखा और दोनों बराबर समय बताएं तो इस घटना को कहेंगे :
(a) प्रणोदित कम्पन   (b) अनुनाद
(c) इनमें से कोई नहीं   (d) (a) तथा (b) दोनों

224. अनुप्रस्थ तरंगों व अनुदैर्घ्य तरंगों को निम्न गुण के आधार पर अलग किया जा सकता है :
(a) ध्रुवीकरण   (b) विवर्तन
(c) व्यतिकरण   (d) परावर्तन

225. एक डोरी के कम्पनों की आवृत्ति 200 c.p.s. है उसका तनाव दुगुना कर दिया जाता है तो उसकी आवृत्ति लगभग कितनी हो जाएगी ?
(a) 280 c.p.s.   (b) 320 c.p.s.
(c) 240 c.p.s.   (d) 400 c.p.s.

226. समान लम्बाई की खुली तथा बन्द आर्गन पाइप की आकृतियों का अनुपात होगा :
(a) दो   (b) एक
(c) $\frac{1}{2}$ (d) $\frac{1}{4}$

227. लाउडस्पीकर परिवर्तित करता है :
(a) विद्युत तरंगों को उसी आवृत्ति की ध्वनि तरंगों में
(b) विद्युत तरंगों को दुगुनी आवृत्ति की विद्युत तरंगों में
(c) ध्वनि तरंगों को उसी आवृत्ति की विद्युत तरंगों में
(d) ध्वनि तरंगों को उच्च ऊर्जा की ध्वनि तरंगों में

228. निम्न में से कौन-सा कथन असत्य है ?
(a) पराश्रव्य तरंगों का उत्पादन पिजो-विद्युत दोलन करने वालों से
(b) पराश्रव्य तरंगों की आवृत्ति 20 kHz
(c) अवश्रव्य तरंगें, श्रव्य तरंगों से कम आवृत्ति की तरंगें हैं
(d) वायु में पराश्रव्य तरंगों की तरंगदैर्घ्य लगभग 1 सेमी० होती है।

229. बन्द आर्गन पाइप में :
(a) केवल विषम संनादी उत्पन्न होते हैं
(b) उत्पन्न संनादी की संख्या सम होती है
(c) सम व विषम संख्या में संनादी उत्पन्न होती है
(d) यह निश्चित नहीं है

230. विद्युत चमकने के समय सुरक्षित रहा जा सकता है :
(a) तड़ित चालक छड़ के पास बैठकर
(b) पेड़ के नीचे बैठने से
(c) कार में बैठकर
(d) खुले मैदान में लेट जाने पर

231. सरल लोलक गति करने वाले कणों का कला $\pi/2$ जब होता है जबकि :
(a) वेग अधिकतम हो
(b) त्वरण अधिकतम हो
(c) ऊर्जा अधिकतम हो
(d) विस्थापन अधिकतम हो

232. निम्न में से सही कथन चुनिए :
(a) अप्रगामी तरंगों में माध्यम के कण स्थिर होते हैं
(b) ध्वनि तरंगों में आयाम के दुगुना करने पर तीव्रता दुगुनी हो जाती है
(c) डोरी का तनाव चार गुना करने पर आवृत्ति दुगुनी हो जाती है
(d) ध्वनि का वेग परम ताप के समानुपाती होता है

233. प्रकाश सरल रेखा में गति करता दिखलाई पड़ता है क्योंकि :
(a) तरंगदैर्घ्य बहुत कम होता है
(b) तरंगदैर्घ्य अधिक है
(c) यह परछाई देता है
(d) इनमें से कोई नहीं

234. चन्द्रग्रहण तब होता है जबकि :
(a) पृथ्वी व चन्द्रमा के बीच सूर्य आ जाता है

(b) सूर्य व पृथ्वी के बीच चन्द्रमा आ जाता है

(c) पृथ्वी सूर्य व चन्द्रमा के बीच आ जाती है

(d) सभी सत्य हैं

235. सूर्य एक प्रदीप्तमान वस्तु है जब कि चन्द्रमा :

(a) अप्रदीप्तमान है

(b) पारदर्शक है

(c) अर्धपारदर्शक है

(d) अर्धपारदर्शक नहीं है

236. निम्न में कौन अप्रदीप्तमान है :

(a) चन्द्रमा   *(b)* सूर्य

(c) मोमबत्ती   *(d)* विद्युत लैम्प

237. मैक्स प्लांक का सम्बन्ध है :

(a) क्वान्टम सिद्धान्त से

(b) तरंग सिद्धान्त से

(c) गति सम्बन्धी सिद्धान्त से

(d) विद्युत चुम्बकीय सिद्धान्त से

238. समतल दर्पण द्वारा प्रतिबिम्ब बनता है :

(a) वास्तविक तथा सीधा

(b) वास्तविक तथा पार्श्व भाग सीधा

(c) आभासी तथा पार्श्व भाग सीधा

(d) आभासी तथा पार्श्व भाग उलटा

239. मरीचिका इस कारण दिखलाई पड़ने का कारण है :

(a) चमकदार रेत से प्रकाश का परावर्तन होना

(b) ऊँचाई के साथ-साथ अपवर्तनांक का बढ़ते जाना

(c) ऊँचाई के साथ-साथ अपवर्तनांक का कम होना

(d) ऊँचाई के साथ-साथ अपवर्तनांक का मान स्थिर होना

240. एक आयताकार कमरे में, दो संगत दीवारों तथा छत पर शीशे लगे हैं, तब उस कमरे में खड़ा व्यक्ति स्वयं कितने प्रतिबिम्ब देख सकता है ?

(a) 11   *(b)* 9

(c) 7   *(d)* 6

241. यदि जल का अपवर्तनांक 1.33 और काँच का अपवर्तनांक 1.596 है, तब काँच का पानी के सापेक्ष अपवर्तनांक होगा :

(a) 1.330   *(b)* 1.200

(c) 1.596   *(d)* 1.100

242. एक मछली को पानी की बाहरी सतह से पक्षी 30 सेमी० दूर दिखाई देता है। यदि पानी का अपवर्तनांक 1.33 हो तो वास्तव में पक्षी जल सतह से कितनी दूर है ?

(a) 40 सेमी०   *(b)* 22.5 सेमी०

(c) 30 सेमी०   *(d)* इनमें से कोई नहीं

243. एक उत्तल दर्पण जिसकी फोकस दूरी 30 सेमी० है, उससे एक वस्तु का एक-चौथाई आकार का प्रतिबिम्ब बनता है। उस वस्तु की दर्पण से दूरी होगी :

(a) 60 सेमी०   *(b)* 120 सेमी०

(c) 90 सेमी०   *(d)* 30 सेमी०

244. स्पेट्रोस्कोप से सीधा देखा जा सकता है यदि स्पेट्रोस्कोप में :

(a) किसी प्रिज्म का प्रयोग नहीं किया गया है

(b) या तो दो प्रिज्म या चार प्रिज्म का प्रयोग किया गया है

(c) या तो 3 या 5 प्रिज्म उपयोग किए गए हैं

(d) *(a)* तथा *(b)* सत्य हैं

245. छोटी-छोटी वस्तुओं को देखने के लिए प्रयोग करते हैं :

(a) एपिडायस्कोप   *(b)* सूक्ष्मदर्शी

(c) संयुक्त सूक्ष्मदर्शी   *(d)* परिदर्शी

246. हीरे, काँच तथा जल में प्रकाश का वेग निम्न क्रम में कम होता जाता है :

(a) जल > हीरा > काँच

(b) हीरा > जल > काँच

(c) जल > काँच > हीरा

(d) हीरा > काँच > जल

247. 40 कैन्डल शक्ति के लैम्प से 2 मीटर दूर फोटोग्राफी प्रिंट को एक्सपोज होने में 20 सै० लगता है। उसी प्रिंट को 20 कैन्डल शक्ति के लैम्प से एक्सपोज होने में समय लगेगा :

(a) 40 सै०   *(b)* 80 सै०

(c) 20 सै०   *(d)* 160 सै०

248. गलत कथन को चुनिए :

(a) समान आवर्धन क्षमता वाले खगोलीय दूरबीन की लम्बाई गैलीलियो की दूरबीन से अधिक होती है

(b) गैलीलियन दूरबीन में दोनों लैंस उत्तल लैंस होते हैं

(c) दूरबीन को एक सूक्ष्मदर्शी की तरह विपरीत दिशा में किया जा सकता है

(d) फोटोग्राफी कैमरा एक वास्तविक उलटा प्रतिबिम्ब बनाता है।

249. एक ग्रहण की घटना प्रदर्शित करती है :

(a) प्रकाश का परावर्तन

(b) प्रकाश का विवर्तन

(c) प्रकाश का सीधी रेखा में चलना

(d) प्रकाश का फैलना (scattering)

250. आकाशीय पिंडों द्वारा छाया बनना कहलाता है :

(a) पेनुम्ब्रा (खण्ड छाया)   *(b)* ग्रहण

(c) अम्ब्रा (परछाई)   *(d)* कोई भी नहीं

251. सूर्यग्रहण होता है जब :

(a) सूर्य तथा चन्द्रमा के मध्य पृथ्वी आ जाती है

(b) पृथ्वी और चन्द्रमा के मध्य सूर्य आ जाता है

(c) सूर्य व पृथ्वी के मध्य चन्द्रमा आ जाता है

(d) उपरोक्त में से कोई भी सही नहीं है

252. किसने प्रकाश का वेग सर्वप्रथम मापा था ?

(a) न्यूटन   *(b)* फिजियन

(c) रोमर   *(d)* फोकाल्ट

253. जब दो समतल दर्पण 80° कोण पर झुके हों तो प्रतिबिम्ब की संख्या होती है :

(a) 2   *(b)* 3

(c) 1   *(d)* 4

254. जब हीरे की छिलाई होती है वह इतना चमकीला क्यों हो जाता है :

(a) हीरे से प्रकाश के उत्सर्जन के कारण

(b) कठोरता के कारण

(c) प्रकाश का किसी विशेष रंग के लिए कम अवशोषण

(d) उच्च अपवर्तनांक के कारण

255. पूर्ण आन्तरिक परावर्तन के लिए प्रकाश गमन करती है :

(a) काँच से पानी में   *(b)* पानी से काँच में

(c) हवा से काँच में   *(d)* हवा से पानी में

256. जल व काँच के प्रकाश वेगों के बीच सम्बन्ध है :

(a) जल में प्रकाश का वेग काँच की तुलना में अधिक होता है परन्तु निर्वात से कम

(b) दोनों माध्यमों में प्रकाश का वेग निर्वात में प्रकाश के वेग के समान होता है

(c) दोनों माध्यमों में प्रकाश का वेग निर्वात में प्रकाश वेग से कम होता है

(d) जल में प्रकाश का वेग काँच व निर्वात की तुलना में कम होता है

257. एक उड़ता हवाई जहाज दिखलाई देता है :

(a) वास्तविक स्थिति से नीचा

(b) वास्तविक स्थिति से ऊँचा

(c) वास्तविक स्थिति पर

(d) कोई भी सत्य नहीं है

258. एक व्यक्ति शीशे के सामने खड़ा होकर देखता है कि उसका प्रतिबिम्ब बड़ा है। इससे निष्कर्ष निकलता है कि दर्पण है :

(a) उत्तल   *(b)* समतल

(c) बेलनाकार   *(d)* अवतल

259. दो वस्तुओं का समान द्रव्यमान कहलाता है यदि उनका समान हो :

(a) आयतन   *(b)* पदार्थ

(c) जड़त्व   *(d)* घनत्व

260. विस्थापन विधि में एक लैंस के लिए वस्तु की दो भिन्न-भिन्न स्थितियों के लिए प्रतिबिम्ब के आकार I_1 तथा I_2 हैं, तब वस्तु का आकार होगा :

(a) $\left(\dfrac{I_1}{I_2}\right)^{1/2}$ *(b)* $(I_1 I_2)^{1/2}$

(c) $(I_1 I_2)^{1/4}$ *(d)* $I_1 I_2$

261. पेड़ से छनकर आते हुए सूर्य-प्रकाश से पृथ्वी पर वृत्ताकार धब्बे दिखाई देते हैं क्योंकि

(a) उस स्थान पर सूर्य-प्रकाश बेधन कर जाता है

(b) प्रकाश का संचरण तरंग गति की तरह होता है

(c) सूर्य गोल है

(d) प्रकाश का विवर्तन प्रभाव होता है

262. नेत्र के उस दोष को जिसके कारण नेत्रों द्वारा एक बिन्दु-प्रतिबिम्ब नहीं बनता उसे कहते हैं :

(a) निकट दृष्टि दोष   *(b)* अबिन्दुकता

(c) दूरदृष्टिदोष   *(d)* प्रेसबायोपिया

263. सूर्य प्रकाश होता है :

(a) समांगी   *(b)* दृश्यीय

(c) अदृश्यीय   *(d)* मोनोक्रोमेटिक

264. एक वर्ष के बाद होने वाला सूर्य ग्रहण कहलाता है :

(a) सूर्य ग्रहण   *(b)* चक्र ग्रहण

(c) वार्षिक ग्रहण   *(d)* कोई नहीं

265. इकाई क्षेत्रफल पर लम्बवत् रूप से प्रति सैकेण्ड गिरने वाली प्रकाश की मात्रा को कहते हैं :

(a) ल्यूमेन   (b) द्युतिमान शक्ति

(c) लक्स   (d) द्युति की तीव्रता

266. पिनहोल कैमरे का सिद्धान्त आधारित है :

(a) अध्यारोपण पर

(b) व्यतिकरण पर

(c) प्रकाश की सीधी रेखा में गमन पर

(d) इनमें से कोई नहीं

267. एक आपतित किरण को परावर्तित करते हुए समतल दर्पण को एक कोण θ घुमाया गया तो

(i) परावर्तित किरण नहीं घूमेगी

(ii) आपतित किरण स्थिर होगी

(iii) परावर्तित किरण एक कोण θ घूम जाती है

(iv) परावर्तित किरण कोण 2θ घूमेगी

(a) (ii) व (iv) सत्य हैं

(b) (i) सत्य हैं

(c) (ii) व (iii) सत्य हैं

(d) (i) व (iii) सत्य हैं

268. पूर्ण परावर्तन का क्रांतिक कोण सबसे छोटा होगा जबकि प्रकाश गुजरता है :

(a) जल से काँच में   (b) काँच से जल में

(c) जल से वायु में   (d) काँच से वायु में

269. क्रांतिक कोण प्रकाश के काँच से वायु में जाने पर .... के लिए कम होगा।

(a) नीला (बैंगनी)   (b) पीला

(c) लाल   (d) हरा

270. सायंकाल में जब सूर्य क्षितिज से नीचे हो जाता है तब यह

(a) कुछ समय के लिए दिखलाई पड़ता है क्योंकि पृथ्वी की सतह पर वायु ऊपर के वायुमण्डल की अपेक्षा सघन होती है

(b) कुछ समय के लिए दिखलाई पड़ता है क्योंकि पृथ्वी की सतह पर वायु ऊपर के वायुमण्डल की तुलना में विरल माध्यम का काम करती है

(c) विवर्तन घटना के कारण दिखलाई पड़ता है

(d) दिखलाई नहीं पड़ता

271. माध्यम की पारदर्शता निर्भर करती है इस माध्यम की:

(a) परमाणु संरचना पर   (b) आण्विक संरचना पर

(c) प्रकृति पर   (d) मोटाई पर

272. एक व्यक्ति शीशे के सामने खड़ा है तथा अपना प्रतिबिम्ब पतला तथा सामान्य ऊँचाई का देखता है। इससे ज्ञात होता है कि दर्पण :

(a) उत्तल तथा क्षैतिज अक्ष वाला बेलनाकार

(b) उत्तल तथा उर्ध्वाधर अक्ष वाला बेलनाकार

(c) उत्तल तथा गोलीय

(d) अवतल तथा गोलीय

273. जब लाल फूल को हरे प्रकाश में रखते हैं तो यह दिखाई पड़ेगा :

(a) सफेद   (b) हरा

(c) लाल   (d) पीला

274. स्पेक्ट्रोमीटर में प्रिज्म का कार्य होता है प्रकाश का :

(a) परावर्तन करना   (b) विसरण करना

(c) संचरण करना   (d) अपवर्तन करना

275. उत्तल या अवतल लैंस की दो तलों की त्रिज्या कम करने पर :

(a) फोकस दूरी न ही घटती और न ही बढ़ती है

(b) फोकस दूरी घट जाती है

(c) फोकस दूरी बढ़ जाती है

(d) फोकस दूरी का कम होना या अधिक होना लैंस पर निर्भर है

276. निम्न में से कौन-सा गुण प्रकाश के रंग को निर्धारित करता है ?

(a) वेग   (b) आवृत्ति

(c) आयाम   (d) तरंगदैर्घ्य

277. अवतल लैंस से बना प्रतिबिम्ब हमेशा :

(i) F व ध्रुव के मध्य होता है

(ii) छोटा होता है

(iii) आभासी होता है

(iv) सीधा होता है

(a) सभी सत्य हैं

(b) (i), (ii) व (iii) सत्य हैं

(c) (i) व (ii) सत्य हैं

(d) केवल (ii) सत्य है

278. नेत्र के अन्दर की सतह एक पारदर्शक झिल्ली से ढकी होती है, जो तांत्रिका से जुड़ी होती है। उसे कहते हैं :

(a) रेटिना   (b) कोर्निया

    (c) परितारिका   (d) पुतली

279. वस्तु के पीछे आंशिक काले भाग को कहते हैं :

    (a) खण्डछाया   (b) आंशिक छाया

    (c) परछाईं   (d) कोई भी नहीं

280. एक कैण्डिल शक्ति के किसी स्रोत द्वारा प्रति सैकेण्ड प्रति इकाई ठोस कोण प्रकाश उत्सर्जन को कहते हैं :

    (a) ल्यूमेन   (b) द्युति की तीव्रता

    (c) कैण्डिल शक्ति   (d) लक्स

281. इकाई क्षेत्रफल पर लम्बवत् रूप से प्रति सैकेण्ड पड़ने वाला प्रकाश कहलाता है :

    (a) लक्स   (b) द्युतिमान शक्ति

    (c) फुट-कैण्डिल   (d) द्युति की तीव्रता

282. पिनहोल कैमरे का आवर्धन होता है :

    (a) $\dfrac{u}{v}$ (b) $\dfrac{v}{u}$

    (c) एक से अधिक   (d) एक

283. जिस यंत्र में गुणक रूप से प्रतिबिम्ब बनते हैं उसे कहते हैं :

    (a) सेक्सटैंट   (b) पेरिस्कोप

    (c) एपिडायस्कोप   (d) बहुरूपदर्शी

284. पूर्ण आन्तरिक परावर्तन के लिए क्रान्तिक कोण, जब प्रकाश किरण काँच से वायु में गमन करती है, होता है :

    (a) प्रकाश के सभी रंगों के लिए समान

    (b) पीले रंग के लिए सबसे अधिक

    (c) नीले रंग के लिए लाल रंग से अधिक

    (d) लाल रंग के लिए नीले रंग से अधिक

285. क्षितिज के पास जब चन्द्रमा बड़ा दिखलाई पड़ता है। कारण है :

    (a) विवर्तन

    (b) प्रकाशीय भ्रम

    (c) वायुमण्डलीय अपवर्तन

    (d) प्रकाश का फैलना

286. t मोटाई व अपवर्तनांक μ की काँच की प्लेट से प्रकाश गुजरता है। यदि प्रकाश का वेग निर्वात में 'C' है तो काँच प्लेट पार करने में लगा समय होगा :

    (a) $t\mu C$ (b) $\mu t/C$

    (c) $t/\mu C$ (d) tC/μ

287. अवतल दर्पण की फोकस दूरी होती है :

    (a) धनात्मक   (b) ऋणात्मक

    (c) शून्य   (d) अनन्त

288. समतल दर्पण की फोकस दूरी होती है :

    (a) दर्पण से वस्तु तक की दूरी

    (b) वस्तु तक की दूरी की आधी

    (c) अनन्त की आधी

    (d) वस्तु तक की दूरी की दुगुनी

289. जब श्वेत प्रकाश प्रिज्म से गुजरता है तो बैंगनी व लाल रंग के विचलन, क्रमशः D_v तथा D_r के अनुपात $\dfrac{D_x}{D_v}$ का मान होता है :

    (a) एक   (b) शून्य

    (c) एक से अधिक   (b) एक से कम

290. द्विउत्तली वायु का बुलबुला व्यवहार करता है :

    (a) उत्तल लैंस की तरह

    (b) समतल काँच के गुटके की तरह

    (c) अवतल लैंस की तरह

    (d) अवतल दर्पण की तरह

291. 20 सेमी० तथा -40 सेमी० फोकस दूरी के दो पतले उत्तल लैंस सम्पर्क में रखे गए हैं। इस संयोजन की फोकस दूरी है :

    (a) $+20$ सेमी०   (b) $+40$ सेमी०

    (c) -40 सेमी०   (d) -20 सेमी०

292. प्रकाश में विद्यमान किस रंग की चाल काँच से गुजरने के बाद सबसे कम होती है :

    (a) नीला रंग   (b) हरा रंग

    (c) लाल रंग   (d) बैंगनी रंग

293. एक यंत्र जिसका आकार अचल रूप से वृत्त का $\dfrac{1}{6}$ वाँ भाग होता है, उसे कहते हैं :

    (a) द्विनेत्री दूरदर्शक   (b) स्लाइडर

    (c) सेक्सटैंट   (d) कोई भी नहीं

294. नेत्र की उस शक्ति को, जो इसे विभिन्न दूरी पर रखी वस्तु को फोकस करने की क्षमता प्रदान करती है, कहते हैं :

    (a) प्रेजबायोपिया   (c) हाइपरमेट्रोपिया

    (c) अबिन्दुकता   (d) निकट दृष्टि दोष

295. दूरदृष्टि दोष का निवारण एक प्रकार के लैंस के

उपयोग करने से होता है जिसका नाम है :

(a) उत्तलो-अवतल लैंस   (b) उत्तल लैंस
(c) अवतलो-उत्तल लैंस   (d) अवतल लैंस

296. जब प्रकाश किरण काँच से वायु में गुजरती है तो निम्न में से किसमें परिवर्तन नहीं होता ?

(a) वेग   (b) आयाम
(c) तरंगदैर्घ्य   (d) आवृत्ति

297. एक मोमबत्ती को मोटे दर्पण में देखा जाता है। उसमें जो कई प्रतिबिम्ब बनते हैं उसमें सबसे चमकीला प्रतिबिम्ब होता है :

(a) दूसरा प्रतिबिम्ब   (b) तीसरा प्रतिबिम्ब
(c) अन्तिम प्रतिबिम्ब   (d) प्रथम प्रतिबिम्ब

298. ग्रीस लगा पेपर हो जाता है :

(a) अपारदर्शक   (b) प्रदीप्तमान
(c) अर्धपारदर्शक   (d) पारदर्शक

299. निम्न में से कौन अर्धपारदर्शक है ?

(a) ओपेक्   (b) मोम
(c) ग्रीस लगा पेपर   (d) जल

300. पिनहोल कैमरा का फाइन छिद्र होना चाहिए :

(a) त्रिकोणीय   (b) आयताकार
(c) किसी भी आकार का   (d) वृत्ताकार

301. उस यंत्र का नाम लिखिए जिसमें दो समतल दर्पणों द्वारा क्रमागत परावर्तन होते हैं :

(a) सेक्सटैन्ट   (b) एपिडाइस्कोप
(c) एपिस्कोप   (d) पेरिस्कोप

302. प्रकाश का तरंग सिद्धान्त किसने दिया ?

(a) फिजियन   (b) थॉमस यंग
(c) फोकाल्ट   (d) हाइजन

303. निम्न में से कौन-से यंत्र से 3-D पिक्चर देखी जा सकती है ?

(a) गुणितत्स्कोप   (b) एपिस्कोप
(c) स्टिअरस्कोप   (d) पेरिस्कोप

304. निम्न में से कौन पारदर्शक है ?

(a) बर्फ   (b) तेल लगा पेपर
(c) जल   (d) मोम

305. पिनहोल कैमरा से तेज और अच्छी पिक्चर बनने के लिए होल (छिद्र) का आकार होना चाहिए :

(a) बहुत चौड़ा   (b) चौड़ा
(c) बहुत छोटा   (d) छोटा

306. निम्न में कौन प्रदीप्तमान है

(a) चन्द्रमा   (b) पुस्तक
(c) हीरा   (d) मोमबत्ती की लौ

307. प्रकाश का पथ होता है :

(a) तरंगीय   (b) सीधा
(c) वक्रीय   (d) कोई भी नहीं

308. प्रिज्म द्वारा वर्णक्रम बनता है :

(a) काल्पनिक   (b) लाल
(c) आभासी   (d) (a) तथा (b) दोनों

309. सौर विकिरण में निम्न में से कौन-सा रंग कम विचलित होता है ?

(a) बैंगनी   (b) हरा
(c) लाल   (d) पीला

310. प्रिज्म द्वारा कौन-सा रंग कम विचलित होगा ?

(a) नारंगी   (b) लाल
(b) हरा   (c) बैंगनी

311. निम्न विकिरणों में से किसकी अधिकतम तरंगदैर्घ्य होती है ?

(a) पराबैंगनी विकिरण   (b) पीला विकिरण
(c) अवरक्त विकिरण   (d) लाल विकिरण

312. जो वस्तु आंशिक रूप से प्रकाश को गुजरने देती है वह कहलाती है :

(a) अपारदर्शक   (b) आंशिक अपारदर्शक
(c) पारदर्शक   (d) अर्धपारदर्शक

313. नति कोण होता है :

(a) परिणामी चुम्बकीय व पृथ्वी चुम्बकीय क्षेत्र के ऊर्ध्वाधर घटक के बीच
(b) परिणामी चुम्बकीय क्षेत्र और भौगोलिक याम्योत्तर के बीच
(c) पृथ्वी के चुम्बकीय क्षेत्र के क्षैतिज घटक व भौगोलिक याम्योत्तर के मध्य
(d) परिणामी चुम्बकीय क्षेत्र तथा पृथ्वी चुम्बकीय क्षेत्र क्षैतिज घटक के बीच

314. ट्रांस्फार्मर कोर के लिए कौन-सा पदार्थ अधिक योग्य है ?

(a) निकल   (b) स्टील
(c) एल्यूमीनियम   (d) नरम लोहा

315. चुम्बकीय पारगम्यता किस की सर्वाधिक होती है ?

(a) अनुचुम्बकीय   (b) लौह चुम्बकीय

(c) प्रतिचुम्बकीय   (d) नरम लोहा

316. चुम्बकीय ध्रुव पर नति कोण होता है :
(a) 45°   (b) 60°
(c) 90°   (d) 0°

317. चुम्बकीय क्षेत्र को मापा जाता है :
(a) मैग्नेटोमीटर द्वारा   (b) नति वृत्त द्वारा
(c) फ्लक्समीटर द्वारा   (d) पाइरोमीटर द्वारा

318. पृथ्वी के चुम्बकीय तत्व हैं :
(a) आयरन, कोबाल्ट, निकल
(b) नरम लोहा, पिग आयरन और स्टील
(c) नति कोण, दिक्पात कोण व क्षैतिज घटक
(d) विक्षेपण मैग्नेटोमीटर, कम्पन मैग्नेटोमीटर और टेन्जेन्ट गैल्वेनोमीटर

319. प्रतिचुम्बकीय पदार्थ की चुम्बकीय प्रवृत्ति होती है :
(a) शून्य से कम   (b) एक से कम
(c) एक से अधिक   (d) शून्य

320. भूमध्य रेखा पर नति कोण का मान होता है :
(a) 90°   (b) 30°
(c) 45°   (d) 0°

321. प्रति, अनु तथा लौह चुम्बकीय सभी का सार्वत्रिक के गुण है :
(a) प्रति चुम्बकत्व   (b) अनुचुम्बकत्व
(c) लौह चुम्बकत्व   (d) इनमें से कोई नहीं

322. पृथ्वी के चुम्बकीय क्षेत्र तथा पृथ्वी के भौगोलिक अक्ष के बीच का कोण है :
(a) 11°   (b) 17°
(c) 23°   (d) शून्य

323. पृथ्वी के चुम्बकीय क्षेत्र का क्षैतिज घटक होता है केवल निम्न को छोड़कर :
(a) 60° अक्षांश पर   (b) भूमध्य रेखा पर
(c) चुम्बकीय ध्रुव पर   (d) इसमें से कोई नहीं

324. आइसोगोनिक रेखाएँ वे होती हैं जो उन स्थानों से गुजरती हैं जो
(a) समान दिक्पात पर हों
(b) शून्य दिक्पात पर हों
(c) समान नति पर हों
(d) जहाँ पर नति कोण 45° हो

325. स्वतंत्र रूप से लटके चुम्बक में चुम्बकीय अक्ष से जाने वाले ऊर्ध्वाधर तल को कहते हैं :
(a) चुम्बकीय अक्ष   (b) चुम्बकीय याम्योत्तर

(c) चुम्बकीय रेखा   (d) चुम्बकीय आघूर्ण

326. पृथ्वी का चुम्बकीय क्षेत्र किस कारण होता है ?
(a) सूर्य के प्रेरण प्रभाव से
(b) कॉसमिक किरणों द्वारा
(c) पृथ्वी के बाहर कुछ प्रकार के पदार्थों के बिखराव व गति से
(d) पृथ्वी के केन्द्र पर रखे काल्पनिक चुम्बक के प्रभाव से

327. एक सूक्ष्मग्राही चुम्बकीय यंत्र को बाहरी क्षेत्रों से प्रभावशाली रूप से सुरक्षित रखने के लिए उसे किस तरह के बाक्स में रखते हैं ?
(a) प्लास्टिक पदार्थ के बने बाक्स में
(b) सागवान लकड़ी से बने बॉक्स में
(c) उच्च चालकता के पदार्थ के बने बॉक्स में
(d) उच्च पारगम्यता वाले नरम लोहे के बॉक्स में

328. पृथ्वी तल को जोड़ती हुई वह रेखा जो उस बिन्दु से मिलाती है जहाँ चुम्बकीय क्षेत्र क्षैतिज हो जाता है, कहलाती है :
(a) भूमध्य रेखा   (b) चुम्बकीय याम्योत्तर
(c) चुम्बकीय अक्ष   (d) आइसोजोनिक रेखाएं

329. एक चुम्बकीय सुई को बिना-बुने सिल्क धागे से लटकाते हैं, वह क्षैतिज तल में दोलन करने लगती है क्योंकि प्रत्यानयन बल की उत्पत्ति होती है :
(a) गुरुत्व बल से
(b) सिल्क धागे के ऐंठन से
(c) पृथ्वी के क्षैतिज घटक द्वारा
(d) उपरोक्त में से कोई नहीं

330. ट्रांसफार्मर कोर बनाने के लिए सबसे अधिक योग्य पदार्थ होता है :
(a) निकिल   (b) स्टील
(c) एल्यूमीनियम   (d) नरम लोहा

331. चुम्बकीय याम्योत्तर के लम्बवत् तल में एक नति मापन सुई रखी हुई है। यह किस दिशा में ठहरेगी ?
(a) सभी दिशाओं में
(b) ऊर्ध्वाधर
(c) क्षैतिज
(d) क्षैतिज से नति कोण के समान कोण बनाती हुई

332. विक्षेपण मैग्नेटोमीटर को Tan-B दशा में रखा गया है। इसकी भुजाएँ होंगी :
(a) N-E, S-W दिशा में

(b) N-W, S-E दिशा में

(c) पूर्व-पश्चिम दिशा में

(d) उत्तर-दक्षिण दिशा में

333. एक स्थान पर पृथ्वी चुम्बकत्व के क्षैतिज व ऊर्ध्वाधर घटक समान हैं। वहाँ पर नति कोण होता है :

(a) $60°$ (b) $45°$

(c) $30°$ (d) $0°$

334. स्वतंत्र रूप से लटकाए गए चुम्बक का आवर्त्तकाल ....पर निर्भर करता है।

(a) धागे की लम्बाई   (b) चुम्बक की लम्बाई

(c) चुम्बक की ध्रुव सामर्थ्य   (d) H

335. दो छोटे छड़ चुम्बक एक ही अक्ष के अनुरूप रखे हुए हैं। उनके समान ध्रुव आमने-सामने हैं। उनके बीच लगने वाला प्रतिकर्षण बल विलोमानुपाती होगा :

(a) उनके बीच की दूरी के वर्ग के

(b) उनके बीच की दूरी के घन के

(c) उनके बीच की दूरी के

(d) उनके बीच की दूरी की चतुर्थ घात के

336. एक स्थान पर पृथ्वी चुम्बकीय क्षेत्र का क्षैतिज घटक 0.2×10^{-4} Wb/m^2 और नति कोण $60°$ है। उस स्थान पर कुल तीव्रता (Wb/m^2) में) कितनी होगी ?

(a) 0.1×10^{-4} (b) 0.2×10^{-4}

(c) 0.3×10^{-4} (d) 0.4×10^{-4}

337. पृथ्वी के चुम्बकीय क्षेत्र का हमेशा क्षैतिज घटक होता है सिवाय (except) :

(a) चुम्बकीय ध्रुव के

(b) भूमध्य रेखा के

(c) कोई अपवाद नहीं

(d) भौगोलिक ध्रुवों पर के

338. एक एम्पीयर धारा बराबर है :

(a) $\dfrac{1}{10}$ emu   (b) 10 emu

(c) 3×10^8 emu   (d) 3×10^9 emu

339. संघनित्रों को श्रेणीक्रम में जोड़ने पर परिणामी धारिता होती है :

(a) सभी संघनित्रों पर आवेशों के कुल योग के

(b) $C = C_1^2 + C_2^2 + C_3^3$

(c) प्रत्येक संघनित्र पर विभवान्तर के समान

(d) इनमें से कोई नहीं

340. एक MeV समान है

(a) 10^3 eV   (b) 10^{-6} eV

(c) 10^{-3} eV   (d) 10^6 eV

341. एक MeV समान है :

(a) 10^6 eV के   (b) 10^{-6} eV के

(c) 10^3 eV के   (d) 10^{-3} eV के

342. पोस्ट आफिस बॉक्स एक ऐसी व्यवस्था है जिससे किसी चालक का प्रतिरोध ज्ञात करते हैं। इसमें प्रयुक्त होता है :

(a) फ्लेमिंग का नियम

(b) विभवमापी का सिद्धान्त

(c) व्हीटस्टोन ब्रिज का सिद्धान्त

(d) इनमें से कोई नहीं

343. एक आवेशित संघनित्र की ऊर्जा होती है :

(a) उसकी प्लेटों के बीच के क्षेत्र में

(b) संघनित्र के प्लेटों के चारों ओर

(c) धनात्मक व ऋणात्मक दोनों आवेशों पर

(d) धनात्मक आवेश पर

344. व्हीटस्टोन ब्रिज अधिक सूक्ष्मग्राही हो जाता है जब :

(a) उसकी भुजाओं का अनुपात 10 होता है

(b) उसकी भुजाओं का अनुपात 1 हो

(c) कोई भी मान हो

(d) सभी सत्य हैं

345. साइफन का उपयोग होता है :

(a) किसी द्रव को बड़े पात्रों में ले जाने के लिए

(b) निम्नस्तर से उच्चस्तर पर जल ले जाने के लिए

(c) बड़े पात्रों से द्रव निकालने के लिए

(d) एक स्थान से दूसरे स्थान तक द्रव ले जाने के लिए

346. मरीचिका के घटित होने का कारण है :

(a) पृथ्वी व उसके वातावरण में विद्युतीय व चुम्बकीय हलचल

(b) वायुमण्डल में ओजोन परत के ह्रास के कारण

(c) वायुमण्डल के विभिन्न भागों का असमान रूप से गर्म होना

(d) वायुमण्डल के विभिन्न भागों का समान रूप से गर्म होना

347. सरल लोलक अपनी मध्य स्थिति के दोनों ओर सरल आवर्त गति इसलिए करता है क्योंकि :

(a) अधिकतम विस्थापन स्थिति पर स्थितिज ऊर्जा

न्यूनतम होती है।

(b) कुल ऊर्जा स्थिर नहीं होती

(c) मध्यस्थिति पर गतिज ऊर्जा अधिकतम होती है

(d) अधिक विस्थापन स्थिति पर गतिज ऊर्जा अधिकतम होती है

348. PQ दर्पण पर प्रकाश किरण AB आपतित है। बिन्दु B पर आपतन कोण 30° बनता है। BC एक परावर्तित किरण है यदि एक दूसरा दर्पण किसी कोण को बनाते रख दिया जाये तो प्रकाश किरण अपने रास्ते को फिर से वापस लौटती है। इसके लिए दूसरे दर्पण का झुकाव कोण क्या होगा ?

(a) 30°   (b) 15°

(c) 90°   (d) 45°

349. एक हाइड्रोजन परमाणु में इलेक्ट्रान-कक्ष की त्रिज्या 0.5 Å है। तब द्विध्रुवी आघूर्ण होगा :

(a) 8.0×10^{-29} सेमी०   (b) 0.4×10^{-29} सेमी०

(c) 0.3×10^{-30} सेमी०   (d) 8.0×10^{-30} स०मी०

350. फोर्टिन बैरोमीटर में प्रयोग होता है :

(a) पारा   (b) कोई द्रव नहीं

(c) जल   (d) पारे की वाष्प

351. असत्य कथन चुनिए :

(a) एक प्रिज्म श्वेत प्रकाश को विभिन्न रंगों के वर्णक्रम में विभक्त कर देती है

(b) सूर्य प्रकाश के जल की बूंदों द्वारा दो बार परावर्तन से द्वितीयक इंद्रधनुष बनता है

(c) सूर्य प्रकाश के जल की बूंदों से सतत परावर्तन व विभक्त होने से उत्पन्न सतत स्पेक्ट्रम से इन्द्रधनुष बनता है

(d) सूर्य प्रकाश में बैंगनी रंग की तरंगदैर्घ्य कम तथा लाल रंग की तरंगदैर्घ्य अधिक होती है :

352. पूर्ण निर्वात के लिए भी निम्न में कौन वैध है ?

(a) टोरिसैली निर्वात   (b) वायुपम्प

(c) साइफन   (d) इनमें से कोई नहीं

353. एक घन का आयतन व पृष्ठ क्षेत्रफल संख्यात्मक रूप से समान है। इस घन का आयतन है :

(a) 216 इकाई   (b) 3000 इकाई

(c) 1000 इकाई   (d) 2000 इकाई

354. साबनु के बुलबुले को आवेशित करने पर यह :

(a) फूट जाता है

(b) इसका आकार नहीं बदलता

(c) इसका आकार बढ़ जाता है

(d) इसका आकार घट जाता है

355. एक गुब्बारा इसलिए ऊपर उठता है क्योंकि

(a) इसका भार इसके द्वारा हटायी गई वायु के भार के समान है

(b) इसका भार इसके द्वारा हटायी गई वायु के भार से कम है

(c) ऊँचाई पर जाने पर गुब्बारे का भार कम हो जाता है

(d) इसका भार इसके द्वारा हटायी गई वायु के भार से अधिक होता है

356. बैरोमीटर में अचानक दाब गिरावट क्या दर्शाता है ?

(a) वर्षा होना

(b) सुहाना मौसम

(c) शुष्क मौसम

(d) तूफान या चक्रवात का आना

357. ध्वनि तरंगें वायु में नहीं दर्शाती :

(a) व्यतिकरण   (b) अपवर्तन

(c) परावर्तन   (d) इनमें से कोई नहीं

358. टेलीग्राफ का आविष्कार किया था :

(a) एन्होर्स ने   (b) मोर्स ने

(c) ग्राहम बैल ने   (d) रॉन्टगन ने

359. चिमटी, कौन-से प्रकार का उत्तोलक है :

(a) दूसरे प्रकार का   (b) तीसरे प्रकार का

(c) पहले प्रकार का   (d) इनमें से कोई नहीं

360. ट्रॉसफार्मर का प्रयोग होता है :

(a) उचित D.C. वोल्टेज की आपूर्ति हेतु

(b) विद्युत ऊर्जा के परिवर्तन हेतु

(c) A.C. को D.C. में बदलने हेतु

(d) उचित A.C. की आपूर्ति हेतु

361. X-किरणों की वेधन क्षमता बढ़ जाती है जब :

(a) उनकी तरंगदैर्घ्य बढ़ती है

(b) उनकी आवृत्ति बढ़ाई जाती है

(c) उनका वेग बढ़ाया जाता है

(d) उनकी तीव्रता बढ़ाई जाती है

362. एक खोखले गोले में पारा भरा है। इसमें एक छोटा छिद्र कर दिया जाता है तथा इसे लम्बे धागे से लटकाया गया है। जैसे-जैसे पारा बाहर निकलता है

तो लोलक की लम्बाई :

(a) पहले घटती है फिर बढ़ती है

(b) बढ़ती है

(c) पहले बढ़ती है फिर घटती है

(d) घटती है

363. निम्न पदार्थों में कौन-सा शीशे के समान ठोस है ?

(a) सोडियम क्लोराइड (b) रबर

(c) सल्फर (d) हीरा

364. लैमन की बोतल को खोलने वाली चाबी, कौन-से प्रकार का उत्तोलक है

(a) पहले प्रकार का (b) दूसरे प्रकार का

(c) तीसरे प्रकार का (d) चौथे प्रकार का

365. एक समान आयाम की रेडियो तरंगें उत्पन्न की जा सकती हैं :

(a) अर्ध तरंग दिष्टकारी परिपथ की सहायता से

(b) पूर्ण तरंग दिष्टकारी परिपथ की सहायता से

(c) प्रवर्धक परिपथ की सहायता से

(d) दोलक परिपथ की सहायता से

366. एक उत्तोलक हमारी सहायता करता है, क्योंकि यहः

(a) बल को बढ़ा देता है

(b) उठाने वाले भार को हल्का कर देता है

(c) भार को दूर ले जाने में सहायता करता है

(d) एक आलम्ब रखता है

367. कर्ण एक चुम्बक की तरह व्यवहार करता है जो कि निम्न परिघटना से प्रदर्शित होता है :

(a) चुम्बकीय बल रेखाएं कभी आपस में नहीं कटतीं

(b) एक-समान ध्रुव प्रतिकर्षित होते हैं

(c) उदासीन चुम्बक के चुम्बकीय क्षेत्र में उदासीन बिन्दु बनते हैं

(d) छड़ चुम्बक के चुम्बकीय क्षेत्र में उदासीन बिन्दु होते हैं

368. थर्मस फ्लास्क का अनुप्रस्थ काट वृत्ताकार इसलिए होता है जिससे..................ऊष्मा का लाभ या हानि कम हो।

(a) क्विंकी (b) चालन

(c) विकिरण (d) संवहन

369. धात्विक वृत्ताकार डिस्क का छिद्र गर्म करने पर :

(a) फैलता है और इसका आकार बढ़ता है

(b) पूर्ण रूप से वृत्ताकार नहीं रहता

(c) सिकुड़ता है और छोटा हो जाता है

(d) संवहन व विकिरण से आकार समान रहता है

370. एक घर में दो लैम्प जल रहे हैं इनमें एक तेज तथा दूसरा कम तेज है। दोनों लैंपों में किसका प्रतिरोध अधिक है ?

(a) दोनों का समान है

(b) दूसरे लैम्प का

(c) चमक प्रतिरोध पर निर्भर नहीं करती

(d) पहले चमकदार बल्ब का

371. एक वास्तविक प्रतिबिम्ब को पर्दे पर लिया जा सकता है। सिनेमा हॉल में पिक्चर पर्दे पर सीधी बनती है क्योंकि यह

(a) आभासी तथा उलटी होती है

(b) वास्तविक तथा सीधी होती है

(c) आभासी तथा सीधी होती है

(d) वास्तविक तथा उलटी है

372. 100 किग्रा० का भार नीचे की ओर लगने वाले बल से ऊपर उठाया जा रहा है। (जो 27 किग्रा० से अधिक नहीं है) ऐसा करने के लिए 10 कि०ग्रा० के गतिशील ब्लॉक में कम-से-कम कितनी घिरनी लगाई जाएं :

(a) 4 (b) 2

(c) 3 (d) 5

373. कार्यरत स्प्रिंग तुला निम्न में से किस पर आधारित है?

(a) बरनौली सिद्धान्त

(b) उत्तोलक का सिद्धान्त

(c) हुक का नियम

(d) न्यूटन का गति का नियम

374. दृढ़ता गुणांक होता है :

(a) प्रतिबल × विकृति (b) $\dfrac{\text{प्रतिबल}}{\text{विकृति}}$

(c) $\dfrac{\text{विकृति}}{\text{प्रतिबल}}$ (d) इनमें से कोई नहीं

375. माना कि एक तार की लम्बाई को खींच कर दुगुना कर दिया गया है तब उस पदार्थ का यंग गुणांक होगा ?

(a) प्रतिबल के समान

(b) प्रतिबल का आधा

(c) प्रतिबल का दुगुना

(d) इनमें से कोई नहीं

376. रेडियोथेरॉपी में X-किरणों का प्रयोग करते हैं :

(a) आयाम परिपथ की

(b) अर्ध-दिष्टकारी परिपथ की

(c) पूर्ण-दिष्टकारी परिपथ की

(d) दोलन परिपथ की

377. दोलन करते लोलक का आवर्तकाल :

(a) लोलक के द्रव्यमान के साथ-साथ बढ़ता है

(b) लोलक के द्रव्यमान के साथ-साथ घटता है

(c) लोलक के द्रव्यमान पर निर्भर नहीं करता

(d) इनमें से कोई नहीं

378. एक टेलीग्राफ परिपथ :

(a) केवल एक दिशा में संदेश भेज सकता है

(b) दो भिन्न-भिन्न संदेशों को एक ही दिशा में भेज सकता है

(c) एक सन्देश को दो दिशाओं में भेज सकता है

(d) इनमें से कोई भी नहीं

379. पिनहोल से 12 सेमी० दूरी पर रखे 4 सेमी० ऊँची वस्तु का प्रतिबिम्ब 7 सेमी० दूरी पर बनता है। प्रतिबिम्ब का आकार होगा :

(a) 3 सेमी०   *(b)* 9 सेमी०

(c) 4 सेमी०   *(d)* 5 सेमी०

380. आइसोक्लीनिक रेखाएँ होती हैं :

(a) समान दिक्पात के स्थान को मिलाने वाली

(b) शून्य नति कोण के स्थानों को मिलाने वाली

(c) समान नति कोण के स्थानों को मिलाने वाली

(d) शून्य दिक्पात के स्थानों को मिलाने वाली

381. रेडियोथेरापी में X-किरणों का उपयोग किया जाता है:

(a) कैन्सर का पता लगाने के लिए

(b) हड्डी टूटने का पता लगाने के लिए

(c) दिल की बीमारी की जाँच के लिए

(d) कैन्सर को नियंत्रित करने के लिए

382. टेलीफोन का ग्राही बदलता है :

(a) विद्युत ऊर्जा को ध्वनि ऊर्जा में

(b) ध्वनि ऊर्जा को विद्युत ऊर्जा में

(c) विद्युत ऊर्जा को यांत्रिक ऊर्जा में

(d) यांत्रिक ऊर्जा को विद्युत ऊर्जा में

383. काँच होता है :

(a) अक्रिस्टलीय ठोस   *(b)* क्रिस्टलीय ठोस

(c) कम प्रत्यास्थ ठोस   *(d)* प्रत्यास्थ ठोस नहीं

384. विद्युत ऊर्जा का अपव्यय सबसे कम होता है :

(a) प्रकाश विद्युत में   *(b)* प्रत्यावर्ती धारा में

(c) दिष्ट धारा में   *(d)* ताप विद्युत में

385. वह बैरोमीटर जिससे ऊँचाई मापी जाती है, कहलाता है :

(a) एनरायड बैरोमीटर   *(b)* एल्टीमीटर

(c) फोर्टिन बैरोमीटर   *(d)* मोनोमीटर

386. जल पम्प में, जल को कितनी अधिकतम ऊँचाई तक चढ़ाया जा सकता है ?

(a) 1 मी०   *(b)* 10 मी०

(c) 8 मी०   *(d)* 12 मी०

387. गलत कथन को चुनिए :

(a) द्रव की कुछ मात्रा से एक व्यक्ति को उठाना सम्भव है

(b) अधिक सघन द्रव में हाइड्रोमीटर अधिक डूबता है

(c) एक वस्तु का भार वायु की अपेक्षा निर्वात में अधिक होता है

(d) एक बैटरी हाइड्रोमीटर से लैड बैटरी की आवेशित स्थिति का पता लगाया जा सकता है

388. एक जहाजी कम्पास को पनडुब्बियों में प्रयोग कर सकते हैं, क्योंकि यह

(a) पृथ्वी के चुम्बकीय क्षेत्र से अधिक प्रभावी है

(b) पृथ्वी के चुम्बकीय क्षेत्र से अधिक प्रभावी नहीं है

(c) लोहे की दीवार से ढका होता है

(d) चुम्बकीय गुण के सिद्धान्त पर आधारित कार्य करता है

389. ग्रामोफोन का आविष्कार किया था :

(a) कुंड ने   *(b)* ग्राहम बैल ने

(c) एडिसन ने   *(d)* क्विंक ने

390. निकट दृष्टिदोष से ग्रस्त व्यक्ति 8 सेमी० से 100 सेमी० दूर रखी वस्तु को देख सकता है। वह लैंस जिसकी सहायता से वह चन्द्रमा को साफ देख सके उसकी फोकस दूरी होगी :

(a) अनन्त   *(b)* – 100 सेमी०

(c) शून्य   *(d)* 100 सेमी०

391. माना न्यूट्रान का द्रव्यमान 2×10^{-24} ग्रा० है, तब प्लैंक स्थिरांक h का मान होगा :

(a) 9×10^{-42} जूल सै०   *(b)* 2×10^{-16} जूल सै०

(c) 6×10^{-9} जूल सै०   *(d)* 6×10^{-27} जूल सै०

392. चन्द्रमा की सतह का विस्फोट है :

(a) प्रकाश का अपवर्तन

(b) सूर्य का अधिक ताप

(c) धूल कण व वायु के कणों द्वारा प्रकाश का फैलना

(d) सूर्यप्रकाश का निवर्तन

393. बर्फ है :

(a) पारदर्शक

(b) अपारदर्शक

(c) न तो पारदर्शक और न ही अर्ध-पारदर्शक

(d) अर्ध-पारदर्शक

394. पूर्ण आन्तरिक परिवर्तन तब होता है जब

(a) प्रकाश में कोई विचलन न हो

(b) दो लिए गए माध्यमों के लिए निश्चित तरंगदैर्घ्य का प्रयोग हो

(c) प्रकाश का विरल माध्यम से सघन माध्यम में जाना और आपतन कोण क्रान्तिक कोण से अधिक होना

(d) प्रकाश का सघन से विरल माध्यम से गुजरना तथा आपतन कोण का मान क्रान्तिक कोण से अधिक होना

395. 2 माइक्रोफराड के संघनित्र की प्रत्येक प्लेट पर आवेश होने पर विभवान्तर 100 वोल्ट होता है। तब दोनों को जोड़ने पर ताँबे के तार में कितनी ऊष्मा उत्पन्न होगी :

(a) 10^{-4} J   *(b)* 10^{-2} J

(c) 2×10^{-4} J   *(d)* 2×10^{-2} J

396. एक गैल्वेनोमीटर को वोल्टमीटर में बदलने के लिए उसमें जोड़ना होगा :

(a) उच्च प्रतिरोध को श्रेणीक्रम में

(b) निम्न प्रतिरोध को समान्तर क्रम में

(c) उच्च प्रतिरोध को समान्तर क्रम में

(d) निम्न प्रतिरोध को श्रेणीक्रम में

397. वाष्पन प्रक्रिया में :

(a) द्रव में अणुओं की औसत गति कम हो जाती है

(b) द्रव के अणुओं की गतिज ऊर्जा बढ़ जाती है

(c) द्रव के अणुओं का ताप बढ़ जाता है

(d) इनमें से कोई भी नहीं

398. एनरॉयड बैरोमीटर को इसलिए यह नाम दिया गया है क्योंकि

(a) इसमें एनरॉयड नामक द्रव भरा होता है

(b) इसकी खोज एनरॉयड ने की थी

(c) इसकी खोज एनरॉयड नामक स्थान पर हुई थी

(d) इसमें द्रव बैरोमीटर नहीं होता

399. एक स्थान से दूसरे स्थान पर ले जाने वाला बैरोमीटर होता है :

(a) मोनोमीटर   *(b)* साइफन

(c) एनरॉयड   *(d)* फोर्टिन

400. सूक्ष्मदर्शी की अपेक्षा दूरबीन में होता है :

(a) अभिदृश्यक का द्वारक नेत्रिका लैंस से छोटा जिससे अधिक प्रकाश गुजारा जा सके

(b) अभिदृश्यक का द्वारक व नेत्रिका लैंस दोनों छोटे जिससे अधिक प्रकाश गुजारा जा सके

(c) अभिदृश्यक का द्वारक बड़ा तथा नेत्रिका का छोटा जिससे अधिक प्रकाश लिया जा सके

(d) अभिदृश्यक का द्वारक बड़ा तथा नेत्रिका का द्वारक बड़ा जिससे अधिक प्रकाश गुजर सके

401. एक चालक में एक मिली-एम्पीयर धारा प्रवाहित हो रही है। प्रति सैकेण्ड प्रवाहित इलेक्ट्रानों की संख्या क्या होगी ?

(a) 6.25×10^{17} *(b)* 6.25×10^{15}

(c) 6.25×10^{14} *(d)* 6.25×10^{-1}

402. एक सरल लोलक जिसकी लम्बाई L तथा दोलन काल T है, मध्य स्थिति के दोनों ओर दोलन कर रहा है। इसका दोलन काल 2 सैकेण्ड होगा यदि L का मान है :

(a) 100 सेमी०   *(b)* 10 सेमी०

(c) 200 सेमी०   *(d)* 20.5 सेमी०

403. तीन प्रतिरोध दिए गए हैं। इनको कितने प्रकार से जोड़ा जा सकता है ?

(a) 6   *(b)* 4

(c) 5   *(d)* 3

404. सही कथन चुनिए :

(a) एक टेलीफोन के ग्राही में स्थायी चुम्बक पर कुण्डली लिपटी होती है जो प्रेक्षक स्टेशन से उच्च आवृत्ति का सन्देश उत्पन्न करती है

(b) पृथ्वी का उपयोग पूरे टेलीफोन परिपथ को पूरा करने में होता है जैसा टेलीग्राफी में होता है

(c) पृथ्वी को टेलीफोन का परिपथ पूरा करने में उपयोग किया जाता है

(d) इनमें से कोई भी नहीं

405. कैंची किस प्रकार की उत्तोलक है ?

(a) पहले प्रकार की   (b) दूसरे प्रकार की

(c) तीसरे प्रकार की   (d) चौथे प्रकार की

406. गलत कथन चुनिए :

(a) संयुक्त सूक्ष्मदर्शी से अभिदृश्यक लैंस से वस्तु की दूरी अभिदृश्यक लैंस की फोकस दूरी से कम होती है

(b) अभिदृश्यक लैंस की फोकस दूरी संयुक्त सूक्ष्मदर्शी में नेत्रिका लैंस से अधिक होती है

(c) गैलिलियन दूरबीन में नेत्रिका लैंस तथा अभिदृश्यक लैंस के बीच की दूरी दोनों की फोकस दूरी के अन्तर के समान होती है

(d) खगोलीय दूरदर्शी में नेत्रिका लैंस तथा अभिदृश्यक लैंस के बीच की दूरी दोनों की फोकस दूरी के योग के समान होती है

407. यदि R तथा L क्रमशः प्रतिरोध व प्रेरकत्व को प्रदर्शित करते हैं तो आवृत्ति की विमाएं होती हैं :

(a) $\dfrac{1}{\sqrt{LR}}$ (b) $\dfrac{L}{R}$

(c) $\dfrac{R}{L}$ (d) LR

408. 3 सेमी० मोटे काँच के गुटके को पार करने में प्रकाश द्वारा लिया गया समय है :

(a) 1 ms   (b) 1 ns

(c) 1 les   (d) 0.01 ms

409. परमाणु व नाभिक के आकार में अनुपात होता है लगभग :

(a) 10^{15} (b) 10^{10}

(c) 10^8 (d) 10^5

410. एक मीटर की छड़ से परछाई 2 मी० लम्बी होती है, तब इसकी ऊँचाई होगी :

(a) 80 सेमी०   (b) 70 मी०

(c) 40 मी०   (d) इनमें से कोई नहीं

411. एक बार दाब का तात्पर्य है (डाइन प्रति सेमी०^2 में):

(a) 10^5 (b) 10^4

(c) 10^2 (d) 10^6

412. हाइड्रोजन परमाणु में एक इलेक्ट्रान $2.2 \times 10^6\,\text{ms}^{-1}$ की चाल से प्रोटान के चारों ओर चक्कर लगाता है। बोहर त्रिज्या 0.53 Å है तो कक्ष में आवृत्ति होगी :

(a) 6.6×10^{14} चक्कर/सै०

(b) 6.6×10^{15} चक्कर/सै०

(c) 3.3×10^{21} चक्कर/सै०

(d) 3.3×10^{25} चक्कर/सै०

413. नुकीले चाल के एक बिन्दु पर विभव होता है :

(a) न्यूनतम

(b) शून्य

(c) अधिकतम

(d) सभी बिन्दुओं पर समान

414. जल के स्थान पर बैरोमीटर में पारा इसलिए प्रयोग होता है क्योंकि

(a) पारे का उच्च क्वथनांक होता है

(b) पारे का उच्च घनत्व होता है

(c) पारा एक धातु है

(d) पारा विद्युत का सुचालक है

415. चन्द्रमा तल पर हुआ विस्फोट

(a) पृथ्वी की अपेक्षा अधिक समय में सुना जा सकता है

(b) सुना जा सकता है

(c) सभी जगह सुना जा सकता है

(d) पृथ्वी की अपेक्षा कम समय में सुना जा सकता है

416. सुरक्षा के लिए फ्यूज बना होता है एक ऐसे तार का जिसका

(a) उच्च प्रतिरोध तथा निम्न गलनांक हो

(b) निम्न प्रतिरोध तथा निम्न गलनांक हो

(c) निम्न प्रतिरोध व उच्च गलनांक हो

(d) उच्च प्रतिरोध व उच्च गलनांक हो

417. सही कथन चुनिए :

(a) किसी ऊँचाई की स्टील की चिमनी की तुलना में उसी ऊँचाई की ईंटों से बनी चिमनी को तड़ित चालक की अधिक आवश्यकता है

(b) तीव्र तूफान आने पर पेड़ के नीचे शरण लेना या गड्ढे के अन्दर शरण लेना, दोनों ही असुरक्षात्मक हैं

(c) विद्युत कड़कड़ाहट के साथ तूफान अधिकतर

बहुत सूखे मौसम के बाद आता है

(d) उपरोक्त सभी कथन सत्य हैं

418. टेलीफोन का माइक्रोफोन बदलता है :

(a) यांत्रिक ऊर्जा को विद्युत ऊर्जा में

(b) विद्युत ऊर्जा को यांत्रिक ऊर्जा में

(c) विद्युत ऊर्जा को ध्वनि ऊर्जा में

(d) ध्वनि ऊर्जा को विद्युत ऊर्जा में

419. पेरिस्कोप में घटना का सम्बन्ध है :

(a) केवल परावर्तन

(b) अपवर्तन

(c) केलव पूर्ण आन्तरिक परावर्तन

(d) परावर्तन या पूर्ण आन्तरिक परावर्तन

420. वायुमण्डल की अनुपस्थिति में दिन की लम्बाई

(a) में कोई परिवर्तन नहीं

(b) बढ़ जाती है

(c) घट जाती है

(d) इनमें से कोई नहीं

421. स्टील है :

(a) रबड़ से कम प्रत्यास्थ

(b) रबड़ से अधिक प्रत्यास्थ

(c) प्रत्यास्थ्य नहीं लेकिन कठोर है

(d) प्रत्यास्थ नहीं है परन्तु कुछ प्रत्यास्थ तथा कुछ कठोर है

422. 200 W तथा 120 W के दो बल्ब 220 V पर कार्य कर सकते हैं। यदि दोनों को श्रेणीक्रम में 200 V से जोड़ा गया है तब शक्ति खर्च होगी :

(a) 300 W   (b) 100 W

(c) 33 W   (d) 66 W

423. दो भिन्न-भिन्न वस्तुओं के अणुओं के बीच लगने वाला आकर्षण बल कहलाता है :

(a) गुरुत्वाकर्षण बल

(c) आसंजन बल

(d) ससंजन बल

(d) आन्तरिक आण्विक बल

424. राडार होता है :

(a) दूर की वस्तुओं को खोजने वाला यंत्र

(b) एक प्रकार का टेलीफोन

(c) प्रकाश मापन यंत्र

(d) चाल मापने का यंत्र

425. आन्तरिक आण्विक बल होता है :

(a) एक दिए ठोस में या तो आकर्षण या प्रतिकर्षण बल

(b) आकर्षण बल

(c) प्रतिकर्षण बल

(d) कम दूरी के अणुओं के बीच प्रतिकर्षण तथा अधिक दूरी के अणुओं में आकर्षण बल

426. 210 वाट के बल्ब से 5 मिनट में लगभग कितनी ऊष्मीय ऊर्जा उत्पन्न होगी (कैलोरी में) ?

(a) 1×10^3 (b) 63×10^3

(c) 15×10^3 (d) 8×10^3

427. प्रेशर कुकर में भारित बाल्व का कार्य होता है :

(a) वायु का दाब बनाए रखना

(b) अन्दर की वस्तुओं का ताप बढ़ाना

(c) भाप का दाब बढ़ाना

(d) पकाने के लिए उचित दाब बनाए रखना

428. यदि L तथा C क्रमशः प्रेरकत्व तथा धारिता हैं तो आवृत्ति की विमाएँ होगी :

(a) LC (b) $\dfrac{L}{C}$

(c) $\dfrac{1}{\sqrt{LC}}$ (d) $\sqrt{LC}$

429. बैरोमीटर नली में कुछ पानी डाल दिया जाए तो पारे का तल नली में कहाँ जाएगा ?

(a) उठेगा

(b) कोई परिवर्तन नहीं होगा

(c) गिरेगा

(d) इनमें से कोई नहीं

430. 2 ओम के तीन प्रतिरोधों से एक त्रिभुज बनाया गया है। किसी दो शीर्ष के मध्य प्रतिरोध होगा (ओम में) :

(a) 9   (b) 12

(c) 3/2   (d) 2/3

431. दो हीटर की समान लम्बाई के तारों को श्रेणीक्रम में जोड़ा गया है और फिर इन्हें समान्तर क्रम में जोड़ा गया। दोनों स्थितियों में उत्पन्न ऊष्मा का अनुपात होगा :

(a) 2 : 1   (b) 1 : 2

(c) 4 : 1   (d) 1 : 4

432. विखण्डन प्रक्रिया से तात्पर्य है :

(a) नाभिक द्वारा न्यूट्रानों का अवशोषण

(b) नाभिक का टूटना

(c) α–कणों का फैलना

(d) नाभिक पर न्यूट्रानों की बौछार

433. कैथोड किरणें जब अधिक परमाणु भार के किसी पदार्थ पर टकराती हैं तब उत्सर्जित होती हैं :

(a) बीटा-किरणें   *(b)* एल्फा-किरणें

(c) गामा-किरणें   *(d)* X-किरणें

434. चमक का रंग इसके...............को प्रदर्शित करता है।

(a) आकार   *(b)* ताप

(c) दूरी   *(d)* द्रव्यमान

435. सिनेमा की स्क्रीन (परदा) बनी होती है :

(a) स्क्रीन द्वारा प्रकाश के परावर्तन को दूर करने के लिए रफ पदार्थ की

(b) स्क्रीन द्वारा प्रकाश के अपवर्तन को दूर करने के लिए चिकने पदार्थ की

(c) स्क्रीन द्वारा प्रकाश के परावर्तन को दूर करने के लिए चिकने पदार्थ की

(d) स्क्रीन द्वारा प्रकाश के अपवर्तन रोकने के लिए रफ (खुरदरे) पदार्थ की

436. जब हम दो सैलों को समान्तर क्रम में जोड़ते हैं तो कुल वि० वा० ब० हो जाता है :

(a) दोनो सैलों की वि० वा० ब० का योग

(b) शून्य

(c) बड़ी सैल का वि० वा० ब०

(d) छोटी सैल का वि० वा० ब०

437. जब आँखों को एक तल का रंग सलेटी दिखाई देता है तब आपतित किरण का कितना भाग अवशोषित होता है ?

(a) परावर्तित प्रकाश से अधिक

(b) परावर्तित प्रकाश से कम

(c) परावर्तित प्रकाश के समान

(d) इनमें से कोई नहीं

438. टेप रिकार्डर ध्वनि को किस रूप में रिकार्ड करता है?

(a) विद्युत ऊर्जा

(b) टेप पर चुम्बकीय क्षेत्र

(c) चरांक प्रतिरोध

(d) टेप पर ध्वनि तरंगों के रूप में

439. एक जूल बराबर होता है

(a) 4.19 kW hr   *(b)* 2.78×10^{-7}

(c) 0.239 kW hr   *(d)* इनमें से कोई नहीं

440. चश्मे लगाने वाले व्यक्ति को सूक्ष्मदर्शी पर किस प्रकार कार्य करना चाहिए ?

(a) उसे चश्मा नहीं लगाना चाहिए

(b) वह बिना चश्मे या चश्मा लगाकर कार्य कर सकता है

(c) उसे उस समय चश्मा नहीं लगाना चाहिये जब उसे सूक्ष्मदर्शी पर कार्य करना हो

(d) उसे किसी स्थिति में सूक्ष्मदर्शी पर कार्य नहीं करना चाहिए

441. स्टील के स्प्रिंग इसलिए बनाये जाते हैं क्योंकि

(a) आर्द्रता से प्रभावित नहीं होते

(b) ये मजबूत होते हैं

(c) ये प्रत्यास्थ होते हैं

(d) अधिक संसजित होते हैं

442. एक बर्तन में विद्युत घंटी बज रही है उसमें से धीरे-धीरे हवा निकाली जाती है तो बाहर विद्युत घंटी की तीव्रता :

(a) तेज हो जाती है क्योंकि वायु का घनत्व कम हो गया है

(b) बन्द हो जाती है क्योंकि वायु का घनत्व बढ़ता जाता है

(c) बन्द हो जाती है क्योंकि वायु का घनत्व घटता जाता है

(d) तेज हो जाती है क्योंकि वायु का घनत्व बढ़ता जाता है

443. $^{238}_{92}U$ नाभिक में इलेक्ट्रानों की संख्या होती है :

(a) शून्य   *(b)* 164

(c) 98   *(d)* 146

444. मानक प्रतिरोध तैयार करने में मैगनिन मिश्र धातु को प्रयोग में लाते हैं। यह इसलिए प्रयोग करते हैं क्योंकि यह मिश्र धातु है :

(a) ताँबा, सोना और निकिल की

(b) निकल और आयरन की

(c) कॉपर, सिल्वर तथा आयरन की

(d) कॉपर, निकल, लोहा तथा मैंगनीज की

445. जिस दर्पण द्वारा केवल आभासी प्रतिबिम्ब बनता है वह होता है :

(a) समतल दर्पण   *(b)* उत्तल दर्पण

(c) अवतल दर्पण   *(d)* उपरोक्त सभी

446. चुम्बकत्व का निश्चित परीक्षण होता है :
- *(a)* प्रतिकर्षण से
- *(b)* आकर्षण से
- *(d)* आकर्षण व प्रतिकर्षण दोनों से
- *(d)* लोहे के टुकड़े को अधिक बल से आकर्षित करना

447. दृढ़ता गुणांक का सेमी० ग्रा० सै० मात्रक होता है :
- *(a)* डाइन प्रति सेमी०   *(b)* डाइन
- *(c)* डाइन प्रति सेमी०^2 *(d)* अर्ग

448. एक द्रव्यमान को स्प्रिंग के साथ छत से लटकाया गया है। इसको ऊर्ध्वाधर दिशा में दोलन कराया जाता है। द्रव्यमान की आवृत्ति :
- *(a)* द्रव्यमान के साथ घटती है
- *(b)* द्रव्यमान के साथ बढ़ती है
- *(c)* द्रव्यमान पर निर्भर नहीं करती
- *(d)* द्रव्यमान के वर्ग के साथ कम होती है

449. नम दिनों में विद्युत :
- *(a)* घटती है   *(b)* बढ़ती है
- *(c)* फैलती है   *(d)* रिसने लगती है

450. आकाश का रंग नीला होने का कारण है :
- *(a)* विवर्तन
- *(b)* ध्रुवीकरण
- *(c)* व्यतिकरण
- *(d)* सूर्य प्रकाश का वायु के कणों द्वारा नीले रंग को अधिक बिखेरना

451. जिस ताप पर फैरनहाइट व सेल्सियस पैमाना समान माप देते हैं, वह है :
- *(a)* – 273°   *(b)* 273°
- *(c)* 40°   *(d)* – 40°

452. ध्वनि का गमन करने वाला सबसे अच्छा माध्यम है :
- *(a)* वायु   *(b)* नम गैस
- *(c)* गैस   *(d)* धातुएं

453. सोडा ग्लास को सीलबंद करने के लिए कॉपर की तुलना में प्लेटिनम का तार सफलतापूर्वक कार्य करता है क्योंकि
- *(a)* काँच की उपस्थिति में प्लेटिनम वाष्पित नहीं होता
- *(b)* प्लेटिनम व काँच दोनों का रेखीय प्रसार गुणांक समान है
- *(c)* प्लेटिनम व काँच का गलनांक लगभग समान होता है

(d) प्लेटिनम काँच के साथ निष्क्रिय होता है

454. एक कॉपर के खोखले विद्युत अवरोधी गोले को आवेश दिया जाता है तो इसके अन्दर विद्युत क्षेत्र क्या है :
- *(a)* बाहर की सतह से कम परन्तु शून्य नहीं
- *(b)* बाहर की सतह के समान
- *(c)* बाहर की सतह से कम
- *(d)* शून्य

455. पारा होता है :
- *(a)* धातु   *(b)* द्रव
- *(c)* अक्रिस्टलीय ठोस   *(d)* क्रिस्टलीय ठोस

456. किग्रा० भार मी० प्रति सैकण्ड मात्रक होता है :
- *(a)* कार्य का   *(b)* बल का
- *(c)* चाल का   *(d)* शक्ति का

457. सही कथन चुनिए :
- *(a)* चालक में परमाणु गति करते हैं कुचालक में नहीं
- *(b)* चालक के कुछ इलेक्ट्रान गति करने के लिए स्वतंत्र होते हैं
- *(c)* कुचालक में इलेक्ट्रान नहीं होते
- *(d)* चालक में कुचालक से अधिक इलेक्ट्रान होते हैं

458. ऊष्मा में ताप संगत है इसी प्रकार
- *(a)* गैसों में दाब
- *(b)* स्थिर विद्युत में विभवान्तर
- *(c)* द्रवों में तल
- *(d)* सभी कथन सत्य हैं

459. एक मक्खी के पंखों के कम्पनों से उत्पन्न ध्वनि सुनाई देती है परन्तु पक्षी के पंखों की नहीं सुनाई पड़ती। क्योंकि
- *(a)* मक्खी के पंखों की आवृत्ति पक्षी के पंखों के कम्पन की आवृत्ति से अधिक होती है
- *(b)* पक्षी के पंखों का तारत्व 20 H से 20 k-Hz के बीच होती है
- *(c)* पक्षी के पंखों की आवृत्ति व सुनाई देने वाली ध्वनि परास में होती है
- *(d)* मक्खी के पंखों का तारत्व पक्षी के पंखों के तारत्व से कम होता है

460. दो आवेशित चालकों को जोड़ने पर कोई आवेश प्रवाहित नहीं होता क्योंकि उनमें समान है :
- *(a)* आवेश   *(b)* विभव
- *(c)* धारिता   *(d)* आकार

461. कमरे के ताप पर ईथर में से वायु गुजारी जाये तो

ईथर

(a) वायु में घुल जाती है

(b) ठंडी हो जाती है

(c) आयतन में बढ़ जाती है

(d) संघनित हो जाती है और गुप्त ऊष्मा बाहर निकल जाती है

462. एक गुब्बारे को पानी से भर कर जल के टैंक में रख दिया जाता है, तब गुब्बारा न तो ऊपर आता है और न ही नीचे जाता है क्योंकि

(a) $F = 0$ (b) $W = F$

(c) $W > F$ (d) $W < F$

463. एक लोहे की छड़ CQ को कार्क पर रखा जाता है। एक कम्पास (चुम्बकीय) सुई को सिरे Q के पास रखा गया है। एक चुम्बक का उत्तरी ध्रुव सिरे C के पास लाया जाता है, तब :

(a) कम्पास सुई घूमने लगेगी

(b) चुम्बकीय सुई का दक्षिण ध्रुव Q की ओर आकर्षित होता है

(c) चुम्बकीय सुई का उत्तरी ध्रुव Q की ओर आकर्षित होता है

(d) सुई के दोनों ध्रुव Q की ओर आकर्षित होंगे

464. एक वोल्टमीटर जिसका प्रतिरोध 50 किलो ओम है, एक परिपथ में विभवान्तर मापने के लिए प्रयोग होता है। इसकी परास को 3 ओम तक बढ़ाने के लिए इसकी श्रेणी में प्रतिरोध जोड़ना होगा :

(a) 100 कि० ओम   (b) 9000 कि० ओम

(c) 150 कि० ओम   (d) 900 कि० ओम

465. ध्वनि तरंगें ठोसों में निम्न घटना का प्रदर्शन करती हैं :

(a) अपवर्तन   (b) परावर्तन

(c) ध्रुवीकरण   (d) उपरोक्त सभी

466. 50 वाट के 10 बल्बों को 10 घंटे रोज 30 दिन तक प्रयोग करने में विद्युत ऊर्जा खर्च होगी :

(a) 1500 किलोवाट   (b) 150 किलोवाट

(c) 15 किलोवाट   (d) 15,000 किलोवाट

467. सूर्य के प्रकाश में होता है :

(a) केवल दृश्य प्रकाश

(b) दृश्य तथा अवरक्त प्रकाश

(c) दृश्य तथा पराबैंगनी प्रकाश

(d) अवरक्त तथा पराबैंगनी प्रकाश

468. सूर्य का ताप होता है :

(a) 60 मिलियन केल्विन   (b) 6000 K

(c) 600 K   (d) इनमें से कोई नहीं

469. आधुनिक अर्धचालक बोलोमीटर को आजकल विकिरणित ऊष्मा को मापने में उपयोग करते हैं। क्योंकि

(a) अर्धचालकों का ताप प्रतिरोध गुणांक (प्रायः ऋणात्मक) काफी अधिक होता है

(b) ये उच्च ताप के लिए सूक्ष्मग्राही होते हैं

(c) ये कम ताप के लिए सूक्ष्मग्राही होते हैं

(d) उपरोक्त में से कोई नहीं

470. वह पदार्थ जो बाह्य बल हटाने से अपने मूल रूप व आकार में आ जाता है, कहलाता है :

(a) प्रत्यास्थ   (b) भंगुर

(c) दृढ़   (d) प्लास्टिक

471. बाह्य परिपथ में R प्रतिरोध में अधिकतम धारा के लिए बैटरी का आन्तरिक प्रतिरोध (r) ऐसा होना चाहिए कि

(a) $r = r$ (b) $R < r$

(c) $R > r$ (d) r का कोई मान नहीं

472. ऊँचाई के साथ-साथ वायुमण्डलीय दाब :

(a) असामान्य रूप से घटता है

(b) परिवर्तन नहीं होता

(c) रेखीय रूप से घटता है

(d) घातांकीय रूप से घटता है

473. तड़ित चालक :

(a) आवेश को अवशोषित करता है

(b) बादल के आवेश का चालन करता है

(c) वायुमण्डल में आवेश का चालन करता है

(d) पृथ्वी के आवेश का चालन करता है

474. ध्वनि की द्युति शक्ति का मापक यंत्र होता है :

(a) धारामापी   (b) फोटोमीटर

(c) एमीटर   (d) फोटोसैल

475. प्रत्यवर्ती धारा को दिष्ट धारा में रूपान्तरित करता है :

(a) ट्रांसफार्मर   (b) मोटर

(c) डायनमो   (d) दिष्टकारी

476. मिट्टी के घड़े में पानी कुछ समय बाद क्यों ठंडा होता जाता है। ऐसा इसलिए होता है :

(a) जल के अणुओं की औसतन गतिज ऊर्जा कम हो

जाती है

(b) जल के अणुओं की औसतन गतिज ऊर्जा बढ़ जाती है

(c) घड़े द्वारा ऊष्मा का अवशोषण

(d) जल के अणुओं की स्थितिज ऊर्जा में कमी आ जाती है

477. स्थैतिक विद्युत उत्पन्न होती है :

(a) केवल साधारण सैल द्वारा

(b) केवल प्रेरण द्वारा

(c) घर्षण के द्वारा

(d) प्रेरण तथा घर्षण के द्वारा

478. सही कथन चुनिए :

(a) रूम हीटर के ऊपर की वायु संवहन व विकिरण द्वारा गर्म होती है

(b) सूर्य से हम तक ऊष्मा चालन, संवहन व विकिरण द्वारा आती है

(c) रूम हीटर के ऊपर की वायु विकिरण द्वारा गर्म होती है

(d) सूर्य से हम तक ऊष्मा केवल संवहन व विकिरण द्वारा पहुँचती है

479. पारे में ऊष्मा के संचरण की विधि का नाम है :

(a) संवहन   (b) विकिरण

(c) चालन   (d) उपरोक्त सभी

480. शुद्ध पानी का क्वथनांक :

(a) गर्म करने की दर पर निर्भर होता है

(b) गर्म करने के स्रोत पर निर्भर होता है

(c) हमेशा 100°C होता है

(d) वायुमण्डलीय दाब पर निर्भर होता है

481. एक गेंद को कुछ ऊँचाई से गिराया जाता है और यह प्रक्रिया चन्द्रमा पर दोहराई जाती है। इन दशाओं में गेंद में विकसित वेग क्या होगा ?

(a) चन्द्रमा के तल पर शून्य

(b) चन्द्रमा के तल पर अधिक

(c) पृथ्वी के तल पर अधिक

(d) दोनों पर समान

482. एक गैस से भरे रबड़ के गुब्बारे को छोड़ने पर वह ऊपर और ऊपर चढ़ता जाता है तब गुब्बारा फूलता जाता है। गुब्बारे का आकार बढ़ने का कारण है :

(a) ऊंचाई के साथ-साथ वायुमण्डलीय दाब बढ़ता

जाता है

(b) ऊँचाई बढ़ने के साथ वायुमण्डल का ताप बढ़ता जाता है

(c) ऊँचाई बढ़ने के साथ-साथ वायुमण्डलीय दाब घटता जाता है

(d) घर्षण के कारण ताप बढ़ जाता है इसलिए आकार बढ़ने लगता है

483. शूटिंग तारे का रंग श्वेत गर्म हो जाता है क्योंकि

(a) ये स्वयं प्रदीप्तमान होते हैं

(b) ये बहुत बड़े तारे का भाग होते हैं

(c) वायु के कणों के साथ घर्षण से ऊष्मा उत्पन्न होती है। इससे ये श्वेत गर्म दीखने लगते हैं

(d) उपरोक्त में से कोई नहीं

484. एक लड़का अपने कान को एक स्टील पाइप के एक सिरे पर रखता है। जब दूसरे सिरे को हथौड़े से पीटा जाता है तो वह दो विभिन्न प्रकार की ध्वनि सुनता है:

(a) ध्वनि का वेग लोहे की अपेक्षा वायु में अधिक होता है

(b) रेलवे लाइन लोहे की बनी होती है

(c) ध्वनि वायु व लोहे दोनों में गति करती है

(d) वायु की गति वायु की तुलना में लोहे में अधिक होती है

485. एक गोलाकार चालक में आवेश :

(a) चालक के केन्द्र पर होता है

(b) समस्त गोले पर समान रूप से फैला होता है

(c) चालक की बाहरी सतह पर होता है

(d) चालक (गोलाकार) के अन्दर होता है

486. एक 50 kg का लड़का साइकिल पर चढ़ा हुआ है, उसका भार साइकिल के पिछले पहिए पर कितना होगा ?

(a) 25 किग्रा०   (b) 25 किग्रा० से कम

(c) 25 किग्रा० से अधिक   (d) 50 किग्रा०

487. एक व्यक्ति तोलने वाली मशीन पर खड़ा है जिसे राकेट से आकाश में ले जाया जाता है। मशीन कितना भार दर्शाएगी ?

(a) सतत् रूप से बढ़ा जाएगा

(b) समान रहता है

(c) सतत् रूप से घटता जाएगा

(d) पहले घटेगा फिर बढ़ेगा

488. C.G.S. प्रणाली से M.K.S. प्रणाली में बदलने पर

किसी पदार्थ के आपेक्षिक घनत्व पर क्या प्रभाव होगा ?

(a) इसका मान वही रहेगा

(b) इसका मान कम हो जाएगा (परिमाण में)

(c) इसका परिमाण अधिक हो जाएगा

(d) उपरोक्त में से कोई नहीं

489. परखनली में पानी शीघ्रता से गर्म होगा यदि परखनली को गर्म किया जाए

(a) एक तरफ से   (b) बीच से

(c) तली से   (d) ऊपर से

490. एक टार्च बैटरी में प्रकाश स्रोत को अवतल परावर्तक के ध्रुव से 2 सेमी० दूर रखा गया है, अवतल परावर्तक की फोकस दूरी होगी :

(a) 1 सेमी०   (b) 4 सेमी०

(c) 2 सेमी०   (d) इनमें से कोई नहीं

491. विद्युत अपघटन के लिए प्रयुक्त उपकरण का नाम है:

(a) वोल्टामीटर   (b) वाटमीटर

(c) एमीटर   (d) वोल्टमीटर

492. सूर्य घूमता है :

(a) अपने अक्ष पर

(b) ध्रुव तारे के चारों ओर

(c) पृथ्वी के चारों ओर

(d) चन्द्रमा के चारों ओर

493. 0°C से 4°C तक गर्म करने पर निम्न में से कौन सिकुड़ता है ?

(a) कोनस्टनटन   (b) जल

(c) पारा   (d) वायु

494. एक मिली-एम्पीयर धारा प्रवाहित होने पर इलेक्ट्रानों की संख्या प्रति सैकण्ड प्रवाहित होगी :

(a) 6.25×10^{16} (b) 6.25×10^{15}

(c) 6.25×10^{-11} (d) 6.25×10^{18}

उत्तरमाला

1	2	3	4	5	6	7	8	9	10
(a)	(a)	(a)	(a)	(c)	(a)	(b)	(c)	(a)	(d)
11	**12**	**13**	**14**	**15**	**16**	**17**	**18**	**19**	**20**
(b)	(c)	(d)	(a)	(b)	(d)	(c)	(b)	(b)	(a)
21	**22**	**23**	**24**	**25**	**26**	**27**	**28**	**29**	**30**
(b)	(a)	(d)	(a)	(b)	(a)	(a)	(d)	(c)	(b)
31	**32**	**33**	**34**	**35**	**36**	**37**	**38**	**39**	**40**
(c)	(b)	(c)	(b)	(a)	(d)	(b)	(a)	(d)	(a)
41	**42**	**43**	**44**	**45**	**46**	**47**	**48**	**49**	**50**
(d)	(a)	(d)	(b)	(b)	(d)	(b)	(a)	(b)	(d)
51	**52**	**53**	**54**	**55**	**56**	**57**	**58**	**59**	**60**
(d)	(b)	(c)	(a)	(b)	(a)	(c)	(b)	(c)	(d)
61	**62**	**63**	**64**	**65**	**66**	**67**	**68**	**69**	**70**
(a)	(a)	(a)	(a)	(d)	(d)	(b)	(d)	(a)	(c)
71	**72**	**73**	**74**	**75**	**76**	**77**	**78**	**79**	**80**
(c)	(c)	(a)	(d)	(a)	(c)	(a)	(b)	(b)	(d)
81	**82**	**83**	**84**	**85**	**86**	**87**	**88**	**89**	**90**
(a)	(d)	(c)	(c)	(b)	(c)	(c)	(c)	(b)	(a)
91	**92**	**93**	**94**	**95**	**96**	**97**	**98**	**99**	**100**
(d)	(b)	(c)	(b)	(c)	(d)	(d)	(d)	(c)	(b)
101	**102**	**103**	**104**	**105**	**106**	**107**	**108**	**109**	**110**
(b)	(d)	(c)	(d)	(b)	(c)	(d)	(c)	(c)	(c)
111	**112**	**113**	**114**	**115**	**116**	**117**	**118**	**119**	**120**
(d)	(d)	(d)	(c)	(c)	(d)	(a)	(c)	(c)	(c)
121	**122**	**123**	**124**	**125**	**126**	**127**	**128**	**129**	**130**
(c)	(c)	(b)	(c)	(b)	(c)	(d)	(d)	(c)	(d)

131	**132**	**133**	**134**	**135**	**136**	**137**	**138**	**139**	**140**
(b)	*(b)*	*(d)*	*(d)*	*(d)*	*(b)*	*(a)*	*(c)*	*(c)*	*(c)*
141	**142**	**143**	**144**	**145**	**146**	**147**	**148**	**149**	**150**
(c)	*(a)*	*(d)*	*(c)*	*(b)*	*(c)*	*(c)*	*(d)*	*(b)*	*(b)*
151	**152**	**153**	**154**	**155**	**156**	**157**	**158**	**159**	**160**
(c)	*(b)*	*(c)*	*(d)*	*(a)*	*(c)*	*(c)*	*(d)*	*(a)*	*(a)*
161	**162**	**163**	**164**	**165**	**166**	**167**	**168**	**169**	**170**
(b)	*(b)*	*(a)*	*(c)*	*(a)*	*(b)*	*(b)*	*(c)*	*(c)*	*(a)*
171	**172**	**173**	**174**	**175**	**176**	**177**	**178**	**179**	**180**
(a)	*(c)*	*(c)*	*(b)*	*(c)*	*(c)*	*(a)*	*(c)*	*(a)*	*(a)*
181	**182**	**183**	**184**	**185**	**186**	**187**	**188**	**189**	**190**
(c)	*(c)*	*(c)*	*(d)*	*(c)*	*(b)*	*(c)*	*(c)*	*(a)*	*(c)*
191	**192**	**193**	**194**	**195**	**196**	**197**	**198**	**199**	**200**
(c)	*(a)*	*(c)*	*(c)*	*(d)*	*(b)*	*(c)*	*(c)*	*(c)*	*(a)*
201	**202**	**203**	**204**	**205**	**206**	**207**	**208**	**209**	**210**
(b)	*(c)*	*(c)*	*(c)*	*(b)*	*(b)*	*(c)*	*(b)*	*(a)*	*(c)*
211	**212**	**213**	**214**	**215**	**216**	**217**	**218**	**219**	**220**
(d)	*(c)*	*(b)*	*(b)*	*(a)*	*(d)*	*(c)*	*(c)*	*(c)*	*(b)*
221	**222**	**223**	**224**	**225**	**226**	**227**	**228**	**229**	**230**
(c)	*(d)*	*(b)*	*(a)*	*(a)*	*(a)*	*(a)*	*(b)*	*(a)*	*(c)*
231	**232**	**233**	**234**	**235**	**236**	**237**	**238**	**239**	**240**
(d)	*(c)*	*(a)*	*(d)*	*(d)*	*(a)*	*(a)*	*(d)*	*(c)*	*(c)*
241	**242**	**243**	**244**	**245**	**246**	**247**	**248**	**249**	**250**
(b)	*(c)*	*(c)*	*(c)*	*(b)*	*(c)*	*(d)*	*(b)*	*(c)*	*(b)*
251	**252**	**253**	**254**	**255**	**256**	**257**	**258**	**259**	**260**
(d)	*(c)*	*(d)*	*(d)*	*(a)*	*(a)*	*(b)*	*(d)*	*(c)*	*(b)*
261	**262**	**263**	**264**	**265**	**266**	**267**	**268**	**269**	**270**
(d)	*(b)*	*(c)*	*(b)*	*(d)*	*(d)*	*(c)*	*(d)*	*(a)*	*(a)*
271	**272**	**273**	**274**	**275**	**276**	**277**	**278**	**279**	**280**
(d)	*(c)*	*(b)*	*(b)*	*(b)*	*(d)*	*(a)*	*(a)*	*(a)*	*(a)*
281	**282**	**283**	**284**	**285**	**286**	**287**	**288**	**289**	**290**
(b)	*(b)*	*(b)*	*(c)*	*(c)*	*(b)*	*(a)*	*(c)*	*(c)*	*(c)*
291	**292**	**293**	**294**	**295**	**296**	**297**	**298**	**299**	**300**
(b)	*(d)*	*(d)*	*(b)*	*(b)*	*(d)*	*(a)*	*(c)*	*(c)*	*(c)*
301	**302**	**303**	**304**	**305**	**306**	**307**	**308**	**309**	**310**
(d)	*(d)*	*(b)*	*(a)*	*(d)*	*(d)*	*(c)*	*(b)*	*(c)*	*(b)*
311	**312**	**313**	**314**	**315**	**316**	**317**	**318**	**319**	**320**
(c)	*(d)*	*(d)*	*(b)*	*(b)*	*(c)*	*(c)*	*(c)*	*(a)*	*(d)*
321	**322**	**323**	**324**	**325**	**326**	**327**	**328**	**329**	**330**
(c)	*(d)*	*(c)*	*(a)*	*(b)*	*(c)*	*(d)*	*(a)*	*(b)*	*(b)*
331	**332**	**333**	**334**	**335**	**336**	**337**	**338**	**339**	**340**
(b)	*(d)*	*(d)*	*(a)*	*(c)*	*(d)*	*(a)*	*(a)*	*(a)*	*(c)*
341	**342**	**343**	**344**	**345**	**346**	**347**	**348**	**349**	**350**
(a)	*(c)*	*(a)*	*(b)*	*(c)*	*(c)*	*(c)*	*(a)*	*(d)*	*(a)*
351	**352**	**353**	**354**	**355**	**356**	**357**	**358**	**359**	**360**
(d)	*(d)*	*(a)*	*(c)*	*(b)*	*(d)*	*(a)*	*(b)*	*(b)*	*(d)*

361	362	363	364	365	366	367	368	369	370
(b)	(c)	(b)	(b)	(d)	(a)	(d)	(c)	(a)	(b)
371	372	373	374	375	376	377	378	379	380
(d)	(d)	(c)	(b)	(b)	(d)	(c)	(b)	(a)	(c)
381	382	383	384	385	386	387	388	389	390
(d)	(a)	(a)	(b)	(b)	(b)	(b)	(b)	(c)	(b)
391	392	393	394	395	396	397	398	399	400
(d)	(c)	(a)	(d)	(a)	(a)	(a)	(d)	(c)	(c)
401	402	403	404	405	406	407	408	409	410
(b)	(a)	(b)	(a)	(a)	(a)	(c)	(d)	(d)	(d)
411	412	413	414	415	416	417	418	419	420
(d)	(b)	(c)	(b)	(c)	(a)	(d)	(d)	(d)	(c)
421	422	423	424	425	426	427	428	429	430
(b)	(d)	(b)	(a)	(d)	(b)	(d)	(c)	(c)	(d)
431	432	433	434	435	436	437	438	439	440
(d)	(b)	(d)	(b)	(a)	(c)	(c)	(b)	(b)	(a)
441	442	443	444	445	446	447	448	449	450
(c)	(c)	(a)	(d)	(d)	(a)	(c)	(d)	(a)	(d)
451	452	453	454	455	456	457	458	459	460
(d)	(d)	(b)	(d)	(a)	(d)	(b)	(d)	(a)	(a)
461	462	463	464	465	466	467	468	469	470
(b)	(b)	(b)	(a)	(c)	(b)	(d)	(b)	(a)	(a)
471	472	473	474	475	476	477	478	479	480
(a)	(d)	(d)	(b)	(d)	(a)	(c)	(a)	(c)	(d)
481	482	483	484	485	486	487	488	489	490
(c)	(c)	(c)	(d)	(c)	(a)	(a)	(a)	(c)	(a)
491	492	493	494						
(c)	(a)	(b)	(b)						

कुछ चुने हुए प्रश्नों के व्याख्यात्मक उत्तर

230. (c): बायट के प्रयोग से यह सिद्ध हो चुका है कि आवेश हमेशा बाहरी सतह पर रहते हैं। बिजली चमकने (कड़कने) के दौरान कार के अन्दर कोई आवेश नहीं होगा।

336. (d):

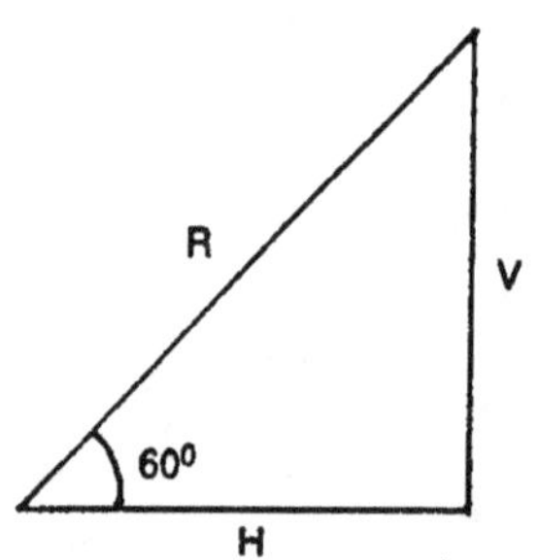

$$\tan 60° = \frac{V}{H} = \frac{V}{0.2 \times 10^{-4}}$$

$$= \sqrt{3} \times 0.2 \times 10^{-4} \text{ वेबर／मी०}^2$$

$$R = \sqrt{H^2 + V^2}$$

$$= \sqrt{(0.2)^2 + (\sqrt{2} \times 0.2)^2} \times 10^{-4} \text{ वेबर／मी०}^2$$

$$= 0.4 \times 10^{-4} \text{ वेबर／मी०}^2$$

(वेबर／मी०^2 को टेसला (T) से जाना जाता है)

346. (c): अपवर्तनांक वायुमण्डल की विभिन्न परतों के ताप पर निर्भर करता है। इसलिए विभिन्न परतों के विभिन्न अपवर्तनांक होते हैं। मरीचिका इन विभिन्न परतों में होने वाले प्रकाश अपवर्तन का परिणाम

होता है।

349. *(d)*: द्विध्रुव आघूर्ण $= q \cdot a$, यहाँ q कणों पर आवेश तथा a उनके बीच की दूरी है।

369. *(d)*: ठोस गर्म होने पर फैलते हैं। जैसे कि फोटोग्राफी में फोटो का बड़ा करना।

372. *(d)*: माना घिरनियों की संख्या 'n' है, P आरोपित बल है तथा भार 'W' को उठाना है और w ब्लॉक का भार है,

$$\text{शक्ति } (P) = W + w$$
$$P = 120 + 10 = 130 \text{ किग्रा०}$$

P 27 किग्रा० से अधिक नहीं है $\therefore n = 5$

378. *(b)*: एक टेलीग्राफ परिपथ द्वारा एक ही दिशा में दो विभिन्न संदेश भेज सकते हैं।

387. *(b)*: हाइड्रोमीटर हल्के द्रव में अधिक डूबेगा।

395. *(a)*: संघरित्र में संचित ऊर्जा $= \dfrac{1}{2} Q \cdot V$

$$= \dfrac{1}{2}(2 \times 10^{-6}) \times 100$$
$$= 10^{-4} \text{ J.}$$

397. *(a)*: वाष्पन प्रक्रिया में अगतिशील अणु द्रव की सतह से वाष्पित हो जाते हैं। इससे अणुओं की औसत गति कम हो जाती है।

401. *(b)*: $1\ mA = 10^{-3}\ A = 10^{-3}\ c/s$

1 इलेक्ट्रान $= 1.6 \times 10^{-19}$ कूलॉम

$$\text{इलैक्ट्रानों की संख्या} = \dfrac{10^{-3}}{1.6 \times 10^{-19}} \text{ इले०/सै०}$$
$$= 6.25 \times 10^{15} \text{ इले०/सै०}$$

402. *(a)*: $T = 2\pi\sqrt{\dfrac{l}{g}}$ जिससे कि

$$T = 2\pi\sqrt{\dfrac{l}{981}} ;\ l = 100 \text{ सेमी०}$$

403. *(b)*: विभिन्न संयोजन होते हैं :

(a) सभी श्रेणीक्रम
(b) तीनों समान्तर क्रम में
(c) दो श्रेणीक्रम में तथा तीसरा समान्तर क्रम में
(d) दो प्रतिरोध समान्तर तथा तीसरा श्रेणीक्रम म

412 *(b)*: $v = r\omega = r\,(2\pi r)$

$$v = \dfrac{v}{2\pi r} = \dfrac{2.2 \times 10^{6}}{2 \times 3.14 \times 5.3 \times 10^{-11}}$$

$= 6.6 \times 10^{15}$ चक्कर/सैकेण्ड

429. *(c)*: जल वाष्प परखनली में पारे के ऊपरी भाग पर दाब डालेगी जिससे पारे का तल कम हो जाएगा।

430. *(d)*: वांछित प्रतिरोध $= \dfrac{2R \times R}{2R + R} = \dfrac{2}{3}R$

435. *(a)*: सिनेमा का प्रेषण परदा खुरदरा होता है सफेद पदार्थ प्रकाश परावर्तन को रोकता है। यदि यह चिकनी होगी नियमित परावर्तन होते हैं और इससे पिक्चर साफ नहीं दिखलाई देगी। अतः रफ होना चाहिएं।

442. *(c)*: ध्वनि निर्वात में गमन नहीं करती।

443. *(a)*: परमाणु के नाभिक में इलेक्ट्रान नहीं होते।

448. *(d)*: $w^2 = k/m \qquad v = \sqrt{k/m}$

451 *(a)*: $\dfrac{F - 32}{180} = \dfrac{C}{100}$ लीजिए $F = C = x$

$$\dfrac{x - 32}{180} = \dfrac{x}{100} \text{ अर्थात् } x = -40°$$

468. *(b)*: सूर्य की सतह का ताप 6000 K होता है, जबकि अन्दर का ताप 150 लाख केल्विन होता है।

476. *(c)*: पदार्थ के अणुओं की गतिज ऊर्जा ताप बढ़ने के साथ बढ़ती है। मिट्टी के घड़े में पानी वाष्पन के कारण ठंडा होता है। ताप कम होने से अणुओं की गतिज ऊर्जा कम होती है।

479 *(c)*: पारा एक धातु है जो कि ऊष्मा का सुचालक होती है।

485. *(c)*: बायट के प्रयोग द्वारा आवेश हमेशा चालक की सतह पर निवास करता है।

489. *(c)*: जल ऊष्मा का कुचालक होता है, यदि हम ऊपर से गर्म करेंगे तो तली का जल ठंडा रह जाएगा। यदि तली से (नीचे से) गर्म करते हैं तो जल शीघ्र संवहन द्वारा गर्म हो जाता है।

494. *(b)*: $1\ mA = 10^{-13}\ A = 10^{-13}\ C/s$

1 इलेक्ट्रान $= 1.6 \times 10^{-19}\ C$

$$\text{इलैक्ट्रानों की संख्या} = \dfrac{10^{-3}}{1.6 \times 10^{-19}}$$
$$= 6.25 \times 10^{15} \text{ इले०/सै०}$$

Your Space

www.ingramcontent.com/pod-product-compliance
Lightning Source LLC
Chambersburg PA
CBHW060117120726
48003CB00009B/2680